中国二十一世纪示范镇

源远流长淀山湖

主编 方世南
副主编 顾剑 吕善新 张觉耿 吴新兴 邵卫花

苏州大学出版社

图书在版编目(CIP)数据

源远流长淀山湖:中国二十一世纪示范镇/方世南主编. —苏州:苏州大学出版社,2014.5
ISBN 978-7-5672-0813-1

Ⅰ. ①源… Ⅱ. ①方… Ⅲ. ①乡镇—概况—昆山市 Ⅳ. ①K925.35

中国版本图书馆 CIP 数据核字(2014)第 083206 号

源远流长淀山湖

——中国二十一世纪示范镇

方世南 主编

责任编辑 许周鹣

苏州大学出版社出版发行
(地址:苏州市十梓街 1 号 邮编:215006)
南通印刷总厂有限公司印装
(地址:南通市通州经济开发区朝霞路 180 号 邮编:226300)

开本 700 mm×1 000 mm 1/16 印张 19.25 字数 267 千
2014 年 5 月第 1 版 2014 年 5 月第 1 次印刷
ISBN 978-7-5672-0813-1 定价:58.00 元

苏州大学版图书若有印装错误,本社负责调换
苏州大学出版社营销部 电话:0512-65225020
苏州大学出版社网址 http://www.sudapress.com

Contents

目　录

序

中国社会科学院学部委员 靳辉明

三年前,《风水宝地淀山湖》一书出版,方世南嘱我为该书写了序。我原以为淀山湖镇对历史文化的挖掘和整理工作已经告一段落。谁知,这个月,方世南又送来了《源远流长淀山湖》一书的初稿,又要我为这本书写序。

方世南兴冲冲地告诉我,淀山湖镇的“史记”编纂工作是一个内容庞大和持续推进的系统工程。按照项目计划,该镇结合传统历史文化、江南水文化和现代绿色发展战略,按照反思过去,传承历史文化,聚焦当下,打造新江南镇特色文化,展望未来,憧憬绿色淀山湖、生态现代化的恢宏图景,倾力打造该镇的“史记”三部曲,形成《风水宝地淀山湖》《源远流长淀山湖》《智者乐水淀山湖》这三部具有浓郁水文化色彩和乡土地方志性质的专著。并且,抓住城乡一体化的契机,编纂各村的村史。

通过与方世南的交谈,我明确了淀山湖镇的“史记”三部曲之间的内在逻辑联系。《风水宝地淀山湖》一书,主要从宏观上对淀山湖镇的历史人文予以梳理、总结,是三部曲的总领,为的是让人们“识我淀山湖”;《源远流长淀山湖》一书,着重从微观上对淀山湖镇的传说、历史、古人、文化、社会管理等进行阐述,重点对淀山湖镇的人文历史予以解读,为的是让人们“知我淀山湖”;而《智者乐水淀山湖》一书,则将重点放在论述改革开放以来淀山湖镇科学发展、率先发展、和谐发展、绿色发展的历程,为的是让人们“爱我淀山湖”。加上编辑出版各村的村史,让淀山湖镇的子孙后代都能了解自己的历史文化谱系,都能明确“我从哪里来?为何来?我到哪里去?为何去?”等问题。一个乡镇,在大力发展经济的同时,对文化建设如此重视,在实际行动上如此孜孜不倦地持续加以推进,是十分难能可贵的。

在方世南的影响下,这几年我多次去淀山湖镇考察。亲眼目睹了该镇兴办的一大批文化惠民实事,如规划建设了市民活动中心、度城潭文化公园,改造提升了文化娱乐中心、农民康乐园水上舞台等一批文化设施,培育了水上运动、航空体验、环湖赛车等体育运动品牌,加强了村(社区)公益性文化设施建设,提升了淀山湖区域文化特色品牌,挖掘了淀山湖镇代表性的传统文化,对该镇的老街、古树、古桥、古潭、古寺等历史文化资源加大了保护和利用力度,推动了乡村文化与旅游业的融合发展。该镇将文化建设与村民的综合素质提升、人的自由而全面发展紧密结合起来,通过将戏曲文化进学校、进社区、进企业,培育了一支参与文化建设的村民队伍,使每个村民都在参与戏曲文化建设的过程中净化了心灵,陶冶了情操,提升了境界。

我一直认为,文化是一个民族的精神和灵魂,是人民的精神家园,是推动经济和社会发展的重要精神动力,是综合竞争力的重要因素。在现代社会竞争越来越激烈,经济全球化、信息网络化、文化多样化的态势下,只有在大力发展生产力的同时,加强先进文化建设,注重开发民族的和本乡本土的精神文化资源,才能在大步走向全球化的同时,不忘却自己的民族本土文化之根基,才能促进人民群众精神世界的极大丰富和创造力的充分发挥,才能端正经济和社会发展的价值取向,促进小康社会建设的全面性和现代化建设的整体性。我想,淀山湖镇之所以获得国务院确定的“中国二十一世纪示范镇”和文化部命名的“中国民间艺术(戏曲)之乡”,其根本原因就在于该镇对文化建设的高度重视以及所取得的一系列卓有成效的业绩。

读了《源远流长淀山湖》一书的初稿，我觉得全书历史文化味道很浓。该书以突出淀山湖镇悠久的历史渊源和深厚的文化渊源为着力点，通过对淀山湖镇的湖水神韵、古镇传奇、名刹钟声、乡村管理、戏曲渊源、诗词经典诸多方面的深入研究，在历史文献、地方志等原始资料的基础上，比较全面地还原了该镇从古至今的历史文化变迁以及历史真实面貌。对于处于现代化进程中的人们在快速前进的同时，关注过去，更好地从历史文化中吸取现代化建设可用的丰富资源，将历史文化一代一代地传承下去，有着十分重大的价值。

苏南地区一直被人们称为是一把双面折扇：一面是经济之风，一面是文化之风。说明经济和文化相结合，使这一地区赢得了巨大的竞争优势和发展优势。清朝康熙年间后期，昆山文人陈元模编纂了《淞南志》一书，该书是一部主要记载昆山境内吴淞江以南地区的古今人物事物的地方志。编纂者认为："吾昆民生物产与他邑等，所异者人才之盛耳。"突出地说明了文化优势和人才优势是昆山的特色优势。

我相信，《源远流长淀山湖》一书的出版，必将为淀山湖镇人民群众提供具有浓烈乡土气息的精神文化食粮，从而进一步提振向现代化迈进的精气神，也必将进一步提升淀山湖镇的文化软实力，为文化强镇奠定更加坚实的基础。

我也期待着淀山湖镇的第三本书《智者乐水淀山湖》能够早日问世。

如上简述，权当为序。

2014 年元旦于北京

让历史文化瑰宝更加璀璨

——写在《源远流长淀山湖》出版之际

中共昆山市淀山湖镇党委书记　徐敏中

三年前,在中共淀山湖镇委会关于"挖掘、保护、传承、利用"这一历史文化决策的引导下,以反映淀山湖镇历史文化为重点的《风水宝地淀山湖》出版问世。这既是我镇挖掘历史文化、推进文化建设的一项重大成果,更是我镇在科学发展、率先发展、和谐发展、绿色发展征程中创造的又一笔极为宝贵的精神财富。三年来,《风水宝地淀山湖》在传承弘扬历史文化、培育建设现代乡镇文明的进程中,不断激发出全镇人民凝神聚力创造更加美好未来的滚滚热情!

在这三年中,淀山湖镇本着"深度挖掘、丰富内涵、提升品位、提振活力"的指导思想,确立了"科技强镇、生态立镇、文化亮镇"的发展战略,经过一批热心人士的艰苦努力,一部可读性更强的历史文化资料性书籍《源远流长淀山湖》又将正式出版。

通过对历史文化的进一步挖掘整理,长期流传在淀山湖畔,周边老百姓妇孺皆知的一些民间传说、历史故事和民风民俗得到了进一步甄别与整理,历史文脉得到了进一步传承与发展。《源远流长淀山湖》一书,以历史文化内涵更加充实而丰满、语言笔调更加生动而流畅的崭新形象,将给读者提供更加翔实而具体的乡镇历史文化资料。

淀山湖确实是一块江南不可多得的源远流长的风水宝地。深入挖掘淀山湖镇的历史文化资源,对于激发以爱国主义为核心的民族精神和以改革创新为核心的时代精神，对于培育和践行社会主义核心价值体系，促进先进文化的大发展和大繁荣，对于在迈入现代化进程中推进人的现代化建设，都具有十分重大的意义。淀山湖镇从古至今物华天宝、人杰地灵，无数志士仁人留下了众多宝贵的思想资料，是今天取之不尽和用之不竭的巨大精神财富。王鉴的忠孝思想，以及作为昆山望族的度城王氏和金家庄朱氏的忠孝思想，还有这些思想家的后裔恪守忠孝节义的伦理道德，既反映了淀山湖历史文化的一个重大本质特征，又体现了淀山湖人传统美德的一个重大根基。

从元朝开始，金至善隐居在金家庄，教授周围乡里学子，到清代汪思聪义办紫阳书院，再到汪志镳创办杨湘国民正基小学，体现了淀山湖人崇文重教的历史文化特征。正是基于崇文重教的理念和对人才的悉心培养，才使淀山湖镇历代英才辈出，成为古代有状元进士、现代有院士专家的江南著名的历史文化名镇。

从金家庄人的口头禅"顾朱能合"，到长期流传于民间的"阄会"形式，淀山湖人"亲帮亲、邻帮邻"，抱成一团抗击自然灾害和社会动荡的和善包容的为人处世理念，孕育出淀山湖和风荡漾百折不挠的良好乡风民俗。

从明初碛堧村李庸通过举行乡饮酒礼而问计于民，到清代各村盛行的村务决策听证会，反映了历代淀山湖乡村治理的成功轨迹，那就是墨守契约规则，以公众利益最大化为原则，自治自律，协商合作，共推发展。古代乡村治理的成功事实，为我们今天推进和谐社会建设提供了宝贵的经验。

从元代碛堧寺高僧至讷演戏，到以庙会为主要形式的历代民间文化活动薪火相传，经久不息。跨越历史的长河，今天，淀山湖镇能成为中国民间文化艺术（戏曲）之乡，是与源远流长的戏曲文化底蕴分不开的。在追根究源的过程中，我们更能感受到在漫长的历史变迁中，戏韵悠扬的无尽韵味，感受到历代淀山湖人追求精神愉悦的美好生活理念。

《源远流长淀山湖》的编著、出版，必将从更大程度上满足我镇人民群众丰富精神文化生活的热切愿望，成为推动我镇经济社会更好地发展的强大精神动力。如同发展经济建设那样，抓好文化建设，必将进一步促进我镇历史文化的传承、利用和弘扬工作，对我镇经济社会发展和落实科技强镇、生态立镇、文化亮镇举措，推进尚美淀山湖建设产生深远的影响。

在《源远流长淀山湖》即将出版问世之际，请允许我代表淀山湖镇党委和镇政府，并以我个人的名义，表示热烈的祝贺！向本书做出积极贡献的同志们表示衷心的感谢！向为本书的编著和出版倾注了大量心血的苏州大学著名教授、博士生导师方世南和再次为本书作序的原中共中央宣传部理论局局长，现中国社会科学院学部委员、博士生导师靳辉明教授，以及其他相关人员表示真诚的感谢并致以崇高的敬意！

引 言

江南水乡，以湖泊众多而闻名天下。如果将终年绿色葱茏的江南大地比作一张晶莹碧绿的巨大荷叶的话，那么，那些星罗棋布的大小湖泊，就犹如仙女撒落在这张荷叶上的一串大小不等而又错落有致的美丽珍珠。处于长江之尾、太湖之滨，连接江苏昆山和上海的碧波荡漾的淀山湖，就是这串珍珠中格外引人注目和独具神韵的一颗。

淀山湖镇，坐落在这风光旖旎的淀山湖东畔，其前身为淀东乡，1988年改名。淀山湖镇因其深厚的历史文化积淀、独特的区位优势以及经济

淀山湖美景

和社会协调发展的突出业绩，早在 1994 年就被中华人民共和国国务院命名为“中国二十一世纪示范镇”。

在今天众多的江南古镇中，淀山湖镇犹如一个羞涩腼腆和清纯素朴的少女。然而，我们如果细细地翻开该镇一页又一页尘封的历史画卷，一个又一个足以傲世的传奇就会立即呈现在眼前，一个又一个历史之谜就会吸引着人们去深深地探究：为什么秦始皇、汉武帝、乾隆皇帝等具有雄才大略的帝王们要将目光倾注在这里，要在这里留下足迹？为什么淀山湖的文化是马家浜文化的源头？古代为什么要将金家庄称为江南水乡第一庄？从空中鸟瞰，金家庄的地形为什么像一只振翅欲飞的金凤凰？而榭麓村的地形为什么犹如一只奇特的神鹿？为什么碛礇寺会坐落在淀山湖畔？为什么该寺早在三国时就享有“天下二只半寺有其一”的美誉？为什么江苏最古老的树是该镇至今仍焕发着勃勃生机的 1 700 多年前孙权母亲手植的银杏树？为什么金家庄古代出状元、杨湘泾现代出院士？为什么唐朝黄巢要在这里的度城构筑城堡？宋朝韩世忠为什么要在度城设立抗金的点将台？一系列神秘的传说故事，一个个令人深思和遐想的历史之谜，都强烈地吸引着人们的目光和注意力。

源远者流长，根深者枝茂。今天淀山湖镇的历史文化，是几千年古老深厚的历史文化的延续和发展。它承载着江南湖泊的演变发展史，展示着江南农耕文化的演变发展史，同时也折射着中华民族博大精深的传统文化的演变发展史。追溯淀山湖镇源远流长的历史文化，人们会情不自禁地发出“此山此水阅不尽，读史何必到书院”的感叹。

鉴古而知今，返本而开新。让我们背转过身，回过头去，极目远眺，在历史的时空隧道中奋力穿越，寻踪探幽，去细细地梳理淀山湖镇古老而深厚的历史文化谱系，去努力破解该镇留存下来的一个又一个扑朔迷离的历史文化之谜吧！

第一章　湖水的神韵

淀山湖以其悠久的历史，秀丽的景色，神奇的传说，辈出的人才，丰富璀璨的农耕文化、渔猎文化、宗教文化，自古至今一直展示着迷人的风采，散发着独特的神韵，既是中外向往的如桃花源般的江南水乡，又是诗礼簪缨的风流之地，自然之景加上文质毓秀，使这块风水宝地充满着勃勃生机，元朝隐士孙俊情不自禁地发出“此景此情吟不尽，仙游何必到蓬瀛”的感叹。淀山湖的神韵充分体现了自然的神韵、历史的神韵和文化的神韵。

第一节　淀山湖的悠久历史

淀山湖位于江南腹地，自古以来就是江南名湖，有“东方日内瓦”和“江南明珠”的美誉。淀山湖与长江、太湖等江河湖泊一起，共同孕育着光辉灿烂的江南文化。

一、淀山湖悠久灿烂的水文化

江南文化是典型的水文化。水既是江南的生命之源，也是江南文化的发生和发展之流。水文化是江南文化的鲜明特征和个性标志。如果将水文化视为人类创造的与水有关的科学、艺术及意识形态在内的精神产品和物质产品的总和的话，那么，无论是江南的物质产品还是精神产品，都渗透着水的因素，彰显着水的内容，闪耀着水的灵性。

淀山湖是江南水文化的重要一脉。淀山湖的悠久历史反映了江南水文化的演变和发展史。

作为春秋时期第一相的齐国政治家管仲曾经这样说过:“水,万物之本源也。”确实,水作为命脉性和渗透性的物质,是生命之源和万物之本。没有水,就没有生命,也就没有人类社会。自从有了水,就有了人类的生命,有了人类的生存迹象后,水就成为人类生存和发展的根本。黄河、长江,是中华民族的两条母亲河,哺育出无数炎黄子孙。在水的滋润下,人类得以洋洋洒洒地遍布大地的每个角落。水的韵味,水的柔美,水的无形,水的流长,激发一代又一代文人墨客的文思犹如江海之潮流般喷涌,将自己对水的喜爱倾注于笔端,留下了多少类似“日出江花红胜火,春来江水绿如蓝”、“落霞与孤鹜齐飞,秋水共长天一色”等美好诗篇。

水意象大量出现在古代诗歌中,或象征道德,或象征隐逸,或象征阻隔,或象征时间。此外,还常被用以比喻人心所向,比喻知音,比喻感情的深长等,具有丰富的文化意蕴和审美情趣。《诗经》中的爱情故事,大多发生在水边。“所谓伊人,在水一方。”连绵不断的细水,似情侣之间缠绵不断的千丝万缕的情愫。“我住长江头,君住长江尾。日日思君不见君,共饮长江水。”水,作为联结爱情的纽带,寄托了有情人之间无限的思念和情怀。水,似无情又有情,“桃花潭水深千尺,不及汪伦送我情”、“泉眼无声惜细流,树阴照水爱晴柔”。其实,水的无情或有情,都是人赋予的,因此,水之情体现和展示了人之情。

水纯洁透明,洁净无瑕,是自古以来人的道德人品和高雅人格的特征。“水心如镜面,千里无纤毫。”水的气势豪迈、刚柔相济、激流勇进、义无反顾的精神是催人奋进的力量源泉,“君不见黄河之水天上来,奔流到海不复回”,“青山遮不住,毕竟东流去”,“飞流直下三千尺,疑是银河落九天”,“北望燕云不尽头,大江东去水悠悠”。总之,水,是历代文人灵感激发的源泉,是他们抒情写意的客观对象,是激发他们生机活力的重要力量。仁者乐山,智者乐水,常常亲近于水的人,必是聪慧灵巧睿智的。一起一伏的水韵,给人们以万千的遐想,涤荡了人们蒙于脑心的疲乏与尘垢。而淀山湖,就是这样一汪至亲至信的神奇之水。无论是春夏秋冬或是朝升暮落,也无论是狂风激浪或是风平浪静,淀山湖都向人们展示着至爱至美的迷人神韵。

航拍淀山湖

二、淀山湖名称的千年变迁

淀山湖的历史源远流长,在南宋绍熙年间的《云间志》中已有薛淀湖的记载。《云间志》,亦称《绍熙云间志》,是一本著名的专门记载南宋及较早时期今上海淞南地区地名的地方志,因编次的年份在南宋绍熙四年(1193 年)而得名。“云间”一名,出现于《晋书·陆云传》及《世说新语·排调》中,大意说西晋名士陆云(字士龙)与兄陆机(字士衡)同游洛阳,在张华家中遇到中原名士荀隐(字鸣鹤),张华要求他们“勿为常谈”,陆云自我介绍“云间陆士龙”,荀隐答以“日下荀鸣鹤”,“云间”一名由此而来。

《云间志》记载的江南地区一大湖为“薛淀湖”,即今日的淀山湖。其“薛湖淀”条这样记载:“有山,居其中”,这就是淀山。《云间志》在“淀山”条则记载:“在薛淀湖中……山形四出如鳌,上建浮图,下有龙洞,屹立湖中……旁有小山,初年,仅两席许,久之,浸长。”直到明嘉靖《青浦县志》也将淀山湖记载为“薛淀湖”。此时,淀湖实乃马腾湖、谷湖等相连而成,与泖湖之间仅隔一小湖。泖湖旧称三泖(即长泖、圆泖、大泖)或谷泖,古时泖湖地区属由拳县,秦时陆沉为谷,曰谷水,下通松江(今吴淞江)。又谓谷水即三泖,一水而二名。后因泥沙沉积,有的地方渐成泥沼,谷水遂形成众多大小湖泊。宋后,泖湖逐渐淤塞,又经围垦成田。斯时淀湖周围,凡二百里,茫然一壑,不可复辨。清代中叶,淀山湖周围从200里缩至70余里。虽也淤塞一部,但湖水依然浩瀚。淀山湖四周之鼋荡、任屯荡、葑漾荡、大莲湖、大淀湖、西漾淀等形成独具特色的湖荡群,又是各种水产的活仓库。

大量考古材料发现,淀山湖这汪湖水并不年轻。淀山湖原是东海的一部分,后来东海退出,形成陆地。如果要追溯得更早一些,不仅仅是淀山湖,我国大陆东部地区,在数亿年间,反复在海水中进进退退、浮浮沉沉。在经历的四次冰期里,也是东部海陆变迁最大的时期。最后一次冰期时,东海的一部分成为陆地。到冰期后期,由于冰川消融,海退变成海进,大量海水内流而入,这片土地又遭海浸,形成泻湖。淀山湖的成因,从湖泊形态、湖底地形等方面的特征及其演变表明,基本上和太湖平原湖群的形成是一致的,因地层构造下沉而形成湖盆,随后为数十米厚的湖相沉积物充填,才逐步形成今天的大型浅水湖泊。

淀山湖湖底地形平坦,是一大片厚达五六米的坚硬黄土层。地面以下6~7米,淤泥不过10~20厘米。表明这是一个在海潮退落以后,滨海三角洲成为黄土物质所覆盖的冲积平原。黄土层中出土的古文化遗物,也证明淀山湖地区原是陆地,由于海潮倒灌,水涝内渍,泥沙淤塞,以及人为填垦等原因,加上湖底极不稳定的淤泥不断受风浪侵蚀、搬运、沉积,从而经历了一个由淀淤缩小湖面而至风浪冲坍扩大湖面的变化过程。湖岸因泥沙淤积而与陆地相连,成为湖中半岛,如上海市商榻乡的蔡浜村、淀山湖镇的金家庄。因此,淀山湖的成因,是由于长江南移在地势较低的冲积黄土平原上形成的,和太湖、洞庭湖、鄱阳湖都具有相似的成湖原因。

由于长江三角洲的下沉以及泥沙在河口地带大量堆积,原来宣泄太湖水入海的三江,也在海潮的倒灌下,东江和娄江相继淤塞,吴淞江也日趋束狭,堵塞了太湖水的入海去路,于是发生泛滥,使太湖中部平原洼地沼泽化。不仅太湖本身水体面积扩大,并在其东部、北部先后形成了众多大小零星的湖泊,关于薛淀湖最早的记载见于北宋郏侨的《水利书》,是在东江湮没以后形成的。

据《淀湖小志》记载:淀山湖之所以称为薛淀湖,与薛居正以及其后代避难于湖上有关。薛居正(912—981 年),字子平,开封浚仪(今河南开封)人,北宋大臣、史学家,是薛仁贵的后代。薛居正的父亲薛仁谦为后周太子宾客。他自幼好学,有大志,早年科举不顺,只好写《遣愁文》以自解,寓意倜傥,识者以为有公辅之量。后周时官至刑部侍郎。宋朝建立后,迁薛居正为户部侍郎。建隆三年(962 年),任枢密直学士,掌管全国的贡举考试。薛居正在职期间,秉公办事,不徇私情,深得太祖赵匡胤器重,乾德初,加兵部侍郎,以本官参知政事。乾德五年(967 年),加吏部侍郎。开宝五年(972 年),薛居正兼淮南、湖南、岭南等道都提举三司水陆发运使事,兼判门下侍郎事,开宝六年(973 年)四月,薛居正奉命监修国史和《五代史》。次年《五代史》修成,受到太祖赵匡胤的嘉奖,拜薛居正为门下侍郎、平章事。薛居正总修的《五代史》,以史为据,论从史出,是一部忠实于客观事实的很有价值的史书。他明辨是非,贬恶扬善,又因距五代较近,纪事周详。薛史主要认真总结了中国封建社会中五代分裂割据、军阀混战的史迹;揭露了军阀割据势力“征搜舆赋,竭万民之脂膏”的罪恶行径。为后人认识分裂割据和军阀混战的危害性,有着十分重要的意义。北宋太平兴国六年(981 年),薛居正因服丹砂中毒而死,享年 70 岁。赠太尉、中书令,谥“文惠”。朝代更替后,薛家后代怕遭当朝迫害,避乱世而隐居于此。他们与乡里邻人和睦相处,并时常帮助周边贫困乡民,得到了淀山湖周边百姓的夸赞。为了纪念薛家,故而把淀山湖称为“薛淀湖”。

据《吴郡图经》记载:“在县西北七十二里,有山居其中,湖之西曰淀山湖,南接三泖。”又谓“淀湖周,凡二百里,茫然一壑,不知孰为马腾湖,孰为谷湖也”。可见,当时的淀山湖湖面宽阔,一望无际,气势宏伟,谁也无法估量其面积和规模。我国第三次由黄河流域向长江流域大规模迁徙的浪潮,发生在北宋的“靖康之乱”时期。中原人大规模迁往南方,不仅带来了北方文化,还带来了人多地少的矛盾。苏轼曾说:“吴、蜀,有可耕之人,而无其地。”于是将目光投向不宜开垦的荒地与湖滩,开始了大规模以围垦江、湖为主的造田运动。在这场围湖垦田的过程中,淀山湖的水域面积变小了。

三、淀山湖人与自然互动的关系

淀山湖的历史变迁史是一部人与水的关系演变史,展示了人与水之间的矛盾、冲突以及在此基础上的和谐相处的发展历史。

穿过岁月的年轮,遥望淀山湖的青波碧浪,清纯的湖景渐渐掺杂烟火的痕迹。最始,只是一缕轻烟,被风一吹,随时都会融化成空气中袅袅的雾气,或者被湖面上的水气吸收成为自己的俘虏。随着不断行走脚印的增多,两缕、三缕……尔后是一丛、两丛……最后是一片、两片……形成了一个个自然村落。当然,这个过程是缓慢的,经历了数代人,或几十代人,跨越了百年千年。那最初走到淀山湖边的人群,不管是无意中的撞见,还是踏鞋寻觅,都是明智的、聪慧的。或许是在人们的奔走相告中,或许是别人也如那些人群无意的闯入,淀山湖逐渐成为一个被别人需要、被别人依恋、被别人夸赞的湖。淀山湖,是那些拓荒者的母亲湖,人们开始栖息于此,在此觅食安命,生殖养育,送祖归土。因那些拓荒者的到来,淀山湖喧闹起来,并逐渐走出了深闺无人识、野渡无人舟自横的境况。

可以想象,那些陆续来到淀山湖的人们,都历经着原始部落般的艰难困苦的生活。淀山湖所能给予他们的,除了满湖的琼浆玉液和水中蕴含的生物外,不再给他们提供一丝丝适于闲淡的心境。这与湖自身的平静安稳正好相反。那些外迁而来的拓荒者,靠水而居,靠湖而生,他们只有凭借自己的智慧与才干,才能在自然的风浪中扎稳脚跟,才能安身于天地间,才能傲视并改造周围些许与自己不完全整合的点滴瑕疵。他们与天作战,与地为敌,但又不得不寄望于天,依附于地。唯有对淀山湖,他们心怀敬仰,心怀虔诚,心怀畏惧,就像是对待自己的父母一样,既爱又怕,爱之能供养生息,惧之能翻波覆浪。淀山湖的鞭策,让周边的人学会用头脑经营生活,既然与水为伴,与湖为友,那就从水里、从湖中探寻生存的要义。历练了若干年后,淀山湖周边居住着一群被称为"渔民"的人。

江南这片土地从它诞生的那天起,始终与水为伴、以水为魂。江河是否清流安澜,就成为这个地区的首要问题,水害漫漶,灾季滂沱,将几千年来的长江三角洲反复浸润,造就了水色天香的底蕴和文化特色,以至于今天的江南依然钟灵毓秀,清澈而妩媚。

淀山湖在宋代以前与泖湖不分,统称三泖地区。因此,许多古代诗词歌颂的泖湖包括今日的淀山湖,有的实际上描写的就是今天的淀山湖。淀山湖历来被文人墨客写进诗词中。他们或居住在淀山湖附近，或结伴乘舟而游，被淀山湖的美景所吸引，或颂，或歌，或泣，绵绵字句，源远流长。

淀山湖，古代曾是陆地，秦、汉时沉陷为湖。湖中原有山，湖名即源于此。山，是淀山，《中国古今地名大辞典》中有云："在江苏青浦县内西北二十五里，旧在薛淀湖中，山形四出如鳌。"淀山上有三姑祠、鳌峰塔等景物。嘉兴方志《嘉禾志》载："三姑祠有二：一在柘湖，一在淀湖。"水，是薛淀湖之水，《中国古今地名大辞典》中条目曰："在江苏青浦县西三直里，北接昆山县界，吴淞江水汇流处也。"明朝孙俊的《淀湖八咏》中的第一幅，就是"鳌峰烟寺"。画中可见淀山之上鳌峰塔静矗，塔旁树林葱郁，芦苇摇摆，远处，白茫茫的湖面，依稀可见小舟、水鸟及远山。

宋朝宰相吕颐浩到南方巡视，见淀山湖风景秀丽，宜游宜居，于是他在淀山湖南端的金泽镇建庵，旧名草庵，又名永安庵。此庵的建成，引来了一位精于书法的皇帝——南宋高宗赵构。赵构精于书法，善真、行、草书，笔法洒脱婉丽，自然流畅，颇得晋人神韵。赵构是个优秀的书法家，却是个不合格的皇帝。他贪图享乐，不思抗金，被金兵逼得节节败退，最后率臣僚南逃，身边亲兵仅一千余人。一路海上漂泊，居无定所，颠沛流离，途经越州（今浙江绍兴）、明州（今浙江宁波）、定海（今浙江镇海）、温州（今属浙江）。在这段行程中，他曾驻跸于淀山湖边，入住永安庵内。在庵内安顿之后，赵构从动荡不安中得到了暂时的喘息。他问宰相怎么会想到在此建庵，吕颐浩把因留恋淀山湖的美景而建一驻地的原因托盘而出。赵构从吕颐浩的描述中，也钦慕此地此湖。元至元二十五年（1288 年），奉旨升院为寺，更名为"颐浩禅寺"，并命道崇为住持，为弘扬佛法，扩大此寺。寺内有各朝名人撰写的碑刻十五方，有唐吴道子画、元赵孟頫书《金刚经》及其所画的"不断云"等手迹、石刻。

如今的淀山湖，湖区面积为 62 平方公里，约有 11 个杭州西湖那么大。上海市约占四分之三，为47.5平方公里。环湖东部为朱家角镇，南部为西岑镇，西南为金泽镇，西部为淀山湖风景区和商榻镇，北部则属昆山淀山湖镇、锦溪镇。

淀山湖因其有利的地理位置，历来是苏、浙、沪漕运要道。而且淀山湖的交通条件远胜于其他各湖，再加上湖畔的自然景色和天然鱼库，给人类带来了文化、学术的繁荣。相传，秦始皇、汉武帝都到过淀山湖。淀山湖具有俊俏诡奇的诱惑力，无论文人雅士或高官名宦都想到此一游。所以自宋至清，吸引了不少学者名流在游览淀山湖的同时，还留下了不少书画墨迹和吟咏名篇。特别在宋、元以后，江南的经济文化较为发达，淀山湖成为士人隐居、读书、著述之地，又是爱好湖光水色者的游览之处。淀山湖具有得天独厚的地理位置和秀丽风光，其美景吸引了众多文人墨客，他们从水中寻找灵感，从湖中探寻源泉。以至淀山湖的历史是一卷诗画墨香的历史。一个个匆忙的身影，给淀山湖画上了一句句精彩纷呈的亮光；一段段诗画的历程，让淀山湖蒙上了一田田五彩的锦缎。那是水的魅力，那是湖的气魄。

朝代更替，淀山湖的归属也不断地变化着。至明嘉靖青浦立县时，淀山湖的隶属才稳定下来，一部分属于青浦，一部分属于昆山。这一划分一直延续至今。

第二节　淀山湖的神奇传说

淀山湖是一个神奇的湖。从古至今流传着的诸多关于淀山湖的神奇传说，更增添了此湖的神奇色彩，也吸引着人们将目光聚焦于这个扑朔迷离的神奇之湖。

一、秦始皇与淀山湖

淀山湖与中国第一个皇帝——秦始皇有着不解之缘。

相传在2 000多年前，秦始皇统一六国以后，梦想皇位永远由他一家继承下去，并且要“世世代代传之无穷”。秦始皇大权独揽，独断专行，骄横自大，目空一切，认为自己的历史功绩自古以来无人能及。他蔑视三皇五帝，改尊号为皇帝，除谥法。他还蔑视鬼神。秦始皇创造出“皇帝”这个新头衔授予自己，说明了他想表示其至高无上的地位和权威，是上天给予的。还可以看出他觉得仅仅做人间的统治者还不满足，还要当神。

秦始皇一生有五次出游。有一次，他经过江浙一带，某天晚上他在赏月时，有一颗星从天而降，落于东方。他便问随行的擅长星术的方士，此乃什么征兆？方士告诉他：此象为天神下凡，东方有王气。秦始皇听后非常不高兴，就把这个方士杀了。当晚，秦始皇做了一梦，梦见东方突然跃出一只猛虎，长啸而来，虎风威威，山林震撼，江河变色。同时在天的另一边，一条长龙腾空而起，与虎僵持着，四目怒视，长龙伸展身躯，向虎袭去。虎，亦不甘示弱，迎头而上。龙虎相斗，瞬间山崩地裂，雷声阵阵。龙虎互相撕咬，打得难舍难分。秦始皇被这一噩梦惊醒，梦中的场景历历在目。秦始皇自称为天龙，可东方却出了一只天虎，这让他想起流星坠落及方士的预言，忍不住冷汗涟涟。秦始皇想到自己叱咤风云，灭六国，称霸为皇帝，岂能惧于天神。

第二天，秦始皇就率众前往东方。当秦始皇来到江苏昆山附近，看到一大片广阔地带，上面灌木丛生，萧风瑟瑟，一股熊熊火焰腾空而起。秦始皇诧异万分：这与梦中猛虎腾空而起极为相似，难道这是天神在向我挑衅，以火向我示威！秦始皇勃然大怒，一定要杀灭此处的王气。于是，他遣十万囚徒于此，命令他们连夜挖掘地表，灭天神的灵气，以稳住自己的江山。

二、半生夫妇与淀山湖

秦始皇挖掘地表的一声令下，却苦了那十万囚徒。他们在呵斥声中，在皮鞭棍棒底下，在铁链脚铐的禁锢下，挖泥掘土。在这十万囚徒中，有一个年轻人叫芈生。他原本是楚国人，因楚国被秦灭后，他沦为囚徒。（“芈”音“mǐ”，始见于《史记·楚世家》。“芈”是楚国祖先的姓，源于黄帝，黄帝第八世孙季连的后代始姓“芈”。）这次挖掘地表的地方离他故乡很近。他思乡心切，时刻想着如何逃离，回家乡看看老母亲与妻子。但周围看管森严，白天有重兵把守，容不得人乱走动。晚上，他们又被上铐，每十人绑在一条绳上，根本无法脱身。

家乡的思念，吞噬着芈生的心，他的心头仿佛有股烈火正在熊熊燃烧。他的心思，似乎与妻子有心灵感应。不久，他的妻子听说秦始皇派来十万囚徒在挖掘地表，而且这些囚徒大多是楚国人时，她只身来到此地，要找到她的心上人芈生。

她沿着挖掘工程，一路打听，一路寻找。终于在一群衣衫褴褛的囚徒中，找到了芈生。但他们只能四目远远相视，不能靠近。把守的士兵一看到芈生不在干活，就将鞭子无情地抽在他身上，芈生只得继续干活。但他的眼梢不时地搜寻着他熟悉的、日思夜想的身影。以后，每隔一段时间，芈生的妻子就来看望丈夫，从相互之间匆匆的一瞥中，互报平安。

随着挖掘工程的深入，原本是一片平地，被挖成了方圆近 50 里的湖泊。这十万囚徒在长达数年的劳作中，病的病，死的死，已损失过半，连看管的士兵因长年远离家乡，也懈怠了。芈生仗着自己年轻，并没有那么快地垮下，他坚持生存下来。但他骨瘦如柴，似油灯耗尽。终于在某一天，他坚持不住了，已经没力气挖泥运土了。他时不时要歇一歇，喘口气。他看到了妻子的身影，看到妻子正向他跑来。妻子的怀抱很温暖，但他还是觉得冷，彻头彻尾地冷。他握着妻子的手，双眼迷离地看着她。他在妻子怀里安静地睡着了。妻子泣不成声，抱着他的遗体，一步步向湖中心走去。湖水，没过了她的脚、腿、腰。此时，天空一声霹雳，把湖水炸开了一个口子，湖水在她跟前分成两路。她向湖心走去，一步步坚定地走去。随着雷声阵阵，大雨滂沱，她与犨生被卷入湖中，随湖神而去。在雷雨中，水势滚滚，激流涌动，湖水的面积不断扩大，最终成为方圆几百里的湖。此湖，就是古时的淀山湖。

当时的湖情，据北魏郦道元《水经注》称："一江东南行七十里入小湖，为次溪水，自湖南出，谓之谷水。"据《吴郡图经》记载："在县西北七十二里，有山居其中，湖之西曰淀山湖，南接三泖。……淀湖周，凡二百里，茫然一壑，不知孰为马腾湖，孰为谷湖也。"可见，当时的淀山湖浩波渺渺，无尽无垠。

三、三姑祠与淀山湖

淀山湖中，除了薛山等九峰之外，还有一座被称为"九峰之祖"的淀山，淀山上有一座祠堂，叫"三姑祠"。清人邵嶙《渡淀山湖》一诗中写道："渺渺小震泽，下接三江流。钟磬中流发，烟峦四面浮。鼋鼍时出没，凫雁亦纷稠。东望一卷石，三姑祠上头。"则是把三姑祠的方位又一次做了点明。乾隆《金山县志》引何松年记："三姑：长曰云鹤，主沈湖；次曰月华，主柘湖；季曰降圣，主淀湖。"这里的三姑确有其三人。关于三姑祠，人们口口相传着她们的故事。

淀山湖原本不是湖，而是一座古城。在这古城里，秦朝时期，出生了三位奇女子，姓刑，名云鹤、月华、降圣。她们三人出生时，正值秦朝统一六国前的战乱时期。她们的母亲怀孕三年后，才生出三个如花似玉的女孩。那天下着大雨，雨水淹了许多农田。三个女孩一出生，立刻雨止风停，天空闪现三条彩虹。她们出生时并不如其他婴儿那样大哭，而是呵呵地笑。她们对着三条彩虹，伸出小手，不停地挥舞着。

刑父，也不是一般人，他有一身武艺，在古城里享有盛誉。他从小就严格要求三女，把她们当成男孩一样看待，教她们练功，教她们武艺。她们飞檐走壁，身手敏捷，十八般兵器耍得炉火纯青。刑父要求她们不能逞强好胜，但也不能畏惧强势，对于弱小要施予援手，对于霸行要伸张正义。在父亲的教育下，三人除强扶弱，成为古城里令人钦佩的对象。

在她们18岁的时候，古城突然不断地往下沉。城中的人们纷纷逃离古城，往高的地方跑。短短几个时辰，古城成为一片汪洋、水中泽国。刑家也随众人来到高处，往身后望去，只见湖中银光闪闪，巨浪翻滚，与平时所见的风浪大相径庭。一连下了几天暴雨，巨浪也翻滚了几天。终于，雨止了。

一日，刑家三姐妹分别来到沈湖、柘湖、淀湖，查看水势。她们看到湖中有数条巨龙相互纠缠，不断翻腾。它们每跃一次，一股水柱就冲向云霄。三女见此情景，知是地面下沉湖水暴涨，是这几条巨龙在作怪。她们决定为民除害，斩妖除魔。

刑父告诉她们，以她们的肉体凡胎是无法战胜巨龙的，但也并不是没有办法，但她们要做出牺牲，她们必须服用毒草，让自己的体内产生剧毒，然后与巨龙作战，让自己的血与龙的血混合在一起，巨龙才会中毒，七窍流血而亡。三姐妹看着民不聊生的老百姓，看着一片荒芜的田地，看着湖上翻腾涌动的水柱，下定决心，哪怕牺牲自己的性命，也要把巨龙杀死。

三姐妹服了毒草后，分别奔赴沈湖、柘湖、淀湖，与巨龙展开激烈的战斗。降圣姑娘在逼近一条巨龙时，用宝剑刺伤自己，然后用带着自己鲜血的剑扎向巨龙的腹部。顿时，巨龙疼痛难忍，用尾巴左右甩动，试图把降圣甩开。降圣用插在巨龙腹部的宝剑来了个旋转，搅得巨龙一阵昏厥。没过一会儿，巨龙身上的毒性发作，龙头上血流如注。

巨龙被杀死后，风平浪静，湖面上一片血红。巨龙庞大的身躯浮在湖面上。降圣姑娘趴在龙的身上，精疲力竭。乡亲们纷纷跑来，郎中采来草药，给降圣解毒，医治伤口。但为时已晚，剧毒已经攻心，而且降圣失血过多，奄奄一息。没过多久，人们又听到了云鹤、月华战胜妖龙的消息。人们把姐妹三人放在一起，三人先后离开了人世。人们为了纪念她们，分别在沈湖、柘湖、淀湖上建起了祠堂，叫“三姑祠”，里面供奉着刑家三姐妹。

南宋嘉定七年(1214年)春天，淀山湖一带发生了严重的旱情，草木干枯，庄稼枯死。知县叫主簿亲自到三姑祠进行祭祀，乞求能降雨，保一方平安、丰收。祭祀中，老百姓也吐露了自己的疾苦与灾难。三姑祠前哭声、祈祷声不绝于耳。没过几天，就下起了大雨，润泽了万物，滋养了土地。湖泊里，鱼虾跳跃，农田里，蛙鸣虫叫。这一年，果然获得了丰收。朝廷赐名为“会灵”。南宋华亭(今属上海)人许尚在《三姑庙》中也写到：“神居阴物护，枭国捍洪波。莫虑蛟龙怒，年来畏叱诃。”看来，三姑祠对邪恶有震慑作用，至少在百姓心理上是这样的，符合民间向善得到福佑的情结，反映了当时水泽之乡河湖泛滥难治的现实。

这两个关于淀山湖的传说，有两个相似的地方。一是淀山湖这儿原本不是湖，而是陆地。而且在1958年考古工作中，工作人员在淀山湖底打捞出新石器时代的石器等400多件，有石刀、石矛、石铸、石犁、石纺轮；陶片有夹砂红陶、黑衣陶、印纹陶，还有龟板、战国钢铁等文物，可见淀山湖地区古代确是陆地。第二，淀山湖地区由陆地变成湖泊这个巨大变化，可能就发生在秦代。

第三节　淀山湖的渔猎文化

江南水乡，也是江南渔乡。有水就有鱼，有鱼就有新的实践方式——渔猎经济的实践方式，在此基础上形成新的文化，即渔猎文化。在淀山湖的远古时期，由于农业不甚发达，该地区老百姓的生活来源主要是依靠渔猎经济。《管子·轻重丁》云：“渔猎取薪，蒸而为食”，十分形象贴切地反映了渔猎经济的主要特征。在渔猎经济基础上，形成了淀山湖地区富有特色的渔猎文化。

一、共性与个性相结合的渔猎文化

渔猎文化是淀山湖人民在生产劳动和社会实践中创造的文化成果、文明积淀，它以各种形态潜藏在老百姓衣食住行的日常生活中，或表现为物质载体，或表现为精神载体，通过抽象的思维形式、宗教信仰、民族心理、行为规范、价值取向、风俗习惯等展示出多样性的内容。

淀山湖人民的渔猎经济，作为先民们最初的生存本领延续至今，早已演变成物质之外的精神享受，表现为对祖先的祭祀和对生命的回归。

由于人类实践方式的普遍性和特殊性，淀山湖地区的渔猎文化既反映了中国渔猎文化的共性特征，也有该地区渔猎文化的显著的个性特征。

淀山湖地区的渔猎文化具有中国渔猎文化最一般的共性特征。中国远古的文字对渔猎早有记载。《小雅·南有嘉鱼》云："南有嘉鱼，烝然罩之。君子有酒，嘉宾式燕以乐。"《陈风·衡门》云："岂其食鱼，必河之鲂。岂其取妻，必齐之姜。"《乐府江南曲》云："江南可采莲，莲叶何田田，鱼戏莲叶间。鱼戏莲叶东，鱼戏莲叶西，鱼戏莲叶南，鱼戏莲叶北。"游动在《诗经》《乐府》里的鱼儿们早以鱼文、鱼图、鱼俗的形式深深沉淀在中华民族的记忆里，演绎成别具一格的"鱼"文化。鱼也往往成为与爱情与美好与吉庆与和谐紧密联系的隐喻。古诗中常以"鱼"为比，或以"鱼"起兴。《陈风·衡门》云："衡门之下，可以栖迟。泌水洋洋，可以乐饥。岂其食鱼，必河之鲂。岂其取妻，必齐之姜。岂其食鱼，必河之鲤，岂其取妻，必宋之子。"

由于鱼与人们的生活方式和消费方式紧密联系在一起，人们也将鱼拟人化，常以鱼隐喻恋人与爱情，以食鱼比娶妻。《卫风·硕人》云："河水洋洋，北流活活。施罛濊濊，鳣鲔发发。"以捕鱼喻娶妻和新婚。而《卫风·竹竿》中则以钓鱼喻求爱，以网鱼比得妻，以网破喻失妻，以钓鱼喻求爱，遂为后世作品所常用的喻义。

原始人在陶器上画鱼，古人以鱼为礼物相互馈赠，年画画鱼，待客用鱼，过年吃鱼，以图“年年有鱼（余）”；“鱼水情深”则用来比喻和谐的人际关系。人们还用“相濡以沫”来比喻相依为命，鱼与人在更多的时候已经合为一体了。

除了共性特征外，淀山湖地区的渔猎文化又有显著的个性特征。淀山湖地区的渔民以水为伴、以鱼为生，打鱼生涯中存在着诸多不确定的风险，俗话说“三寸板内是娘床，三寸板外见阎王”，反映了渔民生活在高风险的环境中。正是在这样独特的生活中，渔民形成了自己特有的信仰和风俗，每个水域渔民的风俗都有差异，反映了渔民的独特生活。淀山湖镇水域广阔，水资源和水产品十分丰富。古时度城潭三官堂口和金家庄内的南港潭与北港口，常年停泊着无数渔船，成为渔民的休整地和水产交易中心。但是，水性无常，时有风高浪急，人们出湖生死难料，也就有了求神保佑的信仰。淀山湖渔民在打鱼生涯中，形成了独具特色的生活方式和风俗习惯，成为淀山湖地区渔猎文化的重要内容。

二、内容多样和情感丰满的渔歌

渔歌是民歌的一种，沿海地区以及湖泊港湾渔民所唱。流传最广泛的当属唐代诗人张志和的《渔歌子》：“青箬笠，绿蓑衣，斜风细雨不须归。”而生活在江南一带的人民创造出了很多流传不衰的经典民歌，渔歌也是其重要的组成部分。

爱情是人类永恒的主题，是渔歌的重要内容。淀山湖的《劝郎讨姐（对歌）》别有情趣：

（女）：隔江看见巧林哥，
年纪相仿差不多，

转去对侬爷娘讲，
约媒人说要讨小奴奴。
（男）：多谢侬妹妹一片心，
我人穷志短像戆徒，
有钿有地讨侬妹妹做家小，
无钿无地只好拖。
（女）：郎一拖来姐一拖，
拖得你花娘要年纪大，
我看下场棵杨树交仔秋要树叶落，
人到三十变黄脸婆。
（男）：郎不忧来侬花娘忧，
南村头我搭识两位娇娘热乎乎，
第一位娇娘送我鞋和袜，
第二位娇娘送我四季短衫裤。
（女）：别人家姐妮是别人家妻，
别人家娇娘啥稀奇，
千盅浓茶当不得黄酒吃，
圆头萝卜再好当不得梨。
（男）：别人家姐妮也是我妻，
别人家娇娘我稀奇，
千盅浓茶只当黄酒吃，
圆头萝卜胜似梨。
（女）：别人家姐妮是别人家妻，
别人家娇娘啥稀奇，
羊肉馒头当勿得顿，
鹌鹑再大当勿得鸡。

（男）：别人家姐妮也是我妻，
别人家娇娘我稀奇，
羊肉馒头当得得顿，
两只鹌鹑赛过一只麻栗鸡。
（女）：别人家姐妮是别人家妻，
别人家娇娘啥稀奇，
生仔大疮大疖无人来琐张，
私情娘娘望病脚头稀。
（男）：别人家姐妮也是我妻，
别人家娇娘我稀奇，
生仔大疮大疖有人来琐张，
私情娘娘望病像梭子飞。
（女）：别人家姐妮是别人家妻，
别人家娇娘啥稀奇，
养仔三男并四女，
勿叫侬爹爹空欢喜。
（男）：别人家姐妮也是我妻，
别人家娇娘我稀奇，
我搭人家养仔三男并四女，
心里有数也欢喜。
（女）：别人家姐妮是别人家妻，
别人家娇娘啥稀奇，
情哥哥有啥三长并两短，
座台上羹饭啥人来祭。
（男）：别人家姐妮也是我妻，
别人家娇娘我稀奇，

巧林我有啥三长并两短，
座台上羹饭有啥祭勿祭。
（女）：别人家婆娘焐勿热脚，
巧林哥勿要太痴迷，
我的私房铜钿侬拿去，
央媒说合快到我家里。
（男）：巧林一听喜盈盈，
妹妹果然真心意，
这劝郎讨姐一番话，
万分感激在心里。

情歌《死望郎》反映的情感也是惊天地、泣鬼神的。全歌以叙事诗的形式抒发了从真切关心情哥哥的病情，予以悉心照料，到情哥哥去世后为其上坟的故事细节，人物、事件和主人的内心世界栩栩如生，情感饱满丰富，是一首反映生死之恋的情歌。

我的私情阿哥踏水车，
小奴奴梳头打扮去担茶，
人家七七四十九部上车有人来换班，
情哥哥一部上车单枪匹马，
生毛桃吃吃，
冷水喝喝，
青石上坐坐瞌睆打打，
生仔迪种断命毛病就是爷做郎中只好对伊看来朝伊哭。

正月初一小姐打扮去望郎，
私情阿哥得病在香房，
顺手撩开青纱帐，

伸手摸摸伲私情阿哥额角头上蛮蛮烫。

二月初一小姐打扮去望郎，
情哥哥得病在香房，
小奴奴拔仔西山木头，
邀仔香山匠人拿仔长柄斧头，
短柄凿子的的答答答答的的，
一九得九、二九十八、三九廿七、四九三十六个雕花郎，
做成功迪只螺丝头结顶象牙床。

三月初一小姐打扮去望郎，
情哥哥得病在象牙床，
小奴奴烧仔细花白米粥汤郎摇头，
小铜瓢凹汤郎勿尝。

四月初一小姐打扮去望郎，
情哥哥得病在象牙床，
小奴奴煎仔药汤郎摇头，
小铜瓢凹汤郎勿尝。

五月初一小姐打扮去望郎，
情哥哥得病在象牙床，
那个白化郎中说伲情哥哥八月中秋抽身落，
小奴奴哭得眼泪汪汪心悲伤。

六月初一小姐打扮去望郎，

小奴奴手提香篮进庙堂，
那个菩萨看得伲情哥哥八月中秋抽身落，
小奴奴哭得眼泪汪汪心悲伤。

郎有病来姐心慌，
要到那梳妆台上去描方，
上头要描蚊虫小脚贰两半，
下头要描苍蝇脑子合(革)仙汤。

郎有病来姐心慌，
要到那梳妆台上去描方，
上头要描田鸡毛，
下头要描蟹血合(革)仙汤。

郎有病来姐心慌，
要到那梳妆台上去描方，
上头要描石人头上三滴血，
下头要描黄狗角合(革)仙汤。

七月初一小姐打扮去望郎，
情哥哥得病在象牙床，
摇摇上身下身也在动，
叫一声丈夫哭一声郎。

八月初一小姐打扮去望郎，
邀仔南村头裁缝做衣裳，

人家穿仔迪身衣裳人前人后走，
伲私情哥哥穿仔迪身衣裳脚踏松板上西方。

九月初一小姐打扮去望郎，
私情哥哥棺材停在后厅堂，
酒肉兄弟千个好，
急难之中无相商。

十月里来芙蓉开，
邀仔东邻西舍扛棺材，
七寸头牌位前头走，
小奴奴带仔粗麻哭哀哀。

十一月里小姐打扮去上坟，
坟前坟后要挑泥墩，
坟前要种千年柏，
坟后要种万年青。

十二月里小姐打扮去上坟，
坟前坟后要挑泥墩，
金银树死仔要还阳转，
伲情哥哥死仔难还魂。

三、与渔歌交相辉映的田歌

随着农业的发展，淀山湖地区出现了亦渔亦农的生活方式，使渔歌与田歌交相辉映，构成了渔歌与田歌相互渗透的渔猎文化。田歌又称邀卖山歌、耘耥山歌，是农民在田间劳动时唱的一种劳动歌。淀山湖地区田歌的演唱形式自成一格，由头歌、前买、前撩、长声、后买、后撩、赶老鸦、歇声等几个部分组成。头歌即领唱，由一人率先开腔；前买、前撩、长声、后买、后撩，均为跟唱，各有一人应接；赶老鸦和歇声是合唱（和声），人数不限。田歌音调高亢、嘹亮，是淀山湖地区劳动人民自己的艺术创造，既能抒发感情，诉说自己的痛苦、欢乐和愿望，又能陶冶性情，缓解疲劳，因此代代相传，流传甚广。当地有“唱田歌悠扬赴节，声闻远近”的说法。

农民踏水车是一项起早摸黑、白天酷暑难耐、夜晚蚊虫叮咬的十分艰巨和单调的劳动，通过唱歌，反映对自然环境生存艰难和社会动荡的强烈不满。这首《踏水田歌》在淀山湖地区十分盛行。

脚踏四海五湖通，
步步行来快如风；
人人话我行千里，
手把栏杆路不通。

命中注定苦恼人，
分种稻田做煞人；
黄牛风车买不起。
人当黄牛车水田。

早起四更黑洞洞，
踏车踏到太阳红；
踏车踏到夜黄昏，
脚底起泡蚊子叮。

穷人出了牛力气，
种了大米饿肚皮；
财主家里粮满仓，
踏车人家里无柴米。

田歌《十只台子》将历史文化与家具台子结合起来，通过众多脍炙人口的历史故事，弘扬了真善美，抨击了假恶丑。

第一只台子四角方，
岳飞枪挑小梁王，
武松手托千斤石，
太公八十遇文王。

第二只台子凑成双，
辕门斩子杨六郎，
诸葛亮要把东风借，
三气周瑜芦花荡。

第三只台子桃花红，
百万军中出了赵子龙，
文武全才关父子，
连环巧计是庞统。

第四只台子四角平，
吕蒙正落难在破窑登，
朱买臣落难樵柴卖，
何文秀落难唱道情。

第五只台子五端阳，
莺莺小姐烧夜香，
红娘月下传书信，
引得张生跳粉墙。

第六只台子荷花放，
阎婆惜活捉张三郎，
宋公明投身梁山上，
沙滩救驾小秦王。

第七只台子是七巧，
蔡状元起造洛阳桥，
观音龙女来作法，
四海龙王早来潮。

第八只台子只只好，
疯僧月下闹元宵，
巧断阴阳包文正，
张飞喝断霸陵桥。

第九只台子菊花黄，
黄婆药死武大郎，
潘金莲搭识西门庆，
小武松杀嫂嫂心慌。

第十只台子唱完成，

唐僧西天去取经，
孙行者领路前头走，
山中杀尽怪妖精。

第四节　淀山湖的稻作文化

千百年来，淀山湖历史文化演变的一个重要内容是，从渔猎文化和渔农文化进入到稻作文化。淀山湖的稻作文化，充分反映了淀山湖人民的实践、生活和创造，体现了淀山湖人民的勤劳、勇敢和智慧。

一、历史悠久的稻作文化

马家浜文化层是太湖地区最早的新石器文化层，距今6 000至7 000年。考古专家在这一文化层里发现了已经炭化的稻谷粒，包括籼稻，说明当时普遍栽种水稻。在淀山湖镇度城潭西面原复新村挖掘出来的各种各样的陶器、玉器、工艺品及农耕器具等，据考古学家认定，属于马家浜文化类型。以此推断，淀山湖周边以种植水稻为生。祖先们了解了野生谷物的生长过程，在长期艰苦的采集生活中，经过反复观察与试验，渐渐熟悉了野生稻的诸多生长规律和特点，尝试着进行人工种植，在此基础上产生了丰富多样的稻作文化。

淀山湖地区稻作文化的兴盛与居民的生存需要密切相关。淀山湖地区长年生活着打鱼为生的人。湖上捕鱼，面对许多不可估计的危险，而且渔民们的生活来源无法预测，当天捕到了鱼虾，并不能保证明天也有收获。长年的辛苦和衣食不确定的生活，使部分渔民改变了生存方式，以农作为主，因为农作物适于收藏储存，即使遇到灾年，也能填饱肚子，这符合古代劳动人民精打细算、细水长流的共性。

淀山湖地区稻作文化的兴盛，除了与江南温暖温润的气候分不开以外，还与淀山湖的地理位置有着很大的关系。淀山湖属太湖流域，是以太湖为中心的蝶形洼地的组成部分，湖南有鼋荡，西有急水港，东南有拦路港作为进水和泄水的通道，四通八达，便于水利灌溉系统的完善，也利于水稻的种植。

两晋著名文学家左思在《吴都赋》中写道："国税再熟之稻，乡贡八蚕之绵"，这说明当时已经出现了双季稻。六朝时，三吴地区已成为著名的粮仓。到了宋代，这一地区的稻作农业已经处于全国领先地位，有"苏湖熟，天下足"之称。明代经济名臣丘濬所言："韩愈谓赋出天下而江南居十九，以今观之，浙西又居江南十九，而苏、松、常、嘉、湖五府，又居两浙十九。"这不仅说明那时的赋税之重，也说明了江南地区农业发展的兴盛程度。

二、劳动创造的稻作文化

在漫长的稻作农业的种植中，形成了色彩斑斓和丰富多样的稻作文化。江南地区以稻米为主食，所以江南的岁时节气也染上了一层稻作文化的气息。根据水稻的生长规律，以农历为计时，因此有了二十四节气，每个节气中所描述的除了天气的变化外，还主要表达了农作物的生长状态。老百姓认为，种田无规矩，全靠看节气。"立夏做秧苗板，小满满田青，芒种种成苗，夏至二边田，小暑旺发棵，大暑长棵脚，立秋长茎节，处暑耕头谷，白露白迷迷，秋分初头齐，寒露含浆稻，霜降割晚稻。"这首农歌基本上概括了水稻的生长过程。

自宋代起，太湖流域就开始实行稻麦两熟制或豆稻两熟制，一年为两熟，夏收后种水稻，秋收后种小麦或油菜。种好农作物后，则避暑或过冬。一年都以"春"开头，从正月起，年刚过，大家就开始忙活起来。农家户户，男男女女开始搓绳。他们从稻柴中选取一些比较青白的，扯去根部一层枯叶，耸耸整齐，放于凳边。只要是已经成年的人，都自觉参与到这一劳动中去。一根根稻草在他们手里翻动着、旋转着，成了一条条黄色的草绳，成了一圈圈草绳圈。别看这绳子如此微不足道，它却是劳作过程中必不可少的用具，捆绑、扎结、搭棚等都需要。

正月里，搓完绳后，就下田侍弄土地。地里没有种植越冬作物的田，叫"白板田"，深翻白板田，是为了恢复土地肥力，对作物的生长大为有益。除此之外，要修整好田岸和渠道沟。种田先做岸，种地先做沟，要根据农田地势的高低进行调整。地势高的，排出水沟内多余的水，地势低的，则要做好田岸，把水阻挡在外。每块田都有一定的灌溉排水系统。对这个系统要经常进行检查排漏，确保麦、稻、油菜等生长过程中适时引水、排水。

正月十五元宵节，是淀山湖地区老百姓当今仍然十分看重的节日。元宵节，淀山湖周边地区流行吃"烊粉粥"的习俗。

烊粉粥，是由米粉和水调和后，放入沸水中烧煮至沸而成的。烊粉粥里，可以根据自家的生活条件及个人的口味放入一些食品，如青菜、小油泡、干丝等。

烊粉粥也有来历，传说与猛将有关。猛将，是流传于江南农村的驱蝗螨之神，驱虫护农，深为农家敬重。所以，猛将庙虽然庙堂不大，江南农村却无处不有。民间的传说：正月十五到了，农家即将开春，猛将就按例巡视农村。他来到一家农户，看到祖孙两人正在灶头边吃晚饭。一看，全是"菜糊"。就问新年刚过，怎么就吃菜糊糊了？老人说，稻子都给蝗虫、蚱蜢吃了，没米啊，新年里也只好用菜糊糊充饥，开春后就只能挖野菜度荒了。猛将听了，又同情，又生怒。转身在农家取了把稻柴，点上火，到田野里"炭(烧)

烊粉粥

田角落”，把冬天还蛰伏在田头的蝗蝻虫卵烧个精光。来年，果然稻谷丰收。

自此，江南农家到正月十五晚上，家家吃烊粉粥，以求猛将垂怜。吃好烊粉粥，大家就举着火把，去“炭田角落”。一边“炭”，一边喊：“炭炭田角落，别个地方收收一蚌壳，伲格田里要收三石六！”

二月里，惊蛰、春分时节，壮劳力集中起来，分别上几条船，到河里罱泥。罱网，是用很粗的棉线结成的两片，穿在网排片上。两根粗大毛竹的头相互交叉着，用竹钉、绳子固定。那罱，就像两只面对面的大勺子。一条船上，一般有三人。把船停在河中心后，两人罱泥，一个撑泥船稳定。河泥罱过的地方，淤泥被掏空了，水也清澈了。如果哪块地的肥力不够，铺上一层河泥后，就能提升田地的肥力。罱的河泥被运到田边地头挖的大坑里，逐层铺上稻草。经过一段时间的发酵后，运到田里，作为施肥材料。除此之外，农民还会收集一些人粪尿、猪羊鸡粪等，作为有机肥料。因此，在乡村间，常常有老人和小孩拿着一个装根木杆的畚箕，走在场前屋后，打扫鸡污，用作农田的肥料。

二月十二，为百花生日，即“花朝节”，大约在惊蛰到春分之间。此时春回大地，万物复苏，草木萌青，百花或含苞或吐绽或盛开。关于花朝节的来历，《博异志》称：唐天宝年间一个早春二月之夜，喜欢栽花的花公子崔元徽正在园中品茗赏花，忽见一群容貌艳丽的女子到来，其中有个小巧玲珑的姑娘，自称石氏，但大家都叫她醋醋。女子们称要借此地与封姨相见，接着，便来了一位明眸皓齿的少妇，众人起身行礼，并恭称封姨。崔氏命上酒菜果肴，尽地主之谊。众女谢过之后，把盅畅饮，高声谈笑，封姨不意碰翻酒盅，醋醋的红罗裙被玷污，她粉面含怒，拂袖便走，众女子相顾惊慌。封姨板起面孔，恨恨地说：“小奴婢竟敢无礼！”夜宴不欢而散。次日晚，那位醋醋姑娘竟然前来——原来昨晚那些美女皆是花精，醋醋本人是石榴，她们要来人间花苑迎春怒放，可是那位叫封姨的风神出头阻挠。花精们本想借机向封姨求情,不料醋醋坏了事。如今众花精都埋怨她,只好求助于崔元徽,她要崔准备一些红色锦帛,画上日月星辰,在二月二十一日五更悬挂在园中的花枝上。崔元徽依言行事,届时果然狂风大作,可是枝上的花卉有了彩帛,没被吹落。当夜,众花精又变成一群美女来花园里向崔元徽致谢,还各用衣袖兜了些花瓣劝他当场和水吞服,崔元徽因此延年益寿至百岁,且年年此日悬彩护花,最终登仙。后来此事流成习俗,由于悬彩的时间安排在五更,故名“花朝”。各地区的气候变化有差异,因而百花生日有所不同,苏州地区定为二月十二。随着天气越来越暖,二月二十八称为“老和尚过江”,意为寒气将消,万物吐青,春暖花开。

“二月二,龙抬头;三月三,生轩辕。”二月初二,是龙头节,三月初三,是上巳节。三月三,田鸡叫,那些有经验的老农民中午听蛙鸣,可预卜该年丰收与否。三月三前后,杨柳吐蕊,是插柳的时候。河边绿柳低垂,河里游鸭欢娱,人们脱下厚重的棉衣,回归暖阳。“嘎谷嘎谷,阿爸种瓜,姆妈卖瓜,弟弟吃瓜。”清明、谷雨时节,各种野菜都嫩绿茂盛,田岸上、渠道沟里,挑荠菜,挑马兰头,割点草头(即苜蓿),这些都成为淀山湖地区老百姓改善伙食的佳肴美味。

清明过后,淀山湖地区的农民把一些瓜果蔬菜种下,开始育苗,等种子发了芽,长出五六瓣叶子后,再把它们种入自留地中。

此时,水稻的播种期即将来临,首先得选种浸种,“秧好稻好,娘好囡好”,这句俗语说明稻种挑选是水稻丰收的关键。农民把颗粒最饱满的稻种谷浸在大缸或船舱内,浸泡两天两夜后,把稻种从缸中捞起,用稻草上下垫好,视天气情况适当浇些清水,等稻种发芽。发芽后的稻种被撒到一块秧田里。一个月左右,这些稻种就会长成青翠碧绿的秧苗。

秧苗趁着雨露拔高,农民们一刻也不能闲着。他们把已收获的油菜或麦子的地,重新翻地、耙耕、平地、引水灌溉。最初是人力为之,一人或两人把绳子牵在肩上，低着头，弯着腰，在前面用力地拉，后面一个扶着犁耙，把一块块田犁松。犁好的地里灌溉了水后，用平基在原本不平的泥地上拖几遍，把土压平整。这些活单靠人力费时费力，后来就用牛耕地。一头牛，在农民的眼中是个宝，所以农民宁可自己饿了，也不愿牛饿了。大忙季节，农民牵着牛到田里干活，怕牛饿肚子，干活的农民会把随身带的当饭吃的粽子给牛吃。

做完这一切，就进入黄梅天。农历五月，进入梅雨季节，俗称“黄梅天”，淀山湖地区的人也叫“水黄梅”，是农忙的日子。黄梅天，阴雨连绵，正适合水稻的生长规律。从秧田内把碧绿的秧苗拔下，一丛丛用稻草扎好，装入箩筐，挑到水田边，由男人把一扎扎的秧苗分散扔进田内。女人们则已经用秧绳把距离定好，以六簇为一行，以六七棵为一簇进行插秧。一块水田内，并排着几个女人，分别在自己的区域内插秧，相互攀比着，看谁插秧插得快。

插秧都是集体活动。男子扔秧苗时，会响亮地吆喝着，引来女人转过身来瞧他。有情人会会意一笑，但马上专注于插秧，怕别人超过自己。插秧快的人，总能赢得大家羡慕、赞赏的目光。

农忙一过，该干的农活都做停当后，农民才算进入休整期。“种好黄秧，望望爷娘”，嫁出去的闺女此时带着女婿、孩子，拿着礼物回娘家，与爷娘谈谈家常，与兄弟哥嫂说说话，给即将成年的弟妹张罗婚事，向媒人、向亲戚打听对方的家底。

在一年最热的两个月中，在家避暑的同时，还得进行田间管理。前期耘耥除草，中后期引水灌溉，防治虫害，这也是农民最辛苦的一个阶段。“小暑一声雷，倒转做黄梅；小暑不见日头，大暑晒开石头”、“人在岸上跳，稻在田里笑”、“六月不热，五谷不结”，这些农谚和俗语说明只有经过六七月高温洗礼后的稻，才能长得谷粒充盈饱满。

耘耥是耘稻与耥稻的合称。耥稻在先，用长耥耙和短耥耙，把稻根周围的杂草去除。耘稻是耥稻的延续，依靠双手，把稻棵和稻芯的杂草扯去。耘稻的人，头上顶着炎炎烈日，弯腰在稻田丛中，风吹不进，脚下还有一股股水蒸腾着，扑面而来。耘耥稻时，男女一般会唱起种田山歌，缓解疲劳，也给原本枯燥的农活带来些趣味。

江南，水域丰富，淀山湖，水面辽阔，船只是农民必备的。七月，也是修船的时候。一年下来，船底的缝隙要裂开了，面上的老油薄了，在众人合力下把船拖上岸，并将之卧扑在岸边，请来老木匠爬上船底，修理船只。在裂开的缝里嵌进油灰，漆几层老油，晒上几天，船就坚固了。

七月初七，是七夕，是牛郎织女鹊桥相会的日子。家家户户杀鸡，以示庆祝，也给孩子们增加营养，祝福他们长得健康快乐。

八月十五，是中秋节，淀山湖地区一直有吃月饼赏月的习俗。月饼，有苏式和广式之分，月饼的馅又有果仁、枣泥、豆沙等各种原料，适合不同口味的人。

寒露、霜降时，进入秋熟，第二个农忙期，这段时期又被称为“稻黄梅”，意与“水黄梅”有所区别。稻黄梅，主要是割稻收稻。

三、丰收喜悦的稻作文化

割稻的工具是一把镰刀。“磨刀不误砍柴工”，所以，在此之前，镰刀早已被磨得锃锃亮，做好了开镰的准备。女人们头上扎块方巾，男人们则头顶草帽，拎着一大壶茶或一篮饭，到田里割稻。镰刀嚯嚯，稻秆沙沙，一丛丛稻子倒在他们身后。一天过后，一片片垂腰低眉的稻子都平躺着。然后是捆稻、挑稻。把一捆捆稻挑到船上，再从船上挑到场上进行脱粒。

脱粒，俗称“掼稻”。拿一扎稻，把稻穗往一盘大石磨上摔，摔得那谷粒四溅，摔得汗与穗芒黏在农民的身上脸上。经过几天的掼稻，收获了谷粒，就在下风口，趁着风把谷粒扬干净。在晴天的时候，抓紧晒干。

农村的灶头是用砖头砌的烧稻柴的灶，烧火的人很有心，在灶脚边放一个瓮，每把柴在打成草把之前，都要检查一下稻柴尾部是否还留有谷粒。如果有，就把它撸下，放入瓮中。日积月累，量也很可观。在每片割去稻的田里，有一些老人与孩子，会在田里拾余下的稻穗，俗称拾谷虱。把地里被遗漏的稻穗捡干净，是淀山湖地区农民长期劳作中形成的一种节俭美德。

稻香飘四野

收好稻，田里种上油菜或小麦。在归仓的稻谷中，拿出部分舂成白米，归于自家米囤，其余粜谷。一年的收成就是粜谷的所得。

忙完了一年的活，开始着手自家老少的生活。从弟妹孩童的衣裤到父母的棉衣棉被，还有一家老小的鞋子，这些任务就落在女人的手里了。扯了布料，做衣服；照着鞋样，做鞋子；绕了头绳，织毛衣……临近春节，男人负责置办年货，杀猪宰羊、刨浸笋干、磨制豆腐、自酿米酒……家家户户高兴地忙碌着。

“廿三送灶，廿四扫除，廿五牵（磨）粉，廿六蒸糕，廿七献土地，廿八过时节，廿九、三十等过年”，俗语中把年前的几天农民要做的事情都罗列了出来。年三十，一家团圆吃年夜饭。过了年，人们开始走动，分别到亲戚家拜年。淀山湖人的主食是稻米，以粥饭为主。以前，老百姓通常是早晚两稀，中午一干。现在，人们的生活条件好了，改为早稀，中午和晚上两干。除了食用稻米外，淀山湖人还喜欢将糯米磨成粉，做成各种糕点食用。点心糕点主要是糕、团子、圆子、粽子（用荷叶包裹）。人们取其谐音，内蕴“高中”、“团圆”、“和谐”等美好的祝愿，使饮食具有了多样而丰富的文化意蕴。

第二章　古镜的传奇

“江南好，风景旧曾谙。日出江花红胜火，春来江水绿如蓝。能不忆江南？”令唐代大诗人白居易魂牵梦萦的江南，不只是一个单纯的地理概念，更重要的是一个具有丰富内涵的历史概念和人文概念。

江南水乡不仅以其优美的河湖交错、水网纵横、小桥流水和田园村舍编织出了一幅风光绮丽和宁静淡雅的水墨丹青画卷，而且还以其深邃的历史文化底蕴、古色古香的建筑群落、古老的历史街区、古朴的吴侬软语和古老的民俗风情模塑出了一座博大精深的历史文化遗产群。

江南水乡星罗棋布般的一个又一个古镇，如周庄、同里、乌镇、甪直、南浔、木渎、朱家角、光福、安昌等，争妍斗奇，各具风采，向外界展示出它们经济富庶繁华书写的历史、才子佳人演绎的历史、文明精华荟萃的历史以及文化气息流淌的历史。

真如天上的星星数不清一样，江南水乡历史悠久的众多古镇犹如天上数不清的星星。只是由于地理变迁、战争动乱、自然灾害、人为破坏等多方面的原因，使不少富有特色的江南古镇或随着时光的流逝而灰飞烟灭，或因知名度的下降而逐渐淡出人们的视野。

坐落在风光旖旎的淀山湖畔，因湖而生、因湖而盛和因湖而名的淀山湖镇，是一个古代出状元、现代出院士的江南著名古镇。碛墺寺前一棵有着 1 700 多年历史的江苏最古老的银杏树见证和记载着该镇的古老历史。古代有“江南水乡第一庄”美誉的金家庄，唐朝就有“兵家战略之要冲”称号的古度城，千年古刹钟声幽的碛墺寺，神奇灵秀农家地的榭麓村以及兴于明清的繁华街区杨湘泾，都以无数个从古至今流传下来的历史文化传奇，以千年沧桑的历史向人们散发出江南水乡古镇特有的文化韵味。

第一节　江南水乡第一庄——金家庄

江南水乡地势平坦，河网纵横交错，湖泊星罗棋布，素称“水乡泽国”。水是生命之源和古镇之魂。水孕育了稻米鱼虾，孕育了一个又一个千年古镇。环绕着淀山湖，就有千灯、陈墓、周庄、朱家角、杨湘泾等众多既有共性又有个性的古镇。但是，要找出一个同样有着千年历史，而且其文化底蕴超过古镇的古村，却不是一件容易的事。

金家庄，这个以五行之首命名，诞生于淀山湖水中的村庄，以其独特的自然之胜和丰厚的人文积淀鹤立于古镇之中，是一个闪烁着比古镇还要耀眼光彩的江南水乡罕见的特色古村。

凡是到过金家庄的人，都认为她是一个美丽神奇，而又富有个性特色的村庄。说她美丽，虽然没有张家界、桂林等地“奇山异水”天下独绝的奇景，却宛如一个清雅脱俗的少女，浑身流溢着水墨江南的独特神韵；说她神奇，尽管没有陶渊明笔下“世外桃源”般的浪漫，却也有着凤凰涅槃演化出“八凤三海镇”的美丽传说；说她富有个性，虽然没有豪宅藏于古镇周庄的明朝江南首富沈万三那样富可敌国的商人和商业文化，却有着独特的自然环境和“水儒”文化的交融，历经千百年演化所形成的一种有别于他人的深厚文化特征。

一、风水宝地金家庄

20世纪90年代初，有一位深谙风水术的港商在金家庄穿街走巷，坐轮船，包直升机，转悠了几天后，对淀山湖镇的陪同人员说：“金家庄在历史上肯定是个人才辈出的地方，营商的富甲天下，做官的达‘三品’、‘五品’的不在个位数。”

“何以见得？”陪同人员问。“因为这里是一块难得的风水宝地。如果庄的南面还有一座‘案山’，湖的对面还有连绵的‘朝山’的话，这里说不定还会出宰相呢。”

风水宝地，按风水学理论其实就是聚积天下灵气的地方。它能助人事兴旺、发财，可令后代富贵、显达。风水学中讲究的是“藏风、得水、聚气”，这里所谓的“气”，又叫“生气”，在风水理论中，所谓“生气”，是存在于自然界中的一种能够焕发生命的要素，是能让万物萌发生机的物质。好的风水的标志就是“山环水抱”，四周高、中央凹的群山环抱和四周秀水环绕的景象。从环境的角度讲，环抱住址的山，能阻挡风的入侵，环绕住址的水，则能带来湿润的气体。从心理学上讲，山在周围能让人有安全感，水在前方则让人视线开阔，心情爽朗。风水学有一条重要原则，就是“界水而止”，即“生气”遇到水就会停留下来，所以水在风水中是留住气的象征，引申开去，就是水能留住财，即所谓的“盖生者，气之聚”，风水之法，得水为上，“山管人丁水管财”，“生意兴隆通四海，财源茂盛达三江”，就是这个道理。

风水学认为，山水乃天地间的两大神器，所以既有山之龙，也有水之龙。在平坦的地势中，风水以水为龙，水行既龙行。大江大河是干龙，小河小溪为枝龙，干龙主要用于行势，枝龙才是最主要的结穴之处。众多水流环抱的地方，也就是水龙结穴的地方。金家庄三面环湖，东面有一条泖泾港将其隔为湖中岛的自然地形，正应对了风水学中“藏风得水，水龙结穴，生气聚气”的环境模式理论标准。在风水学中，水流被称为龙之血脉，是“生气”的外在形态，又代表财源旺盛。“水口”，在风水学中又是风水好坏的重要标志。水口，是指一定地域范围水流的进出口，入口为天门，出口称地户。水口之关闭，即一地风水对生活财源的把握与控制。天门欲其开，源远流长而无穷尽，预示着财源广进而不绝；地户欲其闭，屈曲如“之”字、“玄”字，层密截流，以聚气藏财。风水理论还认为，在龙脉（血脉集结交汇）处有“朝”、“案”，山更为佳。案山是好似朝拱的伏案之形的山，朝山就像臣僚们簇拥着君主。不知是大自然的鬼斧神工，还是后人的精心安排，金家庄岛内河港纵横，溪流迂回，而天门南港口湖面开阔通畅，地户北港口河港如“之”字层密截流。且南港口，有名曰“山矮墩”的“案山”。在古代，透过淀山湖，还能看到“淀湖九峰”和湖中淀山。总之，金家庄三水交汇，前有案山、朝山，形似凤凰的自然之胜……正符合风水学中“更佳”的理论标准。《黄帝宅经》上说：“以形势为身体，以泉水为血脉，以土地为皮肤，以草木为毛发，以宅舍为衣被，以门户为冠带，若得如斯，是事俨雅，乃为上吉。”难怪金家庄的老人讲，这里是江南地区千百年来千里万里难寻的“风水宝地”。

说起金家庄这块“风水宝地”，在民间还有一个美丽的传说。据传，这里原是东海的一部分，沧海桑田，这里有了山和陆地，若干年后山水间的陆地上长出了一片硕大的桃园。据说，这桃园里的桃子虽比不上天宫中的寿桃，却香甜如蜜，有延年益寿之功效。阳春三月，桃花竞相开放，遒劲的斜枝、弯曲的树杈上，一朵朵，一丛丛，一簇簇。桃花随风轻轻摇曳，在露水

桃 园

的点缀下，愈发清纯透香。远看那桃花犹如天空灿烂的云霞，飘落人间。在三月春风的轻拂下，散发出空灵而悠长的香味。到了夏天更是桃果满园，就连空气中也弥漫着桃子湿润的汁液，散发着浓郁的桃香。

传说，东海龙王的一位太子巡游到此，发现了这一人间仙境。几年后，他因不满龙宫中兄弟间的争斗，便来这里隐逸起来。

有一年，孙猴子大闹天宫，将仙界的寿桃糟蹋殆尽。王母娘娘获悉东海之滨有这桃园，于是就命女儿带领三个宫女前来探访。当天她们来到这里，就被这里美丽的景色吸引住了。只见这里碧空如洗，绿树成荫，繁花似锦，湖面上波光粼粼。她们沉醉在这一方美景之中，嬉耍起来。她们的嬉耍声惊醒了吃饱了桃子，正在一旁午睡的负责护园的龟鳖精。

龟鳖精睁开眼睛，看到如花似玉的仙女们时，顿时起了淫心，起身欲施无礼。三个宫女连忙抛出衣上彩锦裹住了龟鳖精。不料，这龟鳖精只轻轻一抖，就把彩锦抖落。宫女们又取出佩剑，三剑齐出，这下激怒了龟鳖精。"小女子竟敢下杀招！"于是，龟鳖精气急败坏，也下起了狠招，几招下来，宫女们渐渐不支。天帝女儿见状，也参与进去。但龟鳖精毕竟修行了千年，而且常年得益于仙桃的功效，功夫了得。又十几个回合下来，天帝女儿和宫女们已遍体鳞伤，渐落下风。龟鳖精见状心里暗喜，心想看你们还有什么招，便一个饿虎扑食，直取天帝女儿的要害。

眼看龟鳖精就要得手，危急时刻，正好龙太子巡视到此，他大吼一声："大胆龟鳖精，竟敢对天帝女儿无礼！"说时迟那时快，双拳齐出，将龟鳖精击出十几里外，重重地落在了湖中。愤怒之下，龙太子又拗断了一座小山，把龟鳖精死死地压在了水中。后来这龟鳖精和半截小山便成了淀山湖里的淀山，也称龟鳖山，而那被拗去半截的小山，便成了一个墩，这就是南港潭口，被金家庄人称为"山矮墩"的小墩。

镇住龟鳖精后，龙太子向天帝女儿谢罪，曰："只怪小仙管教不严，请天女恕罪。"天帝女儿也是明理之人，急忙回礼曰："此事也怪不得太子，也怨我来前未通报。只是以我们现有之身恐难回天宫，不知如何是好！"龙太子说："要不，先到我行宫疗养，待你们痊愈后，我再护送你们回天宫，并向天帝、王母请罪如何？"天帝女儿说："事已至此，也只能这样了。"在龙太子的悉心照料下，天女们恢复得很快，三个宫女不几日便能下地行走了。但此时的天女见龙太子风流倜傥，一身正气，对太子已有了爱慕之心，不想急着回去，于是假装病重难愈，躺在床上尽享龙太子的呵护。

几天以后，王母不见女儿回来，便亲率天神寻找到此。见女儿如此状况怒火冲天，要立马治龙太子的罪。后听了女儿的细说，不但消了怒气，而且十分感激龙太子。

为了达到多在人间逗留的目的，天帝女儿装出伤很重的样子，对母后说："母后，以女儿此身恐没有三五百天时间很难痊愈，请母后向父皇禀明。"此时的母后已洞察了女儿的真实心思，也有心成全他们，于是说："禀不禀明，倒不是什么大事。只是，恐女儿在人间待的时间长了，仙力渐失，若再想回宫，需经历一场痛苦的'烈火涅槃'，再说为娘的也只能为你遮挡一时，不能遮挡一世。五百天后，你必须回宫。天条无情，你知否！""是，是。"女儿应道。王母又向女儿交代了一番。

临行前，王母对女儿和太子说："你们虽然栖寄人间，但你们毕竟是天帝的女儿、龙王的太子，一定要关怀好一方生灵，恩泽四方百姓。"说话间，王母从头上拔下发簪，向东一划，顷刻间，一条滚滚江河直通东海。王母转身在身后一点，一棵参天大树拔地而出，王母说："这江河是通向东海的，这树是通向天宫的。你们今后若有求于我和龙王，只要对这江和这树细说，我和龙王就会前来帮助你们。"于是，就有了黄浦江和金家庄背面的银杏树。

此后，天帝的女儿、龙太子和三个宫女便在这里过起了人间生活。为点化当地百姓，走出渔猎为生的原始生活，他们从神龙那儿引来稻种，并请来蚕神，教会村民男耕女织，走上了农耕社会。从此，这里的人们衣食无忧，过上了幸福的生活。

天上一天，人间一年。五百年后，天帝的女儿不敢违背母亲的嘱咐，凤凰涅槃，回到了天宫，留下了这块形如凤凰的风水宝地。而龙太子深深地眷恋着天女，睹物思人，他没有回到东海，终身厮守着这块“凤凰涅槃”后的宝地。三个宫女不忍龙太子孤独一人，自愿留下，相伴龙太子。于是，在金家庄村东面有了“一潭三岛”，即神龙潭和三个小岛：东岁圩、中岁圩和西岁圩。

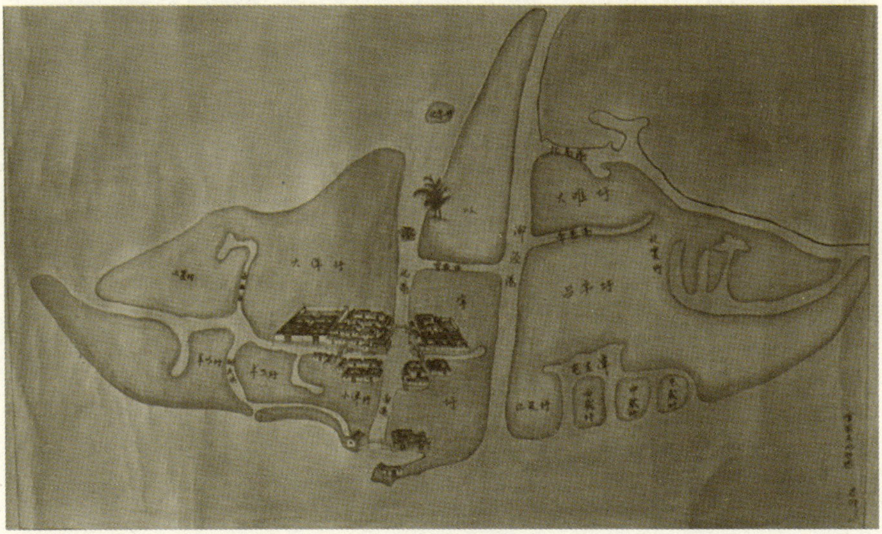

金家庄地形图

神龙金凤的传说虽然有点离奇，但毕竟大千世界是一个充满玄机和想象的世界，这个传说表达了金家庄人对世世代代耕耘生息的这块风水宝地的爱恋。他们说，金家庄之所以年年风调雨顺，岁岁五谷丰登，无灾无难，都是神龙金凤在暗中庇护。为表达对神龙金凤的敬爱，他们在金家庄南端的南港潭南北两侧修了两所寺庙——城隍庙和青莲寺。据说，城隍庙内供奉的城隍老爷便是龙太子的化身，而青莲寺里的观音菩萨，便是天帝女儿的化身。他们还说，金家庄人如遇上什么灾难，只要呼唤“神龙金凤保佑”，便可逢凶化吉。

20世纪60年代末，金家庄原黎明大队第四生产队和第五生产队有两条去上海运肥的船。回来时，船至金家庄对岸的三泾港口，天已黝黑，且风急浪高，他们就在湖畔停船过夜。谁知第二天天亮后，淀山湖已冰成了一个大锅盖。船上有几个过几天就要结婚的小伙子，急得直跺脚。忽然，船头的前面裂开了一条冰缝，而且越裂越大，越裂越远，直指金家庄方向。真是天助我也！回家心切的小伙子便顺着裂缝起锚回家。没想到，船至湖中，忽然西风乍起，湖里爆出淅淅沥沥的响声，这是湖里开冰的先兆。若开冰成势，这几条船定会被拥上来的冰块挤沉，情况十分危急。船上的人们也预感到情况严重，一边取船上所能敲冰的工具，敲碎拥挤上来的大冰块，一边向村上发出了呼救信号。村民听到呼叫，男女老少蜂拥到湖边，刹那间，南港口人山人海。男人们纷纷拿上敲冰工具，登船去营救。老少妇女在岸上向神龙金凤呼喊保佑。还真灵，一时间，满湖的冰浪戛然而止，风停了，上下涌动的冰块也平静了，几只运肥船顺利得救了。但时不多久，风又起，开冰又始。一时间，淀山湖里冰随风势，一浪接着一浪蜂拥着冲向岸边，甚至有的大冰块挤到了城隍庙的墙脚边。

在金家庄这块神奇而古老的土地上生活的老百姓一直坚信，真有神灵庇护着他们。千百年来，金家庄的村民碰到的惊吓不少，但都有惊无险，总能化险为夷。这更加增强了他们对神灵的信仰。金家庄的老人总是对人们说，由于金家庄有天帝的女儿和龙太子的庇护，因此“天神不敢造次，地魔不敢近身”。

二、江南水乡灵秀地

“日出江花红胜火，春来江水绿如蓝。”江南自古就享有人间天堂的美誉。古代，江南就是文化繁荣、物阜民丰的代名词。水是江南的灵魂，水的灵气洗练出江南人特有的“精气”，也成就了“水墨江南”特有的神韵。

古时的淀山湖，“二百里淀湖，夙与团泖合。兹丘峙其嵎，幺眇等嬴蛤。相当在中流，川气互蓊匌”。当年的淀山湖，“风吹芦苇倒，湖上渔舟飘，池塘荷花笑，云遮九峰腰”。如果说当年浩渺的淀山湖和稀撒在湖边的“淀湖九峰”是一幅天作神制的山水画的话，那么湖中的“淀山”和湖中的绿岛“金家庄”则恰到好处地填补了这幅山水画中过度空旷之缺憾，平添了几分生机，成为画中的点睛之笔。

淀山与九峰，都源于浙江天目山脉。天目山脉先萌于淀山，再从淀山延伸至九峰，取其一脉相承之意，故曰祖。今云间九峰和淀山，海拔都在百米以下。一群小山丘虽不高，却与淀山湖荡群构成一幅安宁祥和的山水画卷，给人以出人意料的意境。南社诗人王大觉有《登淀山》诗：“梵唱空山寂寂天，几时唤起洞龙眠。红墙古寺低残照，黄叶寒林锁晚烟。静听潮声三泖外，平分秋色九峰边。数行飞雁欹斜势，倒映波心绿不圆。”在宋代时，淀山仍在淀山湖之中，后因湖沙淤隔，人为围垦，经数代之变迁，山周围都化为桑田，成了村落。由此湖中淀山离湖而去，或成为陆上山丘，其中的淀湖九峰，也成了陆上山峰。

古村金家庄是淀山湖中唯一的绿岛，从远处望去，秀水环绕，绿树浓荫，炊烟袅袅，生机盎然。走进金家庄，安静流淌的小河，古朴沉静的小桥，堆砌整齐的驳岸，以及幸存的历史遗存，仿佛在向我们讲述她曾经的辉煌和荣耀。

在中国的历史上，能称谓“庄”的村落，本身就是一种地位的象征。庄内路、桥、驳岸的水准，又代表了它的底气和实力。庄内住宅的格局、

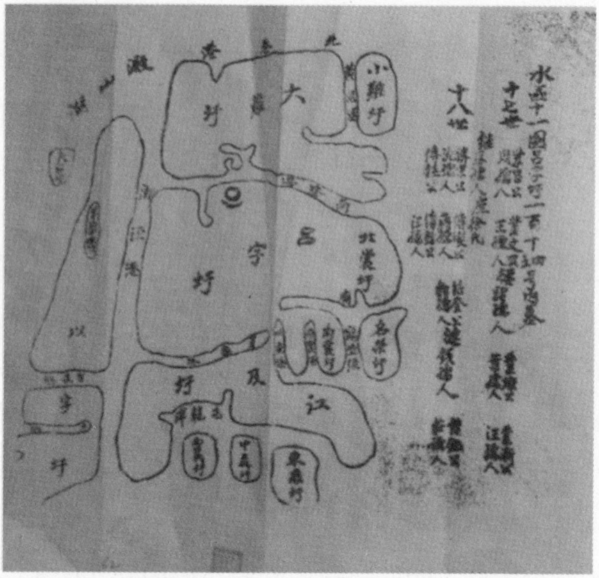

金家庄草图(1)

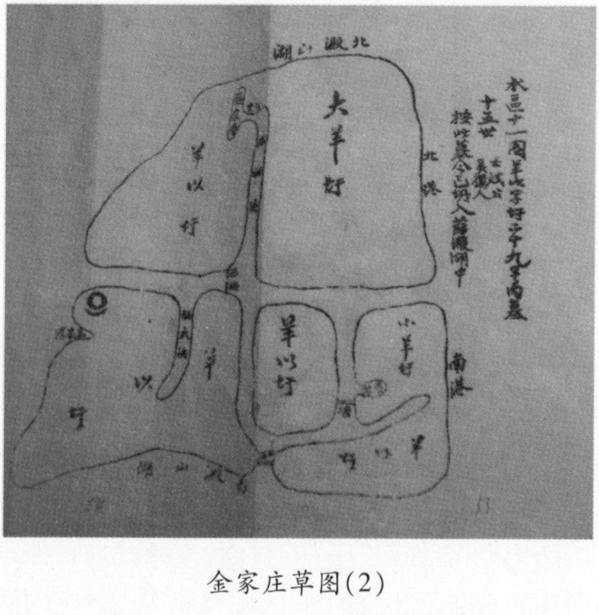

金家庄草图(2)

规模和豪华程度,又往往能体现住宅人家的经济实力、社会地位和文化素养。豪门望族总有一个大宅第,府第的宏伟说明家庭地位的显贵,宅院的精美反映了主人风雅逸趣的生活格调,住宅厅堂房屋的规矩严整说明了家庭次序的森严。

金家庄的住宅分为三种类型:一是以朱氏、顾家为代表的豪门望族的殿堂式大宅,二是农户的农宅,三是商贾店铺。

“十”字形的金湖港是金家庄水脉的骨架。两岸堆砌整齐的石驳岸上一条或砖或石的街路,蜿蜒地伸向四面八方,连接着每家每户。金湖港上四座平板石桥将四个自然圩头连成一体。金湖港交叉的中心,也是古村金家庄的商贸中心。王家阁和长滩滩是古村最繁华的地段。在这里,沿路而筑的靠街楼,临河水阁,因地而成、因势而就的临街商铺鳞次栉比。茶坊、酒店、渔行、肉庄、药材店、杂货店、裁缝店、理发店、农具店等,十七八样九行当,应有尽有。

剃头店

每天早上，晨曦初起的一缕阳光照射在波光粼粼的湖面上，港上船只川流不息，三尺柜台宾客盈门，一派兴旺景象，构成了一幅古韵浓重、活色生香的水墨江南特有的乡村晨景图。而每当日薄西山，归舟泊岸，桨声划破了宁静的夜空；渔歌唱晚，渔船储满了丰收的喜悦。

20 世纪 60 年代前，金家庄基本保持着江南水乡特有的小桥流水人家的古村风貌，庄内建筑以明清建筑为主，偶尔有一两幢元代和民国的建筑。朱家和顾家是金家庄的大户人家，拥有十几处殿堂式的气派建筑，而颇具农家特色的通天八间前后沓的建筑也十分亮眼和实用。

朱家故居，是香山匠人倾心打造的古建筑精品，又是占尽“风水”的吉宅。它位于大洋圩正南，门前，金湖港如一条玉带环绕着朱府。风水学家认为，如有玉带状的流水从门前经过，家中必定出高官，世世代代皆为文人。这一说法在朱家得到了应验。

朱家故居从王家阁往西北延伸，占地面积 15 000 平方米，建筑面积 12 000 平方米，由 130 间居室连成一体。朱家故居不仅大，而且房屋多，沿街分设四个出入大门，分别名为五房、七房、六房、八房，房连着房，屋挨着屋，首尾呼应，前后连贯。整个建筑群外围高墙紧裹，院内庭园重叠，游廊环绕。假山、荷池、花坛、亭园点缀。正屋、厢房、庭院、天井……规矩严整，充分体现了以儒家为纲常的朱氏家族的个性。那一房房、一户户，如果在那里从头到尾走一遍，恐怕不是一天半天所能走遍的。

朱家故居的建造略异于同时代的建筑。这里的每一块砖瓦、每一扇门窗，都倾注了以顾仲年为首的香山匠人独具匠心的设计，特别是屋檐采用飞檐翘角的设计。在屋脊的两头，各安装了一堵横切面，形状既像天空中的一朵祥云，又似一个守家卫国的盾牌。屋脊的两侧，则是一排排行列整齐的凹凸交错的黑色瓦片。瓦片与瓦片之间都是统一的距离，每一行的棱、每一凹进的槽，所有的瓦片数是一样的。每一行不是以斜线直直地往下，它在渐渐往下舒展的时候，以一定的弧度而延伸着，到尽头时，所采用的瓦檐上，绘有朵朵盛开的牡丹。那飞檐以傲人的姿态向外张扬着，更显示出朱家豪宅的气派与壮观。飞檐上，还垂挂着一个又一个铜铃。风一吹，那些铜铃就发出悦耳的乐声。这飞檐的设计，既适应了房屋内部结构的需要，又能更好地排除雨水和积雪，还起到了遮阴纳阳的作用。

走进朱家豪宅，体会到的是其中的精巧与细腻。跨过那高高的门槛，首先看到的是那几根粗大的顶梁柱，从柱子下那块顶柱石上就可以看出气势的不同寻常。顶柱石上，那梅花的刻图十分清晰，每一幅梅花的形状又各不相同，有枝头含蕊的，似乎正在等待凛冽的风把它吹开；有含苞待放的，那微微张开的几片花瓣娇羞着，欲说还休，不好意思完全打开；有争妍怒放的，正把自己积蓄的许多清香洒向人间。站在这石头边上，欣赏着这精美的石刻，仿佛能闻到梅花若有似无的香味。不仅仅是石头上有精美的雕刻，那倒垂的梁托上，也被一朵朵祥云包围着，围成一大朵莲花。栏杆、门沿、窗饰等地方，各种木刻比比皆是，上面不仅有山水流云、鸟兽鱼虫，还有一个个栩栩如生的人物，甚至细致到人物的表情、人物的手势都那么惟妙惟肖，让人叹为观止。故居的墙角处，一片片的青苔躲在阴影中，悄悄地添绿，成了小院独特的风景。天井内，一条狭长的通道隐藏于房屋间的过道内，宁静而幽远。

朱家最早的故宅在甲子桥西桥堍，是朱德润辞官后隐居的地方，后有朱家后裔捐赠、改建为教堂和私塾。朱德润故居的门是紫黑色的，门的两边各有一块青石，其高 50 厘米，东西长 80 厘米，南北宽 30 厘米。门朝东开。青石上面是大门的门框，门框到墙壁之间由木板封住。两块青石的外侧各有一条凹槽，里面嵌着门槛。凹槽前青石上的浮雕各刻有一只活蹦乱跳的鹿，鹿前身高，后身低，前面外侧一蹄缩起，另一蹄往前迈。两只鹿头对着正要跨入大门的人，寓意为“乐(鹿)在其中”。沿着朱家故居的石头路，游历完朱家豪宅，让人感受到它的幽深，似有一种走出此地，就不知身处何地的感觉。

甲子桥北，北港西岸，基本上都是苏州香山匠人顾家的宅院。最北端的是顾家祠堂，此祠堂建于晚清，坐落在大洋圩靠北端，东靠北江出湖口，与江东的两棵银杏树隔江遥遥相对。祠堂占地面积650平方米，建筑面积500平方米，正东有一片80平方米的大场，厅内都有悬空的粗大柱，大小房屋共计7间。往南分别为顾家大墙门、三墙门、二墙门。顾家大墙门现有香山匠人的后裔顾祖连、顾祖吉两个老弟兄及其后代居住。据顾祖吉老人口述：这个大墙门由先辈香山匠人登陆湖中岛，定居下来所建造的。由此结束了到处游码头、到处打工的流浪生涯。它没有豪华的房子，只是五开间的大瓦房和几间小屋。但在建造初始，却是非常亮堂的好房子。有一片宽阔的场地，四周非常空旷，便于造房堆木之用。大墙门占地1 600平方米，大屋、小屋等建筑面积为800平方米，均是普通砖木结构的平房。靠河滩的小屋，作为牛棚。江口建有草舍，水中设有栅栏。以前，晚上有人守夜，早晚开关木栅栏，给进出的船只设置障碍，查询进出事由。这也是出于安全考虑，确保村庄平安无虞。

金家庄顾氏第一代顾仲年在湖中岛大洋圩北岸立足后，建造了第一大墙门，以后再建顾氏二墙门，到顾氏宗族的五世孙顾晓天时，又建顾氏三房里。顾氏三房里坐落在大洋圩（现淀山村），北竖头江（又称北江），北靠徐家墙门，南接顾氏二墙门，相邻是一条长堂（是条蟠弄），西是草地。这是明朝砖木结构的古建筑，占地面积为2 500平方米，建筑面积几乎相似。从东大门进宅，东西向共10进，一条36米长的南北走向的通道，将房屋分为两个单元，东面是厅堂建筑，西面是楼房，大小房屋36间，其中10间是楼房，每一个天井都有御门楼，御门楼的砖石上都雕有古典人物、花鸟走兽戏文等图案，豪宅坚固美观，装修富丽堂皇，所建的厅堂气派宏大，每幢楼房均有特色。新中国建立后被辟为淀东人民公社的粮食国有仓库，人们便叫它“三仓库”。

金家庄全景图

盛世房是顾达今先生的故居，位于金家庄东浜中段，占地面积约3 800平方米，建筑面积为3 500 平方米，南北共九进，计大小房间55 间。整个盛世房是座粉墙黛瓦高大幽深的豪宅，四周是高高的院墙，在大宅门前穿过街道，走过场地一字摆开、五间房屋开阔的水墙门，用精致的花岗岩石块叠砌成整齐的石驳岸和水桥滩渡，很有气派。走进大宅门，便看到那根根廊柱、块块匾额，木刻雕花门窗，御门楼上的精美砖雕字画透出一股古朴清雅的气息。穿过门厅、墙门间天井、主厅，沿着曲曲折折的陪弄长廊来到题名为“杏花春雨楼”的两座后楼，推开长窗，眼前豁然一亮，百花园便呈现在眼前。园内假山荷花池、回廊凉亭、楼阁，绿树成荫，秀丽非凡。在这里，春日可赏花，酷日听蝉鸣，秋天尝鲜果，冬天可踏雪。

甲子桥北港，西为顾乾贤宅，该宅建于清朝，东靠北江，南临顾大伦肉店，河滩有石凳、石栏杆。门前有一片场，需上三级台阶才进得了大门，天井周边过道上建有两层小楼。该宅占地面积 1 700 平方米，建筑面积近 500 平方米，共计房屋 17 间，其中楼房 11 间。新中国建立后，金家庄成立金湖乡时，为乡政府所在地。

甲子桥东堍往南，到福元桥之间有一幢民国建筑，名为小洋房。小洋房的主人是顾越奎，他留学欧洲，精通六国语言。1903 年，詹天佑修建了第一条由中国人自主修筑的铁路——京张铁路。这是国人的骄傲，也是国人实力的体现。顾越奎作为中国第一代机车工程师负责到法国考察，购买火车头。顾越奎回乡后，建造了这幢小洋房。

从福元桥往北，下了桥堍，沿砖石铺成的沿江大道向东走 20 米，便来到昆山第一花厅顾家的外珠角。外珠角是明朝建的砖木结构的房屋。要观赏外珠角大花厅，必过七道门槛、两个御门楼。每道门都十分沉重，用力推，发出咔咔的声响。一路往内，厢房圆堂都是珍贵的艺术品。以格子分隔而成的落地长窗，每扇长窗的四角及中间均雕有花鸟和戏文。打开落地长窗，雕梁画栋，尽收眼底。每个御门楼上的水磨方砖拼接严密，没有缝隙。

来到大花厅，屋顶高大幽深，飞檐翘角。厅内四根悬空庭柱根根粗硕无比，现在还可看到垫有圆珠形的大石块。每根柱子的首尾都雕有龙身、鸟兽、花卉、古人像等精美绝伦的图案。厅堂内摆着红木家具，高贵典雅。花厅两旁玉楼耸立。登上玉楼，金家庄全景一目了然。

该宅近代的主人是顾石林，1953 年病逝，享年 80 多岁。顾石林是位老中医，他医术高明，看病用药“稳”、“准”、“狠”。病人前来看病，一般只要来一次，服数帖中药即痊愈，不需要第二次。时间长了，碰到这种情况的人多了，后来人们不约而同地给他一个雅号，谓“石一帖”。

与朱氏、顾家的豪宅相比，金家庄的农宅虽逊色不少，但也保持着明清建筑的特点，在其场院的布局上与朱氏、顾家殿堂式截然不同，彰显出农家的特点。

金家庄农宅以三开间四拖戗为单体，南北重复，中间设有天井，东西两面各有厢房，这组群体建筑俗名为通天八间前后埭。其结构近似北京的四合院，但所不同的是，北京的四合院宽绰疏朗，四面房屋都向院落方向开门，且院落宽敞，可在院内植树栽花、饲鸟养鱼、叠石造景；而金家庄的农宅，组群中的天井（即北京四合院中心的院子）较小，天井内没有游廊，除南北正屋向院内开门外，两边厢房门口均向南北正屋开门。

金家庄的农宅均以家族为单位，傍水或背水而建，一族一宅，东西向并列、成埭，族宅与族宅之间，中间以或大或小的弄堂为界。前埭正屋前都有砖铺的宽敞的场地，风水学中也称“明堂”，以供收获农作物所用。

金家庄的民居布局分为两种：第一种“面水民居”，即前面建于滨河街巷一侧，民居面水沿路排列成行。第二种是“临水民居”，这类民居建筑紧贴河道，叠石为基，临河建宅，有的人家还挑出石基屋宇半悬，飞凌水面，形成“人家尽枕河，楼台俯舟楫”的景观。

金家庄村中心“十”字河两岸是商家集聚区，民居宅院布局有两种：

第一种“前店后宅”，前面是商店门面，后面是住宅，两组成为一个整体，有的通过天井分隔，有的用厢房连接；第二种“下店上屋”，一幢沿街楼房，底层做店铺，上层为主人住房。金家庄的农户一般散落在“十”字河两边，四周河道较宽，以“通天八间前后沓”为组群，也称“江南四合院”，每间隔一定距离都设有较宽阔的弄堂和专供农船上岸维修的河坡和场地。

金家庄是一个建筑密度较高的村庄，密密麻麻、大大小小的各式建筑，将形如凤凰的腹部和两翼填得满满的。初入金家庄，如进八卦阵，坠入云里雾里，弯弯曲曲的道路，不知何为尽头。待走到河边，方才天地开阔。

金家庄的南北两端各有一个港湾，名北港口和南港潭，这是专供客船停泊的地方。北港口的阳侧有一座规模不大的庙宇，名“猛将庙”，庙里供奉着猛将老爷和杨老爷。据传，杨老爷是唐时平阳（今浙江苍南）人，姓杨名精义，在瑞安陶山修炼，与七子拔宅飞升，专做海上拯救渔民等善事。金家庄人特地把此神请来，意在保佑常年出没于淀山湖上的村民的安全。

在南港潭的两侧，除了青莲寺和城隍庙、顾达金碑外，还有两幢楼阁——晚翠轩和文昌阁。晚翠轩位于城隍庙东侧，自青莲寺改为学校后，晚翠轩便改为青莲寺观音菩萨的佛堂。晚翠轩，由北宋大理学家朱熹后裔、明代昆山治水名臣朱瑄所建。晚年，朱瑄居住在乡里，与沈诚学、鲁孙蕴、章琼、张敬之、穆踵、龚节安诸多文人名流组成人文雅社，经常在这里谈论诗文。到了夜幕降临，一轮明月东升的时候，他们驾着一叶小舟，往来于烟波飘渺、波光粼粼的湖上，寄情山水，寻觅诗文的意境；回归自然，体味物我两忘的感觉。

文昌阁，位于青莲寺东侧，原是三间平瓦房，是北宋兵部郎中的第九世孙朱德润隐逸金家庄后，与薛朝阳道长、金至善诗友谈道讲儒、泼墨临池的地方。后有朱德润之子朱吉改建成二层小楼。底层供村上孩儿读书识字之用，二楼名“文昌阁”，专供文友墨客聚会之用。据传，明代昆山五高士之一的孙俊，他的“淀湖八景”名句就产生于此。

朱夏、孙俊、叶盛本为好友。叶盛在外做官，每逢回家省亲总会相邀聚会。有一年初春时节，叶盛约孙俊一起来金家庄，看望朱夏。诗友聚会，宾主寒暄了一阵后，便登上文昌阁，谈诗说文。茶过三沏，孙俊起身推开窗户，顿时“二百里淀湖尽收眼底”。只见东南淀山上普光寺、三姑祠，在暮霭中若隐若现。薛淀湖上，风帆点点，数百只鸥鹭随波逐浪。一行南飞的大雁，结伴而去。回首金家庄，岸边杨柳在晚风中摇曳，岸上一农夫驾着耕牛，在忙碌着。南港口山矮墩旁一渔翁身披蓑衣，放钩垂钓。几只闲鸥埋头整理羽毛。忽然一阵春雨拍打着湖边的蒹葭，声声作响。诗人孙俊被眼前的美景所陶醉，溢美之词脱口而出：“淀湖风景讶天成，水秀山明万古情。岚树光中禅刹耸，浪花堆里客帆轻。数行征雁横秋月，几个闲鸥浴晚汀。洲渚鱼蓑披雪钓，野田农耒带云耕。春回杨柳摇金色，风度蒹葭作雨声。此景此情吟不尽，仙游何必到蓬瀛。”“妙！妙！淀湖八景一气呵成，真不愧为‘高士’！”朱夏、叶盛拍手赞美。孙俊吟罢，回过头来说：“淀湖美景随处可见，为凑八景，湖内湖外，湖东湖西，我不知寻觅过多少回，总未如愿。身在一处，尽赏八景，唯此地也。”孙俊的这首诗，对当时淀山湖的八大美景“鳌峰烟寺”、“薛淀风帆”、“雁横秋月”、“鸥泛晴波”、“渔蓑钓雪”、“农耒耕耘”以及“杨柳春风”、“蒹葭夜雨”等作了全景式的描摹。

独特的地理位置，清幽的自然环境，丰富的物产，浓郁的江南水乡风情，使古村金家庄成为历朝历代文人墨客游览隐逸、官宦忙里偷闲的理想佳地。他们在这里著书立说，吟诗作画，留下了无数咏湖诗书、描山绘水的传世墨宝，同时，既促进了金家庄经济昌盛、文化繁荣和社会文明，又锻铸了金家庄被人们赞美为“江南水乡第一庄”的金字招牌。

三、顾朱入驻金家庄

金家庄有两句典型的方言:“啥个朱顾”和“顾朱能合”。“顾朱能合”作为金家庄人语言交流的“搭头语”就内容来讲,并无实际意义,但这个词在金家庄的话中却时时会被用上,有时用在开场白时,有时用在句中。“啥个朱顾”,“朱顾”在这里是原因的意思,“啥个朱顾”就是“啥个原因”。例如,村上有一对夫妻吵架了,边上的人看到了就会问:“小夫妻两人平日里好好的,今天不知道是啥个朱顾,吵成这样子。”这两个方言,年纪大一点的金家庄人一般都会说,但它的出典以及背后的内涵就不一定晓得。

朱家和顾家是金家庄的两个大姓。朱家和顾家的人口加起来占到金家庄总人口的百分之五十以上。朱氏家族来自昆山县城,源自河南睢阳。顾氏家族原是苏州香山匠人的一支。金家庄三面环湖,四面绕水,原是一个十分闭塞的小村落。朱氏、顾氏的到来,给这幅宁静淡雅的山水画增添了活力。朱氏、顾氏家族犹如两棵巨大的梧桐树,不但给金家庄人庇荫纳凉,也引得无数的金凤凰前来筑窝栖息。闭塞的小村落迅速发展,乃至成为天下闻名的“江南水乡第一庄”。

说起金家庄的朱家,无人不知,无人不晓,元代大画家朱德润把南北画的风格融会贯通,开一代画风。明代弘治丙辰年进士、廷试第一名的状元朱希周,阐明修身治家之道的《朱子家训》的作者朱柏庐等,都是朱氏后裔。

朱家,如果刨根问底的话,得从炎帝和黄帝谈起。从母系社会、父系社会,发展到各部落相互吞并整合,形成氏族。朱氏族人经历了数次大迁徙,从陕西黄河流域向全国各地迁徙,也不断地分支。许多文史资料都失传,已无从考证。金家庄的朱氏发展,可以从朱骏声的《朱氏支谱序》的记载中略知一二。当年朱姓的肇始祖——尧帝的儿子丹朱被舜帝打败，他的一部分子孙为了逃避舜帝的迫害，向南方迁徙。诸侯混战，群雄并起，天下大乱，曹姓朱氏在邾子国灭亡之后，开始大规模向外迁徙，邾国君主和一部分被俘的邾国王室成员被迫离开世代居住的邾国故地，迁徙到当时的楚国内地邾城。大批邾国王族成员和普通邾人则在国破家亡后，向北或西北逃亡，其中，特别是邾国北邻鲁国及齐国，更成为邾国遗民的主要避逃、分布之地。史书记载，小邾国的后裔朱氏有一部分南逃到吴郡阊门，成为后世吴郡朱氏的祖先。

历经数代，时至北宋，朱氏家族出了一位名人朱贯，任兵部郎中，曾参加北宋睢阳"五老尚齿会"。

自从唐代诗人白居易于公元 843 年在东都洛阳自己的府第举行了一场富有特色的诗会，时称"七老盛会"后，唐代的高寿诗会成了文坛的佳话，对后世的影响非常大。200 年后，北宋仁宗庆历末年，杜衍在睢阳（今河南商丘）举行了"五老尚齿会"。参加诗会的有 80 岁的太子太师致仕国公杜衍、90 岁的礼部侍郎致仕王涣、94 岁的卫尉司农卿致仕毕世长、88 岁的兵部郎中致仕朱贯、87 岁的驾部郎中致仕冯平。这五人在朝为官时结成挚友。辞官后，他们经常在一起吟诗作赋，吹拉弹唱。

在寒春的某日，翰林学士钱明逸到老丞相杜衍家做客。在园中听得杜衍正在吟诵白居易的诗《七老会诗》："七人五百八十四，拖紫纡朱垂白须。手里无金莫嗟叹，樽中有酒且欢娱。诗吟两句神还王，酒饮三杯所尚粗。巍峨长歌教婢拍，婆娑醉舞遣孙扶。"钱明逸听后，走进屋内，看到杜衍鹤发童颜，再联想到另外几位朝廷老臣，钱明逸不禁想：他们都已到耄耋之年，一生都为朝廷出谋划策，如今正是安度晚年的时候，何不学学白居易，也把他们请来，办个老寿诗会。钱明逸的提议得到了杜衍的响应。于是，在钱明逸的发起下，五老约定在山林溪涧旁这个地方举行诗会。

山上有一片郁郁葱葱的松树林，林中有一个水潭，水质清冽。水潭周围正是春花绽放之时，野花星星点点。诗会那天，除了五老之外，还有钱明逸、他们的学生和仆从，钱明逸摊开绢本，要把这五老吟诗的情景画下。

杜衍说："今日诗会，我们既要应情又要应景。应情，我们五人年轻时承蒙皇恩，在朝为官。耄耋之年，又能与友相聚吟诗作乐，人生乃幸事。我们各作七律诗一首，每句诗的最后一字分别为：冠、桓、寒、看。"

四人都说："甚好，这样就更显诗会不同以往了。"

杜衍抬头见四人都已双鬓斑白，银丝飘飞，低头见泉边野花零星。他略作思考后，便吟道："五人四百有余岁，俱称分曹与挂冠。天地至仁难补报，林泉幽到许盘桓。花朝月夕随时乐，雪鬓霜髯满座寒。若他睢阳为故事，何防列向画图看。"

杜衍话音刚落，王涣就说："好诗。他日睢阳五老尚齿会，也是诗坛的一大趣事。我也赋诗一首：分曹归政养耆看，李下何由更正冠。贤相赋诗同啸傲，对君优诏去盘桓。庞眉老叟俱称寿，凌雪乔松岂畏寒。屈指五人齐五福，乡人须作二疏看。"

在一旁的朱贯早已腹稿于胸，他随后吟道："各还朝政遇尧年，鹤发俱宜预道冠。乍到林泉能放旷，全抛簪绂尚盘桓。君恩至重如天覆，相坐时新畏地寒。九老且无元老贵，莫将西洛一般看。"

"朱兄，好诗。"冯平连连赞叹，他看到林泉泉水无声，早春松林中烟雾缭绕，便说："诏恩分务许优闲，肯借留都狰豸冠。名宦傥来空扰攘，丘园归去好盘桓。醉游春圃烟霞暖，吟听秋潭水石寒。退傅况兼为隐伴，红尘那复举头看。"

此时，钱明逸已把五老的像画好了，并把他们的诗写在绢画的背面。五老诗会之后，有欧阳修、晏殊、范仲淹、韩琦、邵雍、文彦博、司马光、程颢、程颐、苏轼、黄庭坚、苏辙等十八人奉和诗。可惜，年代久远，都已不存了。钱明逸把这五人画像名为《睢阳五老图》。历时数月后，钱明逸给画绢着色，于至和三年（1056 年）中秋日，给五老图作了序。序言为："暇日宴为五老会，赋诗酬唱，怡然相得。诸人形于绘事，也纪其盛。昔唐白乐天居洛阳为九老会。于今图识相传，以为盛事。"钱明逸序中设想将此图卷藏于郡学翘材馆中，供学子瞻仰。

《睢阳五老图》先后有五十六家观识和题跋，宋人蒋璨、谢如晦、钱端礼、王铚、季南寿、谢觌、洪迈、张贵谟、谢彦明、范成大、杨万里、欧阳希逊、洪适、余端礼、何导；元人程钜夫、段天祐、姚燧、泰不华、柳贯、张翥、赵孟頫、俞焯、马常祖、李祁、虞集、高逊志以及明清人程敏政、吴宽、董其昌、钱谦益等。《昆县志》云：图藏朱状元希周家，度城南金家庄。此图几经辗转，先后易其主。至朱家后代朱柏庐时，他向族人借贷十六金，在徐乾学的周转帮助下，此图最终完璧归赵，重回朱家。但图像已鳞次而下，绢素剥落，不利卷舒，朱柏庐再用十金，委托郡城装潢名铺顾氏装裱。他重得此图卷后有长跋，文中感慨曰："今幸有复归之机，懋个力虽至薄，又何爱数十金而不为祖宗延一线脉耶？"文中许多言辞非常感人。此是朱氏后人在图卷上最后一次题跋，此图卷在朱氏家族中流传近 500 年之历史即将画上句号。

北宋靖康年间，金兵掠走宋徽宗、钦宗二帝后，赵构在南京应天府（今河南商丘）称帝（宋高宗），改年号为建炎，这个重建的赵宋王朝，史称南宋。南宋建立后，主战派和投降派一直处于激烈的斗争中，以致南宋错失了许多巩固国土的机会。在金兵猛烈的攻势下，宋王朝只能南迁。

朱贯的五世孙朱子荣离开河南，投奔父亲挚友吴郡（今江苏苏州）郡守贾青。南渡长江时，朱子荣年仅 6 岁，与他相伴的只有一位老仆。他们一路上风餐露宿，与逃难的百姓一起南迁。那日，他们随人流来到长江边，见一渡船上已有数人，主仆两人上了船。

船主向船上人收取银两，可主仆两人已经身无分文。船主就叫他们下船，老仆苦苦哀求。正当他们吵嚷的时候，船上有一僧人认出了老仆，并帮他们两人付了银两。

这僧人名叫允谦，得过朱子荣的父亲朱椿年的恩惠，有知己之交。当年允谦化缘时，身染重疾，几乎丧命。朱椿年把允谦抬入家中，请了郎中给其治病。允谦在朱椿年家中休养了一段时日，才恢复健康。

今日允谦见主仆两人衣衫不整、风尘仆仆的样子，忍不住长叹一声："国破家何存焉！"当得知朱子荣已孤身一人时，禁不住泪眼湿襟。允谦决定把主仆两人送到吴郡。

到吴郡后，允谦找到郡守贾青府，说明来历。贾青见是挚友之子来投奔自己，并得知朱子荣已是孤儿，就问朱子荣："子荣，你是否愿意认我为干爹？"朱子荣当即跪下，认贾青为义父。自此，贾青与朱子荣以父子相称。

贾青深知挚友遗孤落难投奔自己，绝不能负友人托孤之重。他又见朱子荣才思敏捷，异常聪慧，就把朱子荣寄养到史元长家，让他在那里饱读诗书，学文明理。朱子荣也不孚众望，潜心攻读，最后官至朝奉郎直秘阁。

朱氏家族人物列表

姓名	人物关系	人物简介	备注
朱兹（唐末人）	源出吴郡昆山	当地有名的世家大族	朱骏声《朱氏支谱序》记载
朱承厚	朱兹之子		
朱昱	朱承厚的曾孙	朱兹的后裔，迁居睢阳（今河南商丘）。	
朱贯，字贯道，应天府宋城（今河南商丘）人	朱氏沿承	仁宗朝，以兵部郎中分司南京。庆历末与杜衍等人为睢阳五老会，时年八十八（《睢阳五老图序》谓少王涣2岁）。	

续表

姓名	人物关系	人物简介	备注
朱子荣	朱贯五代孙	南宋初年官直秘阁。史称朱子荣年轻时,正值金兵入侵,宋室南渡,中原离乱。他为避兵乱,遂南逃东吴,居常熟。	
朱大有(南宋)	朱子荣之子	从常熟迁居吴城(今江苏苏州)。	
朱应得	妻施夫人		
朱琼	妻吉夫人		
朱德润(1294—1365年),中国元代画家,诗人。字泽民,号睢阳山人	朱大有之子	睢阳(今河南商丘)人,其先祖跟随宋室南渡,居昆山(今属江苏),遂为吴人。善诗文,工书法,格调遒丽。擅山水,初学许道宁,后法郭熙,多作溪山平远、林木清森之景,重视观察自然,当北游居庸关时,曾作《画笔记行稿》。	
朱吉(1342—1422年),明诗文家,字季宁,昆山(今江苏昆山)人	朱德润之子	明洪武中以荐授户科给事中,首疏请宽胡惟庸、蓝玉党禁,以安反侧。后以善书改任中书舍人,寻又改侍书,出为湖广按察司佥事,工诗能文,著有《三畏斋集》。生平事迹见《吴中人物志》卷四、明叶恭焕编《吴下家墓遗文续编》卷一。	

续表

姓名	人物关系	人物简介	备注
朱定安,字士隆,昆山(今江苏昆山)人	朱吉长子	精楷书,尤工古篆。得周伯琦笔法。尝积其书草瘗之名篆冢。为当时号称“昆山三杰”之一。	
朱永安,字士常,昆山(今江苏昆山)人。	朱吉次子	博学工诗文,又善真草书,得晋人笔法。嗜古书购蓄甚富,著有《尚志斋稿》。为当时号称“昆山三杰”之一。	
朱泰安,字士栗,昆山(今江苏昆山)人	朱吉三子	明永乐三年举人,第二年礼部考试中榜,授内黄教谕,曾先后在安仁、安吉、阳信三处教学,所教内容以孔孟儒学为根本,他的学生很多。不久,朱泰安告别官场,杨文贞、杨文定再三挽留,但他去意已决。他回到家乡后,租屋教学生识文断句。精于书法,为当时号称“昆山三杰”之一。	
朱夏,字南,号勉斋	朱永安之子	隐居乡里,教授为业。娶郑氏,生四子:器、文、质、彬。	
朱寿(1419—1482年),字元龄,号古直	朱泰安之子	生于明永乐已亥(1419年)三月十日,死于弘治壬子(1492年)五月二十日。他从小受父亲教诲,孝顺父母,谦让兄弟。他为人忠厚善良,性格爽直。	

续表

姓名	人物关系	人物简介	备注
朱文（1444—1511年），字天昭，一字天章	朱夏之子	明成化二十年（1484年）进士，官至监察御史、湖广按察副使。娶工部侍郎王永和孙女为妻，生有六子：希周、希召、希韩、希富、希吕、希冯。	
朱质，字天存，号拙轩	朱夏之子	官苏州卫指挥佥事。	
朱彬，字天成，号半山	朱夏之子	官至沂州判官。有二子：稀曾、稀阳。	
朱希周（1473—1557年），原名朱璞，字懋忠，号玉峰，南直隶昆山（今江苏昆山）人	朱文之子	昆山历史上第四位状元。弘治九年进士。孝宗喜其姓名，擢为第一，状元。授修撰，累迁礼部侍郎，官至南京吏部尚书，乞休归，林居30年，不复起。	
朱希召	朱文之子	官都事，墓在阳抱山（今阳山）祖墓东。	
朱希吕	朱文之子	官县丞，墓在离阳抱山（今阳山）祖墓一里远的地方。	
朱稀阳，字懋功	朱彬之子	两浙运河判官。	
朱稀曾	朱彬之子	曾为江右宁州判官。子朱景升。	

续表

姓名	人物关系	人物简介	备注
朱集璜（1597—1645 年），字以发，昆山岁贡生	朱希周后裔	素有学行，为乡井所推。南京既亡，邑人议拒守；而县丞阎茂才已遣使投降，用为知县。乙酉（1645 年）六月，士民起义兵斩茂才，推旧将王佐才为兵主，迎旧令杨永言入城拒守。永言，河南人；善骑射。抗御若干日，集璜协守甚力。七月初五日，清兵至城下；初六日，炮击西城，溃而入。集璜被执，大骂不屈，见杀。	
朱柏庐（1627—1698 年），著名理学家、教育家，名用纯，字致一。昆山玉山人。明诸生	朱集璜之子	入清隐居教读，居乡教授学生，潜心治学，以程朱理学为本，提倡知行并进，躬行实践。他深感当时的教育方法使学生难以学到真正的学问，故写了《辍讲语》，反躬自责，语颇痛切。曾用精楷手写数十本教材用于教学。生平精神宁谧，严于律己，对当时愿和他交往的官吏、豪绅，以礼自持。著有《治家格言》《愧讷集》《大学中庸讲义》。	

自从我们的祖先在黄河这条母亲河的滋润下创建商文明以来，悠悠1 500 多年，一直都由儒家和道家两种文化为主导，其他原创文化相辅佐，世代相传，基本保持着传统原创文化的纯正性，虽然期间亦有出使西

域、东渡东瀛等文化交流活动，但由于中国历史的悠久性和文化的先进性，这些文化交流活动总体而言是文化输出多于文化输入，应当看作是中国传统文化对外探索性扩张活动。

直至公元 1271 年，在忽必烈的一令《建国号诏》下，“元”这个由蒙古“马背上的民族”统治的封建政权正式登上中国历史舞台。它对保持了千年之久的中原汉文化产生了巨大冲击，对中华民族文化的包容性和多元性产生了极大影响。朱德润就是在这样的背景下，成为当时著名的画家。

朱德润是北宋兵部郎中朱贯的第九代孙，族称朱九公。朱德润，字泽民，号睢阳山人。他出身于东吴名门望族，书香门第。其人身长八尺，秀异绝人，读书过目不忘。相传朱德润是与其相隔一千多年的汉末三国时期的郁林太守陆绩转世，明代阳山草堂主人岳岱写的《阳山志》里生动地记载了这个故事：元季，昆山朱氏卜葬此山，梦朱衣人谓曰：“吾陆绩也，墓，吾墓也，君能让之，尔后有兴。”于是土中果得旧椁，避而葬焉。由是世为吴中缙绅之族，代不乏人，至今盛科，目者皆称之。而这文中的朱氏，没有详细说明是谁，但这个疑团在《浒墅关志》里得到了详尽而更具故事性的解答。

朱九公碑

朱德润的母亲吉夫人

非常贤惠，婆婆施夫人身体不好，卧病在床，她亲自喂汤喂药，深得施夫人的喜爱。元至元甲午年（1294 年）十二月，施夫人病重，虽然吉夫人即将临盆，但施夫人还是担心自己不能在生前见孙子一面。因此，施夫人日夜不思，病情加重。朱德润的祖父决定为自己的夫人在阳抱山上选择墓址。

当天晚上，施夫人在迷迷糊糊中，见一红衣人来到她面前，对她说："我是郁林太守陆绩。我的墓就在这阳抱山上。施夫人，你已经病入膏肓。小生有一请求，请夫人在选择墓址时，绕过小生的墓。"红衣人说完，飘飘然，随轻烟而去。施夫人睁大眼睛看，眼前并无人。她才醒悟，原来刚才做了一个梦。

第二天，造墓人在挖掘时，果然挖到了一块墓碑，上面写着"郁林太守陆公绩之墓"，旁边还有一块石上写着"此石烂，人来换"六个字。于是，朱德润的祖父想到夫人昨晚做的梦，急忙叫工役将石头原地掩埋，把碑石稳固，为施夫人另择墓址。

这晚，施夫人再次梦到了红衣人，红衣人告诉她，为了感恩，他将投胎成为施夫人的孙子。果然，凌晨时分，施夫人的儿媳吉夫人产下一男婴，男婴取名为朱德润，是因"人以为厚德所致"。施夫人见到这个男婴后，脸上露出了灿烂的笑容，随即安详地驾鹤西归。

朱德润，人如其名，一生以德润物。他 6 岁时，师从吴兴姚子敬，主要学姚子敬传敖继翁的礼仪之学，特别是儒家经典的《周礼》，还学习诗词文章和书法。但朱德润的学画一事，并非师从姚子敬。

《存复斋续集》中记载：元皇庆中，仆因受学于霅川（吴兴）姚子敬先生。先生谓：艺成而下，足以掩德，戒以勿勤画事。适彦敬高侯（高克恭）至，见仆弄翰，语先生曰：是子画亦有成，先生勿止之。由是日新月染，不觉艺成。姚子敬见朱德润沉迷于书画，怕朱德润玩物丧志，所以很不满意。姚子敬先生批评说："书画技艺只是下品，会影响德行的修养，不可勤于书画，玩物丧志。”这时，恰好高克恭来拜访，听到了这句话。他看到朱德润正在案头练画，翰香韵远，颇有意境。高克恭并不认为绘画有损德行，他为朱德润如此喜欢绘画而高兴，给予了极大鼓励。高克恭对姚子敬说：“从这幅画中，可以看出这孩子有绘画天赋，以后会有成就的，先生不要制止他的发展。”在高克恭的鼓励下，朱德润学习书画更勤奋了。朱德润喜欢在风和日丽、花绽柳飞时，看山川丘陵的远近之势，感悟春夏草木的枯荣。每天清晨就起，到夕阳落山才回，把远处浅淡的景，或近处浓烈的物都化成墨香。站在高处，凭栏远望，是他非常乐意而喜欢的事情。日子一长，在不知不觉间，朱德润艺成，成了元代著名的画家。

元延祐初年，朱德润到杭州，与郭畀在旅馆相遇。朱德润说起了高克恭对他的鼓励，这让郭畀非常惊讶。

杭州的郭畀，其书画、文采在当时已经小有名声。在杭期间，向他索书求画的人履满户外，单牍片纸，人争宝之。郭畀为了将自己的镇江儒学学录的现职转成学正而赴杭奔波。他到处请托、求荐、修改履历、通关节，甚至包括行贿。但即使这样，他数次求见赵孟頫，都不能得见。之后，虽然见了赵孟頫，他手拿龚璛所写的推荐信，仍然不能得到赵孟頫的首肯而达致转官的要求。而年轻时的朱德润就由赵孟頫介绍，经高丽忠宣王，人称沈王的王璋推荐，元仁宗在玉德殿召见了朱德润，并立即授予翰林，同知制诰，国史院编修官的职务。第二年他又被“表近授镇东行中书省会儒学提举”，类同行省儒学提举职务。

1320 年，沈王失势后，朱德润便在宫中寻求其他途径。1322 年二月，刚刚即位的元英宗出游柳林狩猎，在寿安山驻跸，就有近臣集贤大学士泰思都、学士颡哥识律等，向英宗皇帝推荐朱德润。朱德润得到英宗皇帝的召见，献上了《雪猎赋》和《雪猎图》。《雪猎图》描绘了君主雪地行猎，展现了广阔苍茫的平野气势，迎合了皇帝之好，再加上万余言的

朱德润《雪猎图》

《雪猎赋》，更是让英宗龙颜大悦。因英宗崇敬佛教，他召集天下善书者以泥金写佛经，朱德润也在应召之列，奉旨抄写佛经。他所抄佛经与“英庙陡配”而受到表彰。

英宗时，他官阶升至五品，前后有四年时间。但不久英宗遇刺，沈王受到排挤，朱德润审时度势，不得不选择了“一官归老天宫里，为写浙江秋放船”的画隐生活。虽然朝中许多贤达之士一再挽留，但他去意已决，便买舟南下，回到故里赋闲 30 年，杜门不出，过着归隐田园的书香生活。

朱德润师从姚子敬，而姚子敬受学于敖君善（继翁），与张复亨、赵孟頫、牟应龙、萧子中、陈无逸、陈仲信、钱选等八人号称“吴兴八俊”。八人常常聚集在一起，“放乎山水之间，而乐乎名教之中，读书弹琴，足以自娱”。

朱德润之所以选择金家庄隐居，缘于他少年时曾跟随姚子敬于一次

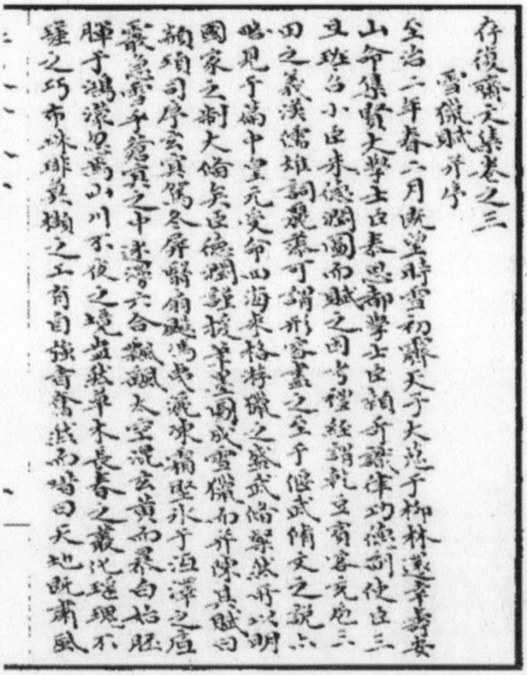
存復齋文集卷之三
雪獵賦并序
至治二年春二月既望時雪初霽天子大蒐于柳林遂幸壽安
山命集賢大學士臣[illegible]學士臣[illegible]律功德詞使臣三
[illegible]小臣朱德潤圖而賦之因考禮經謂乾豆賓客充庖三
田之義漢儒雄詞麗藻可謂形容盡之矣至于偃武脩文之說亦
略見于篇中皇元受命四海來格特獵之盛武備[illegible]然所以明
國家之制大備矣臣德潤[illegible]拔筆畫圖成雪獵而并陳其賦曰
[illegible]司序玄冥篤冬屏翳[illegible]馮夷滌凍霜堅冰于[illegible]澤之區
霰急雪乎穹[illegible]之中迷漫六合飄颻太空混玄黃而暴白始[illegible]
[illegible]于鴻濛[illegible]山川不夜之境盎然草木長春之叢比瑤瑰不
[illegible]之巧布珠琲粲爛之工[illegible]而[illegible]曰天地既肅風

朱德润雪猎赋

山水游历后，知道了淀山湖边有金家庄这一方山清水秀、民风淳朴的地方，所以他退出官场、选择隐逸生活时，便毫不犹豫地选择了金家庄这块风水宝地。

虽然朱德润在金家庄隐居，但一些达官贵人仍然慕名而来，向他求取字画，因为在世人眼里，特别是在当朝权贵的眼中，朱德润是以书画为世的，朱德润却不这么想。朱德润言："仆少小喜作书画，至日渐月渍，不觉为玩物丧志之习。今屡为人求取，乃欲罢不能。"所以朱德润隐居后，遇到有人来讨取字画时，他就往往闭门谢客，推说自己手腕疼痛，无法执笔。

朱德润在金家庄隐居的几十年里，热衷于推动乡村教育事业。他带头并带动乡绅捐资办学，自己亲自授课，使金家庄的教育事业得到了极大发展。时至今日，位于甲子桥西桥堍略北的朱德润故居，透过历经风吹日晒而显颓废的墙壁，依然可以感受到朱德润总是在隐与仁之间徘徊。他始终认为自己是个修身、齐家、治国、平天下的传统儒士，杜门屏外，讨论经籍，增益学业不求闻达。但思想中又穿插着道家的无为而治、顺其自然的思想。他成为一个矛盾体，是一个整合了出世与入世为一身的人，虽然寄情于山水，但始终留意天下时政；虽然归隐于乡村，但不乏交往元代文人和仕宦。

朱德润善文书画，尤工山水，而金家庄就是一个远离尘嚣的世外桃源。淀山湖的自然风光给予他无限灵感，在宁静幽远的境界下，他在画里悠闲地赏月、抚松、访友、观湖、听琴、论经。朱德润在《沙湖晚归》诗中云："山野低回落雁斜，炊烟茅屋起平沙。橹声归去浪痕浅，摇动一滩红蓼花。"这就是他对于自己隐逸生活的真实写照。

朱德润赠王蒙山水册页之一

朱德润流连于山水间，不时邀请友人一起吟诗作画。其中有元初著名画家赵孟頫，元代中晚期的黄公望、王蒙、倪瓒、吴镇及陈基、周景安等人，访刘道士，结交马清风道人，与他们一起说禅论道、谈诗讲经，或铺纸泼墨，以画会友，寄情于山水之间，畅游于天地之境，态度萧然神往，胸襟气象超旷，达到了"在官则适于公，在暇则适于野"的境界。

朱德润之子朱吉，字季宁，原名逢吉。朱

吉早年丧母，正值元季兵乱，奉父周旋避难。他从小学习儒家圣贤书，谨言慎行，做人表里如一。当时张士诚正占据苏州，他的队伍驻扎在富庶胜地，从上至下贪图享乐，腐化严重。张士诚喜欢招募文人雅士，终日在幕府中饮酒作乐，又喜欢向文人墨客大赠宝马、文房精品，远近的落魄文人趋之若鹜。但朱吉洁身自好，不愿随波逐流，更不愿阿谀奉承。

昆山州的判官徐石麟把女儿嫁给朱吉后，朱吉就把家从苏州迁到了昆山。朱元璋称帝后，得知朱吉的为人，大加赞赏，并为他改成单名“吉”，意为“善”者。朱吉为官多年，光明磊落，一生的境遇起起落落。

明洪武年间，朱吉被推荐为户科给事中。古代符契文书上盖印信分为两半，当事双方各执一半，用时将二符契相，并验对骑缝印信作为凭证。凡调遣军队、车驾出入皇城、官吏驰驿等均须勘合。明代初期，这勘合制度非常严格。但在一次检查中，查到赋长违反勘合的法律。

皇帝大怒，进行严查，并把违法的人都抓了起来，关进大牢，没收了他们的全部家产，命令要处死他们。朱吉上疏皇帝：“勘合的办法，只是一种验看执照的手段，用以查验每年皇粮纳入国库。如果每年的皇粮已入库，那勘合只不过是为了查验的虚文。现在各省的粮犯都抓了起来，但检查督察下来，并不缺少正粮。请求皇上宽宏大量，以显皇恩。”皇帝权衡再三，同意了朱吉的意见。

洪武二十二年(1389 年)，因为胡惟庸案，皇帝要肃清胡、蓝逆党，其中波及了许多无辜之人，制造了许多冤假错案。朱吉又上疏皇帝，请求皇帝能明辨是非，为了国家安定，释放无辜之人。皇帝也听取了他的建议，保障了国家的稳定。皇帝还特地嘉奖他，把一件织文绣衣赐给了他。第二天，朝廷上，皇帝当着全朝文武大臣，把朱吉大大赞赏了一番。不久，朱吉因文章写得好，文采出众，而改为中书舍人，升迁为侍书。

朱吉在皇帝身边呆了十年之久，曾经外放任湖广按察司佥事，进行理冤释滞，却被别人牵连而受到处分，关入监狱很久。直到永乐年间大赦群臣的时候，他才被放出。后再次被召回，为中书舍人，负责编写《永乐大典》，得到皇帝的厚爱。

朱吉一生磊落，为官多年，廉政清明。永乐年间，他谢政回家时，随带的行李中无任何金银财宝，唯一带的是书法字画。

在回金家庄的途中，朱吉到朋友家做客，却见朋友家徒四壁，朱吉有心帮助他。谁知他们正在谈话之际，来了几个人，向朋友逼债，原来这位朋友因为欠了田租，无法偿还。朱吉见朋友如此窘境，自己也没有多余的银两。于是，朱吉就把自己的东西变卖后，凑了钱，帮助朋友偿还。朱吉回到乡里后，与父亲一样，在乡间开馆授业，自己做到克己复礼，仁在其中。

在朱吉的影响下，朱吉的三个儿子朱定安、朱永安、朱泰安被称为"昆山三杰"。侍郎叶盛曾经说过："县中文化望族必定推选朱氏，泰安兄弟出生时间不同，而清修苦了，并为乡里仪表。"

朱泰安，字士栗，永乐三年举人，第二年礼部考试中榜，授内黄教谕，曾先后在安仁、安吉、阳信三处教学，所教内容以孔孟儒学为根本，他的学生很多。不久，朱泰安告别官场，杨文贞、杨文定再三挽留，但他去意已决。他回到家乡后，租屋教学生识文断句。

有几次，官场的朋友来看望他，向他说起某人得了什么官位，某人获了什么利益。听到这些，朱泰安就默不作声，像没听见一样。弄得来人非常尴尬，就不再讲相关的事情了。朱泰安在金家庄一心以教谕为主，教育他的孩子和学生要忠孝、恭谦，以仁义与人相处。"礼之用、和为贵"，人与人之间的和谐相处，每个人都有维护仁礼的责任和权利。他逍遥终身，不谈官府政事，寿至 93 岁高龄。

朱泰安的儿子朱寿，字元龄，号古直。生于永乐己亥(1419 年)三月十日，死于弘治壬子(1492 年)五月二十日。他从小受父亲教诲，孝顺父母，谦让兄弟。他为人忠厚善良，性格爽直。当年父亲朱泰安在阳信县任教谕时，家里人口众多，仅靠父亲的俸禄，入不敷出。他虽然年龄小，但很懂事，开始做生意，毅然帮助父亲挑起养家的重任。父亲辞官回乡后，他的负担轻了些，但还是把自己多余的钱财交给父亲，支持父亲的教学事业。父亲死后，他并不与兄弟计较，用尽了自己的家产，独自埋葬了父亲。

朱寿除平生喜欢读书外，还懂医术。遇到在他这儿看病的穷人，他都不收费，还花钱给他们买药。虽然他一生做生意，但由于乐善好施，并无多余的积蓄，到最后仅有一百两银子。

有一次，朱寿在外做生意，当晚在一家旅馆里住下。第二天，他结账离开，在途中，他发现旅馆老板多付了十两银子给他。此时他已经走了近半天的路，但他毅然决然地重新回到旅馆，把钱还给了店主。店主感激不已。为人诚实守信，是他做生意的宗旨。

在前人的榜样下，朱氏状元朱希周、壮士朱集璜等几代人，在外为官时，清正廉洁。回到金家庄后，投身于金家庄的教育事业，教给乡民礼法、仁义。在朱家人格魅力的影响下，金家庄人遵守仁礼，自觉维护村庄的和谐。自古至今，金家庄这个来自四面八方的人组成的村庄，都能遵礼守法，仁爱相处，这与朱氏家族的熏陶是分不开的。

金家庄顾氏家族源自苏州香山。苏州香山位于太湖之滨，香山是一座不起眼的小山，但地势险峻，风光迤逦。它北连吴中第一高峰——穹窿山，南濒烟波浩渺的太湖，与因吴国大臣伍子胥而得名的胥山相对峙，气派恢弘。香山在当地还有一个地域概念，即区域概念：是指香山以南的地区，人们习惯称为“香山圈”或“香山里”。其区域范围：东以胥口、胥山为界，北以穹窿山为天然屏障，东南是白马岭，西南两边至太湖岸边，再加上太湖中一个紧靠的岛屿——长沙岛，面积约为40平方公里。

香山所辖百余村庄，人多地少，但建筑材料丰富，故自古出建筑工匠。金家庄顾氏家族始祖顾仲年，生于苏州香山地区蒋墩村一个泥水匠世家。顾仲年自幼跟随父辈习练泥水匠和砖雕技艺，由于他心灵手巧，勤奋好学，16 岁那年就有“小巧匠”之誉。

苏州香山帮匠人是一个以木匠领衔，集泥水匠、漆匠、砌灰匠、雕塑匠、叠山匠、彩绘匠等古典建筑工种于一体的建筑工匠群体。他们将建筑技术与建筑艺术巧妙地结合起来，创出了中国建筑史上的重要一脉，人称“香山帮”。

顾仲年的姑父蒯思明（蒯祥的祖父）是香山渔帆村人。蒯家是香山地区的木匠世家。顾仲年自小志向高远，他深知凭顾家世代相传的泥水匠、砖雕技艺，虽在香山地区屈指可数，但要想在“香山帮”里出人头地，非木匠不可。于是，他利用空闲时间在“帮内”偷偷习研木匠木雕活计，却不知手艺匠人有规矩：本门绝活，传内不传外。每逢关键节点的活儿，都要避开“生人”，因而再细心的顾仲年也不能学到“真经”。

顾仲年 16 岁那年春节，姑父蒯思明来顾家探亲，聪明的顾仲年立马感觉到这是一个天赐良机。于是，他整天形影不离地缠着姑父、姑母，百般讨好，并不时向姑父请教木匠活的要害节点。几天下来，姑父蒯思明对内侄的心思有所察觉，于是便问：“仲年，侄儿想跟姑父学木匠是不是？”话刚讲完，只见顾仲年双膝下跪，连作三个叩拜后，说：“请师傅笑纳。”蒯思明真心起身扶起仲年，说：“按说工匠世袭相传，不得脱籍，好在你我姑侄相称，也算不得外人，但不知你父亲是否应允。”这时姑母顾氏在一旁说：“其实，我哥也早有此意，只是不好意思开口罢了。”于是，顾仲年正式拜姑父蒯思明为师，与表兄蒯福（蒯祥之父）为伴，学习木工、木雕活计。

明初，顾仲年随姑父应征到南京主持金陵皇宫建造。表兄蒯福主持木制工程，顾仲年因泥作、木作皆通，故姑父让他协助蒯福主管泥水作。因顾仲年勤奋苦干，谋划得当，技艺超群，颇得姑父赞赏。

洪武十九年（1386 年），受姑父委托，顾仲年领部分蒯家班子赴淀山湖地区主持碛塅寺的修缮工程。施工期间，经碛塅寺主持引见，顾仲年认识了朱吉，并约定待碛塅寺修缮结束之后，建造朱氏府邸。碛塅寺的修缮工程结束后，顾仲年即移师金家庄，着手进行朱氏府邸的建造。

碛塅寺的修缮和朱氏府邸的建造，是顾仲年在淀山湖地区的开篇之作，也是顾氏家族扎根于淀山湖、立足金家庄的奠基之作。

苏州香山帮匠人的建筑技艺，在土木工程上秉承了中国传统建筑样式，并有浓厚的东吴地方特色。在建筑装饰上则以苏式风格的木雕、砖雕、彩绘见长。

苏式木雕在建筑上广泛用于门窗、梁檐上。苏州木雕以线条蜿蜒有力，形象生动活泼，风格柔顺俊逸，图案寓意吉祥，情趣雅俗兼备，刀法洒脱而著称于世。苏州砖雕主要用于装饰建筑物的外观或内部。在厅堂前的门楼、照壁，以及墙的“榫头与裙肩”等部位都有砖雕。内容取材于戏曲故事、花鸟走兽、吉祥图案和书法等，技法上运用透雕、浮雕和线刻等。苏式彩绘的图案，布局题材丰富博古，器物山水花鸟、人物故事无所不有，内容丰富，色调典雅，创作发挥自由，生活气息浓郁。

作为来淀山湖地区的“开篇之作”，顾家香山帮匠人可谓下足了功夫，用尽了心机，他们把香山匠人的本帮特长发挥到淋漓尽致，朱氏府邸成了淀山湖地区建筑史上的杰作。

修缮后的碛塅寺，栋宇森严古朴，曲径通幽，在古柏老松的衬托下，更显气势磅礴，充分体现出三国时期吴国太赐建寺宇的久远历史和皇家气势。在装饰上，神佛梁柱、藻井上的彩绘，色彩鲜艳、线条流畅，人物栩栩如生，凛凛有生机，使碛塅寺在厚重中彰显活力，在庄严中洇溢出灵气。

历时三年多完工的朱氏故居，是一个庞大的建筑集群，由 130 多间居室连成一体。整个建筑粉墙黛瓦，富有江南风情。建筑群里，轿弄游廊串通，厅堂规矩严整，亭阁、虹梁、曲池掩映于修竹、古木之间，假山似岛屿，红栏临碧波，折射出主人儒雅、严整、高贵、平淡的个性。

淀山湖不仅风景秀丽，气候宜人，更是贯通江、浙、沪的黄金水道。淀山湖地区村镇密集，物阜民丰，因而又是历朝历代文人墨客、商贾官宦著书立说、退隐经商、休闲养逸的聚集地。大凡有钱的达官贵人、巨商豪富，他们往往将所居的宅第作为斗富夸豪、炫耀身价、光宗耀祖的一种标志，而文人墨客、隐士则需要既能隐，又能出的避隐喧闹、寄情山水、清逸恬静、净心养性的情趣雅院。

淀山湖地区又是一个宗教发达的地区，这里的人们崇佛好道。在这里，庙宇道观不仅数量多，而且规模大，真可谓“佛宇琳宫遍满乡邑，富室巨贾，施佛饭僧，一无悭惜，田野佃民倾无所顾，盖习使然也”。

淀山湖地区地势高挑、土地肥沃，是一个“有地熟丰饶之福，无饥馑流离之患”，经济发达、生活富裕的地区。这里的居民注重实惠，懂得生活，吃穿住都十分讲究。当有了一点积蓄，也期盼有处称心如意的住所，而且“墙必砖，覆必瓦”。这些庞大的社会需求为顾氏家族的发展提供了客观条件。

明洪武末年，在朱氏家族的撮合下，顾氏家族正式定居于金家庄，从此他们如鱼得水，如虎添翼，事业如日中天，他们的足迹遍及淀山湖地区的各个村镇，及相邻的青浦、松江、川沙、宝山、奉贤等地。他们用自己的聪明和智慧，在以淀山湖为中心的广大地区，建造出一处处寺宇道观，一幢幢深宅大院，一个个花苑园林，一栋栋显现农家特色的江南四合院。历经数代人的打拼，到明末清初，顾氏家族已经成为淀山湖地区的名门望族。

鸦片战争后，上海被辟为五个对外通商口岸之一。英、美、法等帝国主义相继在上海强辟租界。上海作为冒险家的乐园，惨遭帝国主义的掠夺，但同时由于租界提供了市民免于反动政府、军阀的压榨以及战乱的侵袭，而相对自由安全的环境，加之自由贸易区，使得上海各项民族产业得到迅猛发展，逐步取代了苏州而成为东南地区经济、文化的中心，并成为最繁华的国际大都市。

城市的崛起，建筑是先锋。在巨大的商机面前，苏、浙、皖各路建筑大军蜂拥上海滩。面对“十里洋场”火爆的建筑市场，春江水暖鸭先知，顾氏家族捷足先登，成为第一批吃螃蟹的人。但在他们捞到第一桶金的时候，就毅然退出了这个行当，另辟蹊径，做起了商贸服务业。

顾氏家族利用几代人打拼积攒下的人脉和实力，先后在上海开设了建筑材料商行、粮油水产商行、丝绸棉麻商行、钱庄等，并在淀山湖周边各镇开设分号，动员金家庄村民经营船舶运输业，将商行分号采集的农副产品、水产品等源源不断运往上海，将在上海采集到的洋货、工业日用品、农资运回商行分号销售。机遇往往青睐有准备的人。顾氏家族不失时机的产业转型和成功的商业动作，使其资本迅速扩张，社会地位迅速提升。到顾达金父辈这一代，顾氏家族的产业已具相当规模，不但在淀山湖地区屈指可数，在上海滩也有其一席之地。

浙江湖州的陈家以经营丝绸业起家，历经几代人努力，遂成为当地望族。1851 年爆发的太平天国运动，迅速影响到江浙一带，此时的陈家家道中落。1864 年，太平天国失败后，陈氏第 25 世陈延祐感于家道中落，遂努力经商。因陈延祐勤俭谦和，生意蒸蒸日上，没过多长时间，家道复兴如初，又成为吴兴望族。

陈延祐有三个儿子，长子陈其业，即陈果夫、陈立夫的父亲。次子陈其美，三子陈其采。陈延祐死于 1891 年，这时刚满 20 岁的陈其业承担起经营父亲留下的产业和照顾寡母幼弟的重任。

金家庄顾氏家族与湖州陈氏家族在商场上早已是挚友。顾氏家族的丝绸棉麻商行的货源基本上是湖州陈氏提供的。顾达金随父在上海时，先结识了陈其业，后又结识了陈其美、陈其采。陈其美加入中国同盟会后，积极参加资产阶级蓝剑活动。作为商场上的好友，顾达金少不了耳濡目染，渐渐地对革命产生了从同情到向往，以至投身其中的愿望。陈其美被害后，陈果夫继续叔父的事业，积极协助蒋介石进行国民革命。顾达金充分利用顾氏家族在上海滩的人脉关系和经济实力，积极支持陈果夫的革命活动，接济陈氏兄弟的生活资费。因而顾达金死后，有了陈氏兄弟“求仁得仁”的题词。鉴于顾达今先生为一方人捍大难，实为昆南一杰。国民政府当局批准村民为顾达今先生树碑立传之请求，时任《民国日报》主笔的国民党元老叶楚伧先生闻讯此事，因他的家乡在淀山湖畔的周庄水乡，素知太湖、淀山湖一带湖匪猖獗，危害老百姓，对顾达今先生的不幸遭遇十分动容，因此他挥毫为顾达今先生题词“见义勇为”，陈立夫也为此题词“求仁得仁”，国民党中央委员钮永建撰写碑文。碑文写道：“民国十有九年八月二日，昆山南杰金家庄村顾达今先生为一方人捍大难，岂实呜呼哉矣。金家庄孤悬淀山湖中，人民勤朴皇春容夷百乐，邑安不知兵革……”

顾氏家族由漂泊江湖、吃百家饭的江湖技人，发展为淀山湖地区的商贾大户、名门望族的历史，可谓又是一部家族发展的奇书。

四、刚柔相济水文化

金家庄，从一个默默无闻的小村落，发展至明清时期名扬四方、力压群镇的大村庄，除了独特的地理优势和丰富的自然资源外，与金家庄人“水儒”交融下形成的“刚柔相济、如儒似水”的文化个性有着密切的关系。

常年生长在淀山湖畔的金家庄人，开门见水，出门过湖，水的灵性，湖的开阔，历练了金家庄人，为金家庄人独特个性的形成打下了底色。水集四方之流，汇成江、河、湖、海，水能载舟，滋润万物，宽容坦荡，水与水的亲和力极强，无法用外力分开，抽刀断水水更流。水往低处流，居下而不争，顺势而为，能屈能伸，是智慧的象征。水不会因为石的坚硬而放弃努力，滴水穿石，以柔克刚，表现出无法比拟的韧性。金家庄人的文化是典型的水文化。

朱德润选择金家庄隐居，一则为了避世，离开纷纷扰扰的官场，二则是为了与文人画家在此采撷美景，行文书画。金家庄从一个默默无闻的小村落，发展至明清两朝成为名闻江南的“天下第一庄”，得益于朱氏家族与顾氏家族的“顾朱能合”。如果说朱氏家族的儒家思想犹如清泉静静地流淌在金家庄人的心里，渐渐地改变着人们的观念、意识，那么顾氏家族那江湖匠人独有的智慧和胆识犹如浩荡的春风，使得金家庄人心灵似航船般乘风破浪。

朱德润隐居金家庄后，与故友知交畅谈古今、酒盏诗功，极具雅趣，但他并不是完全脱离尘世之人。对于世间的悲苦，他表现出一个儒士的悲天悯人，对于身边的不平事、不幸事，常常施予援手，帮助乡民摆脱困境。

一日深夜，淀山湖来了一艘船，船上下来几个汉子，他们趁着月色偷偷进入金家庄村，沿路进入村中。他们来到一幢较宽大的宅院旁，用刀把门栓拨开，进入屋内。用刀架在屋主人的脖子上，实施抢劫。屋主人无奈，只得命人把金银细软等物拿出，给了强盗。强盗拿了钱财，也不敢放肆，迅速逃离。

屋主人见他们走远，连忙一手拿盆，一手拿竹，边敲边喊：“抓强盗了，抓强盗了。”村民听到喊声，纷纷夺门而出，向强盗逃跑的方向追去。

因金家庄房屋众多，弄堂交叉，那几个强盗钻入小弄堂后，如老鼠般东跑西窜，辨不清方向。在众多村民齐心协力地追捕下，几个强盗被捉住了。

第二天天亮，众村民绑着那几个盗贼，要报官府。当一行人从朱府门前经过时，朱德润向他们了解了情况，知道这是淀山湖对面村落的农民。只因今年天气不顺，水涝成灾，淹没了许多农田，但租粮没有减少。

家里连吃的粮食都没有了，何来余粮交租呢。他们万般无奈，只得铤而走险，被迫为盗。

朱德润听了他们的遭遇，深感同情。他让村民们把他们放了。起初，村民们不同意。朱德润说："他们也不想为盗，只因生活所迫。他们家中还有父母双亲、妻子儿女。如果把他们押入官府，那家里的人怎么办。"在朱德润的劝说下，那个被盗之人才同意放人。

那几位强盗看朱德润如此深怀大义，羞愧难当。他们表示即使自己砸锅卖铁，再苦再累，也要安分守己，不再为盗了。朱德润分别给了他们一些银子，让他们回家好好过日子。他们几人千恩万谢后，含泪离开了金家庄。

朱德润回家后，写了一首《水深围》的诗："东南民力日渐穷，不愿为农愿为盗。人生盗贼岂愿为，天生衣食官迫之。"

金家庄的村民部分以打鱼为生，部分以务农为业，他们每天早出晚归，用自己的辛勤劳动，换得全家的安稳生活。平日里，朱德润见村内许多孩子，除了家境比较宽裕的孩子被送去私塾外，一般村民的孩子从小就与父母一起劳作。朱德润很为他们惋惜。

在乡间有一户人家，丈夫的前妻撇下一对儿女去世后，他又纳了一房，并生了一个儿子。后母对前妻的孩子另眼看待，自己的孩子穿绫罗绸缎，吃鱼吃肉，而前妻的孩子被当作奴役，吃的是剩汤剩饭，干的是重活，还动辄用竹藤鞭打，弄得他们身上伤痕累累。亲戚好言相劝，后母都不听，还花言巧语，搬弄是非。乡间的一些陋习，小则坏家法，大则伤天伦。朱德润深深感到苦恼，但他对这一现状虽同情而力不足，他只能从改变人们的思想观念出发。他认为，要改变这些自私愚人的思想，必须先让他们学习仁，拥有仁德。朱德润要以儒家思想影响周围的人，而其最有效的办法是办学，从孩童时，即以仁义礼智信来教化他们。于是，他在金家庄南江桥边上，开办了私塾，动员金家庄人把孩子送到私塾读书，并不收取任何费用。朱德润除了自己亲自教习外，还让自己的朋友也参与教习。除了学习四书五经外，还学习《三字经》《弟子规》《千字文》等书。

《玉山县义学记》中记载，朱德润“以先儒设教之所废而复兴，实后学之所幸”。他创办私塾，使周边村民感知尊君亲上、敬长尊贤之道。除传授知识外，还教他们书画。在朱德润的影响下，学生都非常刻苦。自此之后，金家庄崇尚孔孟之道，以儒家仁义规范自己的言行，推崇识文学礼之风盛行起来。

朱德润是金家庄的儒家教谕，深得村民的爱戴，他以自己的人格魅力感染着金家庄人。他从最初追求仕途、隐逸山水，到教授乡里，把自己的毕生融入了金家庄的土地。他给金家庄带来的不仅是高雅的诗画艺术，更给金家庄带来了崇文学礼、儒雅厚德的良好氛围。

在朱德润的影响下，他的儿子朱吉辞官后，也回到金家庄，学习先祖的儒家风范，祀孔子，尊儒教，扩大私塾，让每个孩子都能得到儒学的熏陶。

朱德润的孙子朱泰安中年回到金家庄，继承祖上的教育事业。朱夏，是朱德润的曾孙，他一生在金家庄授徒讲学，师范卓然，得到了乡里的好评。村上和村外的有钱人家都相继请他来教自己的子女。对于富家子弟和贫困人家的孩子，他都一视同仁，以仁德礼义相传，教会他们为人处世之道。晚年，朱夏曾经学习先祖朱贯，组织诗文会，与同乡好友一起泛舟湖上，吟诗作赋，尽显风流。他于71岁去世，著有《家乘十卷》。

在朱家几代人和有识之士的教育与影响下，金家庄人不仅能识文断句、知书达理，而且陶冶了金家庄人的性情，使善良淳朴的他们更重礼重情、尊老爱幼，邻里相处如亲人般和睦。同时也改变了他们的观念，扩大了他们的视野，不再孤陋寡闻和墨守成规，而善于在机遇中寻求发展。

在朱吉入驻金家庄的那个阶段，金家庄来了一群匠人，他们的到来，使金家庄发生了翻天覆地的变化。那群匠人就是以顾仲年为首的香山匠人。朱吉见自己的宅院比较破旧，想重新建造。他听说苏州香山匠人的技术是全国一流的，于是请顾仲年到金家庄建屋。

顾仲年一班人马来到金家庄后，在金家庄北面的空地上搭了简易的茅屋，住下了。他们根据朱吉的要求，从外地买来木材、砖瓦等材料，着手建造房屋。

顾氏家族素以手艺为生，但他们在金家庄干活时，出现了一个问题。金家庄地处比较偏远，每次买回来的木材、砖瓦等材料过一段时间后，就用完了。期间让人再去买，来去路程上的花费甚大。为此，顾仲年想了一个办法，他把匠人中手艺并不太精、头脑却灵活的几个人，组织一支船队，专门采购物品，把建屋所需的材料大批买回来。这样，负责建屋的匠人就没有后顾之忧，能够全身心地投入到工程中去。

但在刚开始购买建筑材料时，并不一帆风顺，顾氏家族也受到一些挫折。有一次，一位年轻后生外出谈生意时，因粗枝大叶，验货时不够细心，卖家以次充好，买的木材有蚁咬虫蛀的痕迹。顾仲年发现后，就把这批木材放置边上，说："这批木材不能用，只能放在边上，作烧柴之用。"

旁边几位老工匠有些看不过去，就劝说道："这批木材虽然有蚁咬虫蛀的痕迹，但还不至于只能当柴禾烧呀。它们虽然不能搭屋造房，但可以做桌椅板凳之类的，那也无妨。"

顾仲年听后，略有些不悦，说："我们香山匠人名声在外，做出来的东西绝对是尽善尽美的，我们决不干这种不诚信的事情。"

第二天一早，顾仲年就拜访了朱吉，与朱吉商讨事宜。顾仲年一进朱府，就向朱吉提出了自己的想法："朱老爷，承蒙照顾，我们香山匠人能在此安身立命，并有所发展。但我还有个不情之请，希望朱老爷成全。"

"请讲，只要我能办到的，一定尽力办到。"

顾仲年说："这段时日，我派一些人外出采购货物，遇到了几个不诚信的商家，造成一些损失。这些物质上的损失，可以想办法弥补。但我怕他们受到那些不诚信行为的影响，以后自己做事也开始不诚信了。如果这样，那是一大祸患呀！所以，我看朱老爷开的私塾可以派上用场，我想让匠人中的年轻人到你那儿学习。望朱老爷能以仁义礼智信教导他们。"

朱吉连连点头，说："好呀，这是好事。难为你想得这么远。"

过不多久，香山匠人中的年轻后生纷纷走进私塾，向老师学习四书五经。他们把四书五经中的义理运用于经商之中。子曰："君子爱财，取之有道。"以义取利，德兴财昌，舍义取利，丧失了"义"也得不到"利"，为商者应深以诫之。"积善之家，必有余庆。积恶之家，必有余殃。"香山匠人坚信，如果一个经营者有长期的理性和智慧，他必不会用恶劣、卑鄙之手段去获利；用恶劣的手段去做任何生意，最终将会失去已获的利益。

正因为顾氏家族的人做生意都能做到以诚待人，童叟无欺，所以商业渠道越来越广，事业也越来越兴旺。建筑业是一个庞大的产业链，需要大量的配套行当，如做小工、搞运输，并涉及钢铁材料、漆业等，所以，因建筑而产生了其他多种行业的需要。

顾氏家族的船只外出采办货物的同时，除了带回建筑所需要的材料外，还把外面的一些日用品、丝绸、医药等东西带回来，并在金家庄内设了茶、盐、丝、帛等铺面，给金家庄人带来了方便。在顾氏家族的带领下，金家庄走出了单一的农业经济，逐渐向商品经济以及产业多元化的方向发展。

随着金家庄建筑业的发展，商贸的日益繁荣，顾仲年觉得有的原始材料可以自己生产，特别是建筑广泛需要的砖瓦。砖瓦的制造技术并不复杂，而且金家庄的泥土就是制砖的好材料。于是，他让人去学了精湛的烧制砖瓦的工艺后，就在金家庄的北部办起了砖窑，烧制砖瓦。除了满足当地建筑需要外，还对外销售。

金家庄与外界进行商贸活动，以水路为主。但原来的尖艄船太小，无法满足越来越繁荣的贸易的需要。顾家又出资办了一家船厂，在太湖船的基础上进行改良，自创了适合商农两用的船，名“湖扁嘴”船。当新船下水的那天，全村庄的人都聚集到淀山湖边上，看大船在众人共同推动下，慢慢下水。为了方便与各处的商贸活动，金家庄特地开设了航船，以东南西北四个方向开设航班，加强了与周边地区的联系。

香山匠人最初来金家庄的首要目的是为了建筑朱氏府第。几年后，朱家宅院落成。这几年的时间里，顾朱两家已有多人联姻，朱氏族人有挽留之意，顾氏家族也有留下来发展的意愿。于是，在朱吉等人的挽留下，顾氏家族就在金家庄扎下了根。通过几十年的努力，顾氏家族成了金家庄除朱家外的又一大族。

顾氏家族不仅仅只顾自家的发展，他们深知自己能在此处立稳脚跟，除了凭借精湛的技艺、超群的胆略、灵活的头脑外，更离不开金家庄这块风水宝地和这里和谐的人文环境。所以，他们不忘把自己生意上赚取的利润用于金家庄的发展建设。顾氏与朱氏联合，扩大了教育场所，创办书院，让金家庄的所有适龄儿童能到书院读书，接受教育。教学内容除了四书五经外，还涉及天文、地理、数学、艺术等，为金家庄培养了一批批优秀人才。

香山匠人原本营生是走南闯北的，所以在这班匠人中，除了匠人外，还有医者。为村民把脉抓药，方便村民就医。顾氏和朱氏也认识到医者的重要，所以专门开辟一处场所，用于医者看病。其中顾乾行大宅门中的顾粹华郎中（中医）就是顾氏中医的代表。他为病人治病，用药讲究，温和，慢调细理，人称慢郎中，病人痊愈滋身进补，恢复健康尤其见长。而另一位郎中是昆山第一花厅外珠角中医——顾石林，其医术高明，病人前来看病经他诊脉后，用药“稳”、“准”、“狠”，一般只要来一趟，服用数帖中药病就好了，见效甚快，不必来第二次。村民们给顾石林取了一个雅号叫“石一帖”。慢郎中也好，快郎中也罢，他们都具有一个共同的气质，就是待人和气，视病人为亲人，体贴入微，收费合理公道，对于那些经济困难的病人不但不收费，还给予生活上的资助，村民口碑极好。还有里珠角的顾芹生，擅长推拿（小儿郎中），病人发烧经他诊疗，很快就能退烧，安然无恙。顾氏三墙门顾雷相从他祖辈传承下来的一爿中药店，规模相当。金家庄的郎中们（医生）开出的药方在那里应有尽有，不必到外村去（朱家角、陈墓、杨湘泾等地）抓药，使病家既方便又实惠，没有后顾之忧。

医者只能医治病人，而关键还是自身的强身健体。金家庄是水中小岛，周边太湖强盗众多，甚至航船进出也经常碰到太湖水盗的抢掠。顾氏和朱氏明白，村民要强身健体必须加强锻炼。于是，他们兴办体育，开展各种划船、足球等比赛，增强体质，以便有效对付强盗。

顾朱两家多次商议，为金家庄的发展出谋划策，筑桥修路。他们给村庄进行了规划，以河水交叉的十字口为中心地带，把村庄的管理中心设于此处。以河为界，分别由一名德高望重的老人管理。为了村庄的安全，由年轻力壮，并有一定武功基础的人建立了金家庄村自卫队，负责金家庄的治安。拟定金家庄村民公约，要求全村村民必须遵守。如若违反公约，轻则杖刑罚款，重则罚其义务为村庄做公益之事。

金家庄发展起来了，但也有几个因主劳动力意外亡故、生病等各种原因而处于贫困的家庭。面对这样的人家，顾朱两家决定在金家庄设立类似现在爱心机构的组织。遇到天灾人祸时，就召集大家捐款，对贫困家庭进行资助，其中也有一部分钱款来自村民犯规的罚款。

朱家以儒家思想引导金家庄人做人；顾氏家族则以从事商品经济的精明引领金家庄人做事，以商业带动儒教，以儒教推动商业，实现了商业与儒教两者之间完美的结合。顾朱两大家族汇聚在一起的巨大能量推动了金家庄的发展。以至金家庄人在讲话的时候，都会带出“顾朱”这两个字，因此“顾朱能合”成为每个金家庄人的口头禅。他们的谈吐中必会带上这个词语，成为金家庄人的胎记，也成为彼此相认最明显的特征。

仁爱、包容是金家庄人的个性之一。金家庄，在历史上虽然也有穷人富人之分，但再穷的人家也不会穷到外出讨饭，或出现饿死街头的现象。金家庄的居民大多是种田人，他们的生计靠种田，而种田最讲究的是季节，适时播种是种田人的重要环节。但往往因天灾人祸等特殊原因，有的农户到了播种、收获等时节，缺乏劳力，因为要错过时节而急得跳脚。这时候，亲眷乡邻都会主动上门相帮，确保按时播种，适时收获。表现出极强的互助精神。金家庄有句俗语：种田勿种夏至秧，夏至无人帮，亲眷乡邻全死光。此话虽然粗俗了一些，但也体现了金家庄人品行的一面。水稻插秧，农历夏至是关节点，夏至前不插好秧，那么秋熟收成基本无望。牛、船、车（水风车或踏水牵小车）是历史上金家庄种田人的三大农具。然而这三大件并不是每家种田户都有的。一般农户只有一件或两件，有的甚至一件也没有。这样，在金家庄农户中就出现了“合种田”和“粜种田”两种形式。所谓“合种田”，就是大件不全的农户合起来，组成一个单元，互相配合使用。“粜种田”就是只有田而没有大件农具的农户，他们合并到有牛、船、车的农户家。最为可贵的是，在这种以亲情为纽带的自发组织里开展互助合作，却绝没有任何附带条件。另外，金家庄还专门设有几十亩“金庄田”，即庄上集体财产，并成立董事会，负责管理。“金庄田”的收入正常情况下，专供庄上修桥铺路、办学等公益事业，遇到特殊情况，也可用于救济穷人。这种“金庄田”充分发挥了从事公共事业和济贫助困的作用。

金家庄人的亲和力还表现在一家有难百家帮。结婚、举丧、造屋，人生三大事，金家庄人除了吃喜酒要东家请外，举丧、造屋的相帮，人们不请自到。如果举丧人家办丧事有困难，亲眷乡邻都会帮助，缺啥，送啥。

造房子相帮，一直帮到东家“屋面断水”。

金家庄是一个拥有几百户人家的大庄，不小心失火的事也时常发生。一时发生火灾，不管是酷热的白天还是严冬的深夜，只要火警响起，全村人都会拿起救火的器具，从四面八方赶赴现场，根据各自的特长，全力扑救，直至扑灭为止。

金家庄的农船一般时隔一两年都要上岸整修。拔船和翻船一般都在傍晚时分，东家只要沿街走上一个来回，口喊“拔船了！”“翻船了！”男人们都会自觉来到现场，哪怕是刚端上饭碗，开始吃饭的，也会立即放下碗筷，过去帮忙。

金家庄人的祖宗来自五湖四海，据初步统计，金家庄人姓氏有40多个：王、黄、赵、邵、李、吕、顾、朱、张、蔡、吴、何、金、程、陈、沈、孙、薛、任、董、何、胡、莫、盛、周、郁、徐、束、庄、谈、苏、姜、许、曹、居、高、项、蒋、方、范、郭、旦、阮、凌、林等。这些来自四面八方的人，虽然同在一个村落里生活，但宗教信仰各不相同，有信仰儒道的，有信仰佛教的，有信仰基督教的，千百年来，都能相互尊重，实现了多元信仰之间的宽容和融合。信佛的吃斋念经，信教的礼拜祷告，都以祈福向善为宗旨。

相传，农历三月初三是道教真武大帝寿诞，是王母娘娘开蟠桃会的日子，同时还是观音菩萨托梦、赠仙草拯救人间游魂的纪念日。在三月初三前一两天，金家庄的宗教信徒都要为各自信奉的神换新装，描金粉。三月初三早上，到庙宇点烛烧香，磕头祈福。下午不分宗教信仰，进行一场摇桨船比赛，以感谢各路神仙给金家庄人带来的幸福安康，庆祝生活美好祥和。摇桨船虽说是比赛，但不设奖项，实际上是借助桨船这一载体，展示出金家庄人团结互助、协调配合的特性。

比赛分四组，四只桨船。每只桨船有两支橹，四档八支桨，十三个人。四人摇橹，八人扳桨，一个撑篙，也叫立头篙。每个组又有男女两组人员参赛。参赛人员，男的白衬衫，深色裤子，腰扎红绸带。女的一律素花浅底斜襟上装，下身士林布围裙。比赛前，四只桨船一字形倚靠在王家阁。四组成员上船，各就其位后，岸上发号人击锣开始。在正常行驶中，撑篙人充当指挥员，喊口号，协调二橹八桨整齐划一地鼓劲前行。过南满港桥时，撑篙人转身向前，扳桨人看到撑篙人转身，立马收桨。船过桥门洞，撑篙人竖起篙子，八桨再开。船过南港潭中心，撑篙人手握篙梢，向左前方抛入河中，此时，八桨收起，大橹用力推出，桨船180度转弯，待船头转到位前的一刻，二橹八桨齐下，返航前进。到北港口，再来一个同样的动作，返航到王家阁，靠岸停船，换一批人登船继续。

崇尚知识，喜欢读书，是金家庄人的又一特性。在淀山湖镇邮电支局有一份资料显示，在20世纪50年代，个人订阅书报杂志的唯有金家庄人。翻开《昆山县志》，淀山湖镇第一所公学“蒙养公学”于清光绪二十八年（1902年）正月创办于金家庄。民国初年，上海滩有一份颇具影响的小报《湖光周报》，就出自金家庄人在上海的“旅沪同乡会”。以家里有读书人为荣，很早就成为金家庄人的共识。金家庄人有句粗俗的口头语：穷忒只屌也要让小囡上学校。

清光绪二十八年（1902年）正月，金家庄时为井亭乡，由顾天文创办昆山第一所蒙养公学，结束了义塾、私塾、草堂形式的学校教育，不再死读八股文，引进了新学第一任校长郁联陛，学校由文昌宫（阁）改建。过了两年，把清莲寺改为学校，增加教室，开办了6个初小班，有8名教师，228名学生。民国时期，1919年起，金家庄的蒙养公学设有高小部分，2个年级班升为金家庄国民中心小学。

崇尚文化、重视教育使金家庄成为人才辈出的地方。在古代仅朱氏家族就有朱吉、朱定安、朱永安、朱泰安、朱夏、朱文、朱希周等举人、进士、状元级别的人才。近代有顶级桥梁设计工程师吴德忠、肿瘤外科教授朱慰祺、音频设备和技术工程师朱慰中、江苏省科普作家协会基础科学专业委员会副主任顾庆超等蜚声中外的科学家以及其他学术名流。

文化拓宽了金家庄人的视野，知识激发了金家庄人的灵性。在明朝中后期，中国东南沿海以“鱼米之乡”和“丝绸之府”著称于全国的苏杭成为商品经济最为繁荣的地区。金家庄以得天独厚的地理优势和丰富的自然资源为依托，也成为商贾云集、商品经济异常活跃的经济重镇。金家庄，以王家阁、长滩滩为中心的闹市区商铺林立、生意兴旺。以水产品、农产品为主的商号遍及周边各镇。以“红篷两橹”为标志的金家庄航船（一种定期的客货航船）名扬四方。到民国初期，金家庄“旅沪同乡会”在上海滩已很有名望。顾氏家族以营造业为基础，积累资本，立足上海滩，后又涉足棉纱、丝绸、证券、金融等行业，成功跻身于近代中国著名实业家的行列。

金家庄商贸繁荣，逢桥沿河街，商贾云集，店铺鳞次栉比，商品琳琅满目。王家阁的中南饭店以其自制米酒和水产为主的菜肴而盛名远扬，特别是清水虾、河豚、鳗鱼等最受顾客欢迎。中南饭店的招牌菜是甲鱼烧肉，把甲鱼与上选猪肉加大水进行烹煮，水沸后，加入葱、姜、糖、料酒、酱油等佐料，改为温火煨，数小时后，直至肉酥嫩、汤浓稠。揭开沙锅盖，满街飘香，令人垂涎三尺，吸引食客无数。

赵义各号南什货店，坐落在金家庄北桥（甲子桥）东堍。该店在经营南什货的同时，自行生产特色美食糕点——赵氏糕点，形成了自己的特色。相传，赵氏糕点是赵匡胤的宫廷食品。北宋后期宋室南迁，皇帝的御厨为了躲避祸害，逃到金家庄，以制作糕点为生。赵氏糕点主要经营肉饺、酒酿饼、麻饼、马条糕、粉蒸蛋糕饼等上百个品种。因赵氏糕点香飘四溢、口感糯软，在周边享有较高的声誉。每年清明节、中秋节、春节，在上海、青浦居住的金家庄人回乡探亲、祭祖、踏青时，都要大量购买，带回去馈赠亲朋好友。

金家庄另一有名的食品是顾家豆制品，店堂主人的名字人们已不记得，而其俗名“老豆腐”则家喻户晓。顾家豆制品的特点：油泡空如球，豆腐皮薄如纸，干丝可以像面条一样捞得起，水豆腐细腻润滑爽口；而且用同样的原料，成品可以比人家多出一成，因而生意红火，盛名四方。

茶馆店

金家庄的渔民或农民，空闲时节有早上喝茶的习惯，因而沿街沿湖每隔一段就开有茶馆，最多的时候，竟然有八家茶馆店。金家庄人在茶馆内泡上一壶茶，八仙桌上围坐数人，交流来自天南地北的新闻，了解全国的局势和各处的信息，同时也交流各自生产劳动的经验，增进相互之间的情感。

之后，这种喝茶的方式又衍生出解决民间纠纷的独特形式——“吃讲茶”的茶俗。“吃讲茶”是在平民百姓间因日常生活中发生的纠纷或矛盾，在双方争持不下时，既不愿私了，又不愿打官司解决时，为争吵双方举行的和解茶会。“吃讲茶”时，由争斗中的双方约定日期至某茶楼吃茶评理，并邀请双方都信任的调解人（调解人即纠纷裁决人，一般由社会上有名望、办事公道、双方都信得过的长辈来担任）居中调停、评判，以化解双方的纠纷，直至握手言和。

金家庄三面环水，金家庄人出行的交通工具主要依靠航船。金家庄开设了东南到青浦、朱家角的航船，西南到商榻、周庄、陈墓的航船，西北到大市、苏州、昆山的航船。商贸业的发展为金家庄的繁荣昌盛奠定了物质基础。

水，有时又是粗犷的勇士，飞流直下三千尺，乱石穿空，惊涛拍岸。金家庄人依湖而居，以水为伴，常年出没在淀山湖上，深谙水的习性，在练就了与风浪争胜的本领的同时，也形成了勇于与人争冠的性格。不甘落后，勇争第一是金家庄人的又一特性。金家庄人的要强好胜是出了名的，有时甚至到了有点不知“天高地厚”的地步。

民国时期，在新文化运动的影响下，金家庄人不仅将青莲寺中的观音菩萨请出，举办新学，还在盛世房北侧，“金庄田”中撇出五亩田，修筑大操场，内设足球场和篮球场。每天清晨或傍晚，喜欢运动的小伙子就活跃在这片操场上。农闲季节，他们甚至没日没夜地练。后来，金家庄成立了“湖光体育会”，其下组建了五支足球队，以学堂的教员、开店的商人、回乡的读书人组建“清客班”队，金家庄四个自然圩块的村民分别组成金农、金青、金金、金星四支球队。平时，由湖光体育会负责请教练指导训练，并在队与队之间开展对抗赛。为了调动兴趣，在“金庄田”的收入中拿出一部分资金，购买奖品，以鼓励优秀球队。在多项鼓励措施下，金家庄的足球运动技艺高强，远近闻名。

新中国成立前，金家庄人上街（北方人叫赶集）以朱家角为主。金家庄人在朱家角打工、做事、经商、读书、定居的颇多。民国后期，朱家角镇有“朱商”、“淀南”、“黑白”三支足球队。他们听说金家庄足球队如何了得，心里不服，一心想刹刹金家庄足球队的威风，于是便发出邀请，以金家庄、朱家角各组织一支球队，单挑比赛。为了确保取胜，朱家角队做了手脚，招兵买马，从上海请来几位高手充实球队。比赛当天，朱家角队员穿上崭新统一的球衣、球鞋，闪亮登场。而金家庄队保持原来本色，无意于购买衣鞋，身穿土布衣裤，脚穿草鞋（故名“草鞋队”），以寒酸的形象上场。比赛一开始，也许由于朱家角队轻敌的缘故，被金家庄草鞋队先进一球，顿时赢得了满场掌声。

比赛临近结束时，朱家角队比分还落后一分。金家庄草鞋队犯规，罚球。如果球罚进，则打成平局。朱家角队负责罚球的队员正是从上海请来的进球高手，他是射门高手，以“狠、准、猛”为特长，在上海滩小有名气。只见他将球放好后，后退几步，然后一个冲刺，飞起一脚，足球如出膛的子弹一样，对准球门左上角，飞驰而来。草鞋队守门员徐福生见状，照准飞来的球，双手接球。只因球的来势太猛，他虽把球接住了，但胸膛上也被猛击了一下，连人带球倒在球门之外。整场比赛，两队比分虽然差距不大，但也没有出现得分高低交叉的现象，草鞋队一直稳稳地压住对方，直到比赛结束。

赛后，东道主朱家角足球队在七家桥杨记饭店设宴招待金家庄足球队。席间，朱家角队教练总结说：“这场比赛，金家庄队赢在‘勇气’，朱家角队输在‘骄气’，特别是守门员徐福生的勇气，实在令我佩服。”徐福生为了金家庄人的荣誉，奋勇接这一球而负伤，竟埋下了他英年早逝的病根。

出门靠船的金家庄人船上功夫更是了得，不管是“见风使舵”，还是摇船扳桨，凡是船上的十八般武艺样样精通，可谓“天下无敌”！

1946年5月，昆山作为东道主，邀请嘉定、太仓两县在淀山湖举行摇船比赛。昆山县长兼体委主任自然就想到了金家庄人，经挑选，由吴士德、朱志福代表昆山县参加比赛。

比赛那天，刮起了4～6级大风，江面上白浪涛涛。两岸人山人海，锣鼓声、鞭炮声，响彻赛场上空。昆山、太仓、嘉定三条船一并排开，在昆山桐丰油厂石桥前，每队一船两人，一个人掌橹，一个人扯绑。

比赛开始，发令枪一响，吴士德因从未见过这样的大世面，被这突然的枪声吓了一跳，等他缓过神来，只见其他两条船已经窜出了数十米。这时，吴士德、朱志福两人咬紧牙关，用尽吃奶的力气，使出浑身解数，奋力追赶，他们抢占上风滩，巧妙地利用风浪小的优势，追上了太仓队，赶上了嘉定队，获得第一名。一轮结束，嘉定队不服气，说昆山队的船好使，要换船比赛。在第二轮比赛中，昆山队改用太仓船，最终还是昆山队第一，而且到达终点时间的差距比第一轮还大。此时，嘉定队心服口服。

金家庄人勇于夺冠的性格是出了名的。20 世纪 60—70 年代冬季，昆山县每年要组织水利工程“大兵团会战”，以各公社（乡镇）为单位，划段包干，没有机械设备，全靠人抬肩扛。公社指挥部领导深知金家庄人的性格，总是把工程难度最大的地段，能“显山露水”的两个公社的交界处分给金家庄人，充分发挥金家庄人勇当“领头羊”的特点，从而出色地完成县里交给的任务，因而，金家庄人也一直成为昆山县水利工程会战的排头兵。

第二节 兵家战略之要冲——古度城

度城，位于淀山湖镇西 6 公里处，清陈元模在《淞南志》里写道：“度城，镇淞南淀湖之滨，《一统志》载为黄巢所筑，邑志亦然”。其实，早在春秋时期，吴王阖闾就在此筑城，始称“铎城”。唐乾符五年（878 年），黄巢起义军南下沿长江东进来到铎城，再次筑城，改“铎城”为“度城”。度城“居民稠密，烟火相望，鱼庄蟹市甲于东南也，古镇也”。陈元模在《淞南志·序》里又说“薛淀盆浦，遥连石浦，氤氲百里桑麻，度城远接娄城，掩映万家烟火，既湖山之秀灵，更风土之清嘉”。可见，古代度城在淞南和淀山湖地区，乃至昆山有着很高的名望。

一、藏龙卧虎度城潭

度城潭位于淀山湖东北，一条庙前港将其与淀山湖相连。古为度城湖，因度城镇得名。度城潭是淀山湖伸入内陆中的一个不大不小的湖，水域面积15.6万平方米，平均水深1.8米，湖底平坦，南北稍宽，呈龟鳖形，故而，历史上也有人称为“金鳖湖”。

度城潭四周有小千灯浦、洋村港、潭西后港、庙前港、西港港、塘港六条航道泄水口，经急水港通黄浦江可直达东海，水路交通便利。据说，清朝康熙帝、乾隆帝下江南的线路，是从尚书浦（自旧千灯浦进度城潭，由庙前港进淀山湖）去湖州、嘉兴的。

度城之所以成为古代江南水乡名城，主要得益于镇旁有一个神奇莫测的度城潭。

1958年，度城潭水车干后，人们发现湖底有砖石铺的小街、小井，有不少“韩瓶”、酒罐、器皿。更为神奇的是，传说有人还拾得龙角。根据湖底地形，专家认定是沉落潭，属堰落湖。

度城潭神奇莫测。很久以前，民间就有这里是藏龙卧虎之地的传说。《淞南志》记载：“壬辰冬，度城里民晨入市，见败苇中有物，卧如牛，迫而视之，咆哮而起，赫然虎也。狂奔得逸，号于市，竟持械往，虎亦舞爪迎敌，伤人面与手者二，众益集，虎即树尾，渡淀湖而去，盖湖州诸山逸出者。”这些记载向人们说明，度城潭是个藏龙卧虎之潭。“雍正丙午（1726年），淀湖渔人言，元旦正午，遥闻湖中隐隐雷声起已，见彩云蔽空中有大鲤腾跃而上，旁绕小鱼无算，须臾，云散声止，想是鲤者已化龙升天而去矣。”

除此以外，民间还有流传着许多神奇的故事。如《东浜母子龙》《缺指阿狗》《落坑鸡的传说》等等，足以说明度城潭之神奇。

度城潭秀色迷人。据说，每年中秋时节，明代昆山名人归有光总要

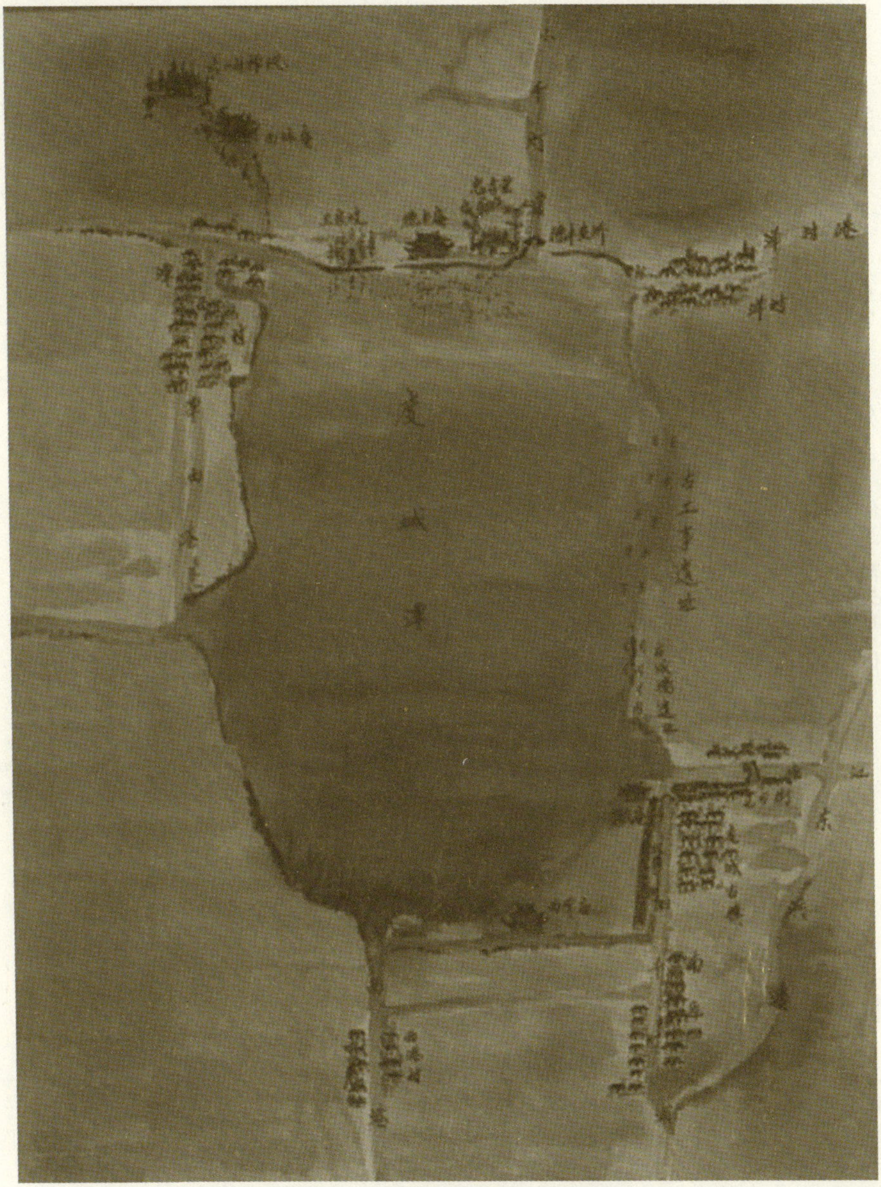

度城地形图

与王鉴及其子王淇（人称南阳先生）泛月湖上，或舟息湖旁，观鱼鸟之飞；摘佳树之实，采芳桂之英；或饮酒博弈，品茗谈香，指点山旁竹木之间，继而已登上王氏忠孝堂，尤为之慨然叹息。《淞南志》载，明太仆寺丞归有光赏度城湖时有这样一段话：“太湖东北复溢诸湖以十数，其东为淀山湖最巨，淀山湖东北折为溪，复小汇为度城湖，盖湖水之观大矣，水欲尽而复汇境无穷，而益胜此。我吴之所以为泽国而饶于水如是。”正是度城潭的秀美与富饶，才使度城成为古代江南水乡泽国的典型。

度城潭湖水清澈，水草丰满，盛产各类水产珍品，是捕捞作业理想之处。最负盛名的是度城蟹，是过往客商抢手货。归有光夸度城潭水产“鱼庄蟹市甲于东南”，意为姑苏东南度城鱼蟹最负盛名。

度城蟹具有肥、均（大小重量均衡）、脐大色青（俗称青肚皮）的特点。度城潭是一个沉（落）潭，水流快，水质清，水草茂盛，湖底营养丰富，极其适合河蟹生长。因此，度城蟹比淀山湖蟹成熟早些，老蟹四肢、肚脐边生满一层金黄色的铁锈斑，脚趾坚硬有力，有人把它放在玻璃桌上观其爬行，只见它用脚趾把身子高高撑起，绝不与玻璃台面相擦。蟹肉、蟹黄细嫩鲜美，细细品味还有丝丝甜味，让人感觉特别可口，深受苏州、上海等地游客的青睐。

相传，黄巢吃了度城蟹后，曾题写了“横行天下，非我莫属”八个大字，以此赞美度城蟹，同时又显示了他要独霸天下的心志。

民间还有唐末诗人、文学家皮日休与他的酒诗好友陆龟蒙曾来度城饮酒品蟹，并题写“七步街”的传说。

皮日休，字袭美，僖宗乾符二年（875 年）出为毗陵副使。后参加黄巢起义军，任翰林学士。陆龟蒙，苏州人。曾任湖州、苏州刺史幕僚，后隐居松江甫里，他也十分爱好喝酒。自和皮日休结成诗酒之友后，两人经常以酒诗唱和。

一日，皮、陆两人在苏州一家小酒店里饮酒赋诗，皮说起，当年在黄

皮日休《春夕酒醒》

巢手下任职,曾到过姑苏东南的度城,吃过度城蟹,说是度城蟹细嫩鲜美,其可口之极实在天下少有,听得陆龟蒙馋得口水直流。

几天以后,皮、陆两人果然来到度城,那天又恰逢深秋庙会,吴王庙会前人头济济。皮、陆两人上岸后,在吴王庙晋谒阖闾大帝,两人被周围的热闹景象所吸引,随即漫步在度城潭边散心赏湖,见度城潭距淀山湖只有1里路,湖边浅滩芦苇重重,人和船只可以隐蔽其中,是一个天然良港。皮日休随即脱口而出:"此地乃兵家必争之地也。"陆龟蒙跟着说:

"吴王阖闾在此建城可谓用心也。"两人见一潭清水碧波,四周芦苇丛丛,渔舟小楫点点,家鸭与野鸭堆堆,白鹅与白鹭济济,湖边草亭一个接着一个,草亭中的游人、文人在那里挥笔点墨,抚琴行歌,一派世外桃源景象,让人流连忘返。

两人来到度城最繁华的地段,两桥之间的度城正对弄堂,那里是塘港、小千灯浦、度城潭三流交汇处,河的两岸依水建房,有好几十户居民集中居住在河边,一条蜿蜒的街道很窄,成曲尺状,由一块块不大的石板铺就,上下滩店铺鳞次栉比,商贾云集。曲尺状转弯处的西桥是一座石拱桥,隋唐年间所造,四块桥柱石上都刻着"南无阿弥陀佛",旁边的度城寺气势雄伟,为淞南淀山湖边一座小有名气的寺庙。念佛声不绝于耳,香气阵阵扑面而来,挤过人群站在西桥上,只见陆路四方辐辏,水路舟楫相接,井市喧嚣声此起彼伏,迅达数里。

不知不觉间,他们来到一家周记酒店,顿时蟹螯香气扑鼻而来,两人坐定,各人要了一团一尖一对度城蟹和一壶度城米柑酒。米柑酒有糯米和柑子酿成,唐时度城家家栽柑,因真柑茅香超胜为天下第一,酿成的酒香气袭人,持酒者三日犹有酒香之感。

度城蟹历来是朝廷贡品,名气远在阳澄湖大蟹之前。因度城潭湖水明净,质地甘美,漂游生物众多,所以所产度城蟹肥美,它不像淀山湖蟹,有大小螯之分。度城蟹的特点是青壳白肚皮,金爪铁锈黄,硕大又丰满。皮、陆两人早就听说度城蟹的名气,这次一见果然名不虚传。当陆龟蒙剥开尖脐蟹壳时,只见满腹金相玉质,两螯明目秋红,那白璧似的脂膏,连同那雪白的蟹肉在一起,使他顿时胃口大开,连忙蘸着姜醋吃起来,连声说:"好吃!好吃!"。

此时,皮日休也忙着剥开团脐蟹盖,只见螯封嫩玉双双满,壳凸红脂块块香,那橘红色的卵块,连同雪白的蟹肉一起,他蘸了姜醋,也迅速送到嘴边,连说:"难得美味,难得美味。"

两人吃了一半时，突然陆龟蒙问皮日休，你道为什么度城蟹会这样鲜美呢？皮日休胸有成竹地说："我知道，刚才我在赏湖时发现，度城潭恰似一只金鳌，其头在北面，其尾在这方里（西桥），四条腿分别是塘江、庙前江、潭西后江、洋村港。今日风不大，但度城潭波浪滚滚，可见湖较浅，而且湖底长满鞭子草，浮游生物多，是度城蟹最好的食料。这里风水好，出产的度城蟹自然就好了。"

陆说："你讲得对，是这样的。"此时，皮对陆说："你在农耕、渔猎方面知道得多，你讲讲'蟹经'怎样？"店小二也忙附着说："大官人，你讲讲蟹经吧。"陆说："蟹的种类很多，分布在陆地、河流、湖泊和海洋中，统称螃蟹，这里的蟹叫河蟹。河蟹的特点是海水繁殖，淡水生长，它的身体分为头胸部和腹部，腹部退化成扁平的一片，紧贴在胸部下面，俗称脐，雄蟹的脐呈三角形叫尖脐，雌蟹的脐宽大呈圆形，遮盖整个胸部腹部，叫团脐，是区别雌雄蟹的标记。河蟹头胸部相当发达，头胸部两侧生有五对足，有密生绒毛，所以也叫毛蟹。第一对足最强大叫螯足，用来捕食御敌，其余四对叫步足，各对步足长短不一，关节向下弯适宜横行，横行时斜线向前，各步足起落协调有规律。河蟹在生长过程中要脱几次壳，经历过抽筋、剥皮之苦。河蟹身披铠甲，手持板斧，横冲斜撞，凶气十足，俗称蟹将军，因此传说海龙王巡逻，由蟹将军开路。"

听到这里，皮日休诗兴上来，叫店小二拿来纸墨当场作了首咏蟹诗："未游沧海早知名，有骨还从肉上生，莫道无心畏雷电，海龙王处也横行。"陆龟蒙见后也附上两句："骨清犹如仓青春，咏白还疑带海霜"。皮陆两人当场将诗赠给了酒店主人。店主人见后连称好诗好诗。

两人午饭用毕，店主叫小二为两位官人沏茶闲谈。皮说："度城蟹固然好，但不是人人可以食的。"陆说："是的，蟹食后容易引起风寒。"此时，皮即脱口而出："病中无用双螯处"，陆跟着说："药杯应阻蟹螯香。"接着皮问陆，渔者怎能捕之，陆说："簖而求之，待等秋高菊黄时，河蟹横

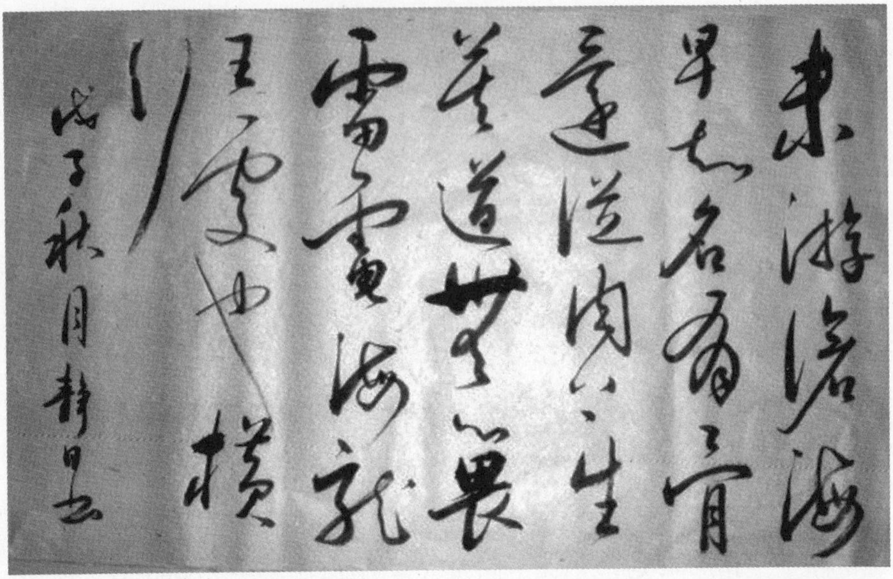

皮日休《咏蟹》

行千里入海产卵，渔人设簖而捕之，还有网、罾、篓、吊竿等也可，吴人在稻之登时率执一穗以钓之。”两人说着说着已过晌午，陆龟蒙催皮日休起身往陆的亲戚家而去。

两人漫步在度城那条不足百米的小街上，但见石板街两边店铺鳞次栉比、商贾云集。街上共开设32爿店铺，南北杂货、肉庄鱼行、豆腐蔬菜应有尽有，还有茶馆、书场，客药店和铁、木作坊，小街尽头还有一处露天戏台，而更多的则是小摊小贩。短短一条小街，却井市喧嚣，盛况空前。

晚上，两人在街上的“悦来客栈”借宿。“岂岂一条小街，想不到如此繁华，也不知道这是什么街！”陆龟蒙感慨地说。皮日休思索一番后，提笔写下了“七步街”三个大字，还乐呵呵地说：“岂岂一条七步街，不是吾家胜吾家”。从此，“七步街”的名字一直流传至今。

二、烽火狼烟水铎城

坐落于度城潭周边的大小村落，古代统称为度城。度城、度城潭与军事有着十分紧密的联系。度城离东海 40 公里，离太湖 45 公里，战略地位十分重要，既便于进攻又易于隐蔽，历来是兵家必争之地。相传吴越争霸时期，东吴就以度城、金城（今上海青浦金泽镇）、瓦城三足鼎立，连成抗越体系。

相传，唐乾符五年（878 年）黄巢起义军横扫江南，第二年春占据金城（即淀山湖南岸的金泽镇）。占据金城后，起义军遇到的第一个问题就是缺乏粮草。于是，黄巢命手下派出三艘小船，往沿湖周边乡村募集粮草。一日，三艘小船刚驶出金城，就被由周庄急水港而来的两艘官兵快船紧追不舍。无奈之下，起义军三艘小船只得鼓足风帆，乘着西南大风落荒而逃。当小船驶入淀山湖北部，眼看无路可逃之际，突然有人发现，在陈墓虬石港口东侧，有一大片芦苇荡。此时，已进入深秋季节，然而这里的芦苇依然茂密无比，风卷芦苇，空中飘起无数芦花，犹如一派大雪飞舞的北国风光。情急之中，小船落下风帆，急急驶入芦苇丛中。进入芦苇深处，沿着一条蜿蜒小河漫无目标地向东北进发。与淀山湖仅 1 里之遥，但见前方有一汪水平如镜的湖泊，四周烟火相望，一派繁华景象。是夜，募粮义军在度城村民相助下，不仅吃饱喝足、留宿住夜，而且筹足了粮草，第二天顺利返航回到金城。黄巢得知募粮义军一夜未归，顿时火冒三丈，找来领班小头目问明究竟。问明情由之后，黄巢为水乡江南竟有如此战略要地而惊喜若狂。第二天，黄巢带领孟楷、皮日休等一行文才武将，亲临度城考察。但见度城潭芦苇重重，人和船只可以隐蔽其中，进可攻、退可守，实在是一个天然的养兵、练兵的良港绝地啊！黄巢不禁脱口而出："此乃兵家必争之要地也！"当下决定在此筑城屯兵。

南宋建炎4年(1131年),“金人犯姑苏,宣抚使周望退保昆山。统制陈思恭自以兵出太湖,击败之。旋犯平望,走青龙。”韩世忠就在这里招募新兵,日夜操练,作为后备部队。为了加强度城的防御力量,韩世忠加固了城墙,还增设了烽火台,一有敌情,狼烟四起,与沿湖的金城、商榻、锦溪等形成共同抗敌的军事体系。那时,度城城内建有点将台、练兵场,度城潭里有水兵演练船。

韩世忠爱民如子,因而,他的韩兵在度城与当地百姓相处十分和睦。韩军爱喝酒,说是喝酒可以壮行,在度城,韩军常常用糯米酿酒,名曰“韩酒”。兵士们还自制酒罐(一种用泥土烧制的瓦罐,可以装酒),名曰“韩瓶”。农闲时节,兵士们和老百姓一起喝韩酒,海阔天空无所不聊,亲如兄弟,故而韩酒、韩瓶在度城人心中根深蒂固。

度城至今还有婚嫁迎娶做定胜糕的习俗。相传,度城人做定胜糕的手艺还是韩世忠夫人梁红玉所授,而定胜糕的名称又有一段动人的故事:话说南宋建炎年间,金兀术骚乱临安(今浙江杭州),被当地军民打得站不住脚,只得败走,带领十万金兵闯进了苏州城。南宋名将韩世忠和夫人梁红玉带领八千人马凛然迎敌。但是,常言道:“一人难挡四手,四手还怕人多。”韩家军虽然英勇善战,但以八千人马抗击十万金兵,要想打胜必须有良计妙策才行。

一天深夜,韩将军正在筹划军机,夫人梁红玉端来一盆糕点,恭恭敬敬地说:“将军,苏州百姓又送来了几箩甜糕,犒劳将士。这一盆糕点,他们一定要请你品尝,这是他们的一点心意。”韩世忠接过来一看,糕点式样别致:两头大,当中细,像个定榫,一股甜香味儿直冲鼻端。他伸手拿起一块,咬了一口。没想到,从糕里咬出一张纸条,上面写着四句话:“敌营像定榫,头大腰身细,当中一斩断,两头不成形。”

韩世忠看罢,灵机一动,连忙把纸条递给了夫人。夫人一看说:“老百姓真是知道将军的心思。这四句话明明告诉我们,打蛇要打七寸,金

定胜糕

贼最怕拦腰一刀。”韩世忠高兴地说：“是呀，我这几天正在探索敌情，老百姓已将金贼的布阵给我弄清楚了。我们要马上出兵，先把金兵拦腰斩断，他们的阵脚自然大乱。”

于是，韩世忠连夜调兵遣将，像一把飞刀直插敌营。待金兵察觉，已经被劈成两段，顿时阵脚大乱，各自夺路逃命。有一路逃到镇江附近时，被早已赶到那里的梁红玉来了个迎头痛击；还有一路在太湖遇上风暴，被淹死的不计其数。太湖一仗，韩家军大获全胜。苏州百姓送的定榫糕立了大功。因为“定榫”和“定胜”谐音，韩世忠就把这糕命名为“定胜糕。”

韩世忠来到度城后，夫人梁红玉很快与村上妇女相处得亲如姐妹。一日，村姑彩凤告诉红玉重阳节快到了，村上百姓都在为做重阳糕而忙碌着。红玉听后十分高兴地说：“彩凤妹妹，前些日子我在苏州学了一门做定胜糕的手艺，我教你如何？”“定胜糕？”多新鲜、多好听的名字啊，在彩凤的追问下，红玉讲起了定胜糕的故事，教会了彩凤怎样做定胜糕。

从此，定胜糕的故事家喻户晓，做定胜糕的技巧也在度城及周边乡村传开了。相传，在度城还流传着一首民谣：

定胜糕，样子好，
韩帅用它斩贼腰。
定胜糕，味道好，
红玉姐姐传技巧。
妹妹吃了拍手笑，
弟弟吃了还想要。

在度城一带还有关于康熙皇帝游度城潭、进香留庆庵的众多传说。据志书记载：康熙重视水利，一生六次下江南都与水利有关。康熙帝游留庆庵在他晚年第五次南巡。

相传，康熙四十四年（1705 年），康熙帝南巡，于三月二十四日到昆山登玉峰，他徘徊于文笔峰巅视察昆山城。下午微雨，康熙帝身披毡衫乘八扛大轿下山，告别地方官员，冒雨登御舟离昆山，龙舟由娄江经新洋、吴淞南下至千灯浦口时，日已暮，传令驻扎，御舟四周巨舰护驾，两岸军骑环列。入夜，几名卫士驾独木舟来回警卫，四周没有一点声音。康熙帝在龙舟上安然熟睡，夜间梦见祖母，向他走来，要康熙帝为她拜佛进香。祖母慈祥地摸着他的头说："孙儿，大清江山已定，你要多为爱新觉罗家族祈祷，望佛祖保佑大清国泰民安，如见佛寺速速进香拜佛。"言毕竟向外走去。康熙帝急忙想上前扶住祖母，却跌上一跤。惊醒过来原来是南柯一梦。一看天已明，天气晴朗，红彤彤的太阳正在升起，伴臣们都来请安。康熙帝说："夜间一梦，祖母要我进香，近处可有寺院？"大臣说："前面东滩有一古城名度城，那里有众多庙宇、寺院。"康熙帝说："上午就去进香吧！"

康熙帝清楚地知道自己的才能主要得益于祖母的教导，为此对祖母的崇敬之情难以言表。康熙二十六年（1687 年）年底，他的祖母太皇太后博尔济吉特氏以75岁高龄因病去世，数十年的政治风浪和难以预料的社会动荡，她都亲身感受，并为此花费了无数心血，她陪伴和哺育了三代君王，尤其对孙儿康熙皇帝更是投入了全部心血。近30多年来，每有疑难大事，康熙帝都要到慈宁宫与祖母商量，祖孙间喜悦共享、忧难共当，康熙帝深感祖母养育、扶持之恩，时时表现出依恋孝敬之诚。他曾几次陪同祖母去塞外温泉疗养，多次奉祖母之命去五台山进香巡视，每次巡视，怕祖母惦念都随时发信京师，向祖母奏报请安；他东巡盛京时，还不忘将自己亲手捕捞的鲜鱼，用盐渍或羊脂加工过，派人快马送抵京中给祖母品尝……祖母一病，康熙帝非常忧虑，昼夜守护，在慈宁宫"检方调药，亲侍饮肴"。此时他常"衣不解带，寝食俱废"，当祖母病势日益加重后，他悲痛难忍，声泪俱下。他在对上天祈祷的祭文中写到："忆自弱龄，早失怙恃，趋承祖母膝下，三十余年鞠养教诲，以玉有成。若无祖母太皇太后，臣断不能有今日，成立纲吉之恩，毕生难报。"祖母生前信佛，而康熙帝是个孝子，昨夜祖母以梦相托，当然应尽力为之。于是，康熙帝草草用过早餐，便立即吩咐起航。

进入淀山湖时，见度城那边的吴王庙、留庆庵历历在目，初春的淀山湖在晨曦中一片朦胧，杨柳低垂，新草绽绿。康熙帝出舱站在船头，一阵寒风过后，一缕暖意。眼前正如水上桃源，他不觉哼起宋代状元卫泾的诗句："疏星残月尚朦胧，闲趁烟波一棹风。始觉舟移杨柳岸，直疑身到水晶宫。乌鸦天际墨千点，白鹭滩头玉一丛。欸乃一声回首处，西山横在有无中。"此刻，龙舟已到庙前港口，见前方度城两座石拱桥上人头济济。在太阳照耀下，两座黄色庙宇近在眼前，还能看到进进出出的进香人。康熙帝下令驻扎，决定微服私访，只带几个随从和卫士登便舟向度城进发。

便舟在留庆庵边停靠，康熙帝带了几个侍从上岸，边走边看，见香客很多，十分拥挤。留庆庵的前身相传是建于汉代的度城寺，隋唐两朝香火旺盛，为淞南一名寺，民间传有东有留庆庵、西有金城庙之说。后经战乱屡破屡建，到明初由地方官吏、里人望族、僧人联合建留庆庵，初建有三埭50多间，到清代时剩两埭30多间。

康熙帝见黄墙拱门内分前后两埭，前埭为金刚殿，也叫天王殿，两旁立的是四大天王，佛教认为，离人间最近的一层叫天王天，分东南西北，由四大天王分管，他们是庙宇的守护者。天王殿正中，手拿布袋、身穿袈裟、袒胸露肚的一尊笑容可掬的泥佛叫弥勒，传说此佛是五代时浙江奉化和尚契此，常背一布袋入市，形状疯癫，见物即乞，出语无定，随处寝卧，自称"吾为弥勒化身"，故弥勒亦称布袋和尚。这是唐代前后佛教中国化的一个象征。

康熙帝走进第二埭的大雄宝殿，殿中供奉三尊木雕大佛，中为佛祖释迦牟尼，即如来佛，左为药师佛，右为阿弥陀佛。据说，前者掌管人间消灾延寿，后者掌管西天极乐世界，两侧厢房为罗汉堂、观音殿、藏经阁。只见金塑佛祖像前香火缭绕，火烛辉煌，两边僧人的木鱼声、念经声朗朗，上香拜佛的一个接着一个，等到康熙帝上香拜佛时，他一鞠躬，然后手持一把大香点燃插在中间的大香炉上，然后跪地三拜，低声念道："济世佛祖，保佑大清江山万世太平，百姓安居乐业。"他的念声被旁边的几个上香客听见了，觉得好奇，低声私语说："为什么他祈祷的是一国一朝，而不是自己和家人？"

好奇的人打量着这位布衣老者，康熙帝拜毕就走向东侧厢房，想小憩片刻，他一打开窗户，只见度城潭湖面上白鹭飘飘，潭内渔舟点点，帆船川梭往来，真是一派美景。他便随口而出此庵正好，有"风帆沙鸟之趣"。康熙帝随即叫来笔、墨、折扇，在折扇上写下"日照度城湖光闪，风帆沙鸟湖中趣"诗句赠与住持方丈大师。方丈见来客相貌堂堂，一定是大富大贵的人，连声道谢："谢大贵人！"后来当听说是康熙帝来了，更是让人受惊不小，从此留庆庵的风帆沙鸟之趣吸引了众多文人墨客前来度城寻觅访古。

三、龙神虎威度城人

度城，作为江南历史古村，很早就在昆山有着很高的名望。清朝陈元模在《淞南志·序》中说："薛淀盆浦，遥连石浦，氤氲百里桑麻，度城远接娄城，掩映万家烟火，既湖山之秀灵，更风土之清嘉。"这里"居民稠密，烟火相望，鱼庄蟹市甲于东南也，古镇也"。

水乡泽国的富饶和文化底蕴的深厚，使得度城文才武侠比比皆是。虽然没有状元，却有举人、进士和豪侠义士闻名乡里。

据历史记载，古代度城倪普有茅子元古宅。茅子元，号万事休，平江府(今江苏苏州)昆山人，母柴氏系周世宗柴荣后裔。父母早亡，投本州延祥寺志通出家。十九岁落发，习止观法门。南宋绍兴年间，在淀山湖创建净土宗系的新教门，称白莲宗，即后来的白莲教。46岁被流配江州(今江西九江)。乾道二年(1166年)，宋高宗寿圣诏召，特邀茅子元至德寿殿，演说净土法门。特赐劝修净业、白莲异师、慈照宗主。回平江府。三月二十三日，于度城倪普建宅圆寂，二十七日荼毗(火化)。

茅子元

有关茅子元和白莲教的资料在《风水宝地淀山湖》一书中已述。茅子元这位曾影响中国宗教历史发展的人物，为何在度城倪普建宅定居？原来茅子元与度城有着不解之缘。

当年,茅子元落发出家,来到延祥寺常以兹照的法名去四乡化缘。一天,茅子元化缘回寺,路经度城东侧2里地的一片坟地,看到一位农夫垂头丧气地坐在坟地上唉声叹气。茅子元从小生就一副同情心,见此情景便停下脚步,与那农夫席地而坐拉起了家常。原来,农夫是度城倪普宅人,姓陆名云亭。陆云亭少年丧父,与母亲相依为命,现年方二十,正与茅子元同龄。听说陆云亭母亲有病在床,茅子元这位从小失去双亲的游子倍加关切,执意要跟陆云亭去看看陆母,还说:“小弟略懂一点医道,或许还能帮点小忙。”

两人手拉着手,犹如一对亲兄弟。来到陆家,茅子元为陆母把脉诊断,还开了一张药方,一阵亲切交谈更让陆母顿觉宽心些许。临别已是夜色朦胧。

不知因茅子元医术高明,还是吉人自有天相,两天后陆云亭母亲的病全好了。她心里惦念着茅子元和尚,常常对陆云亭说:“亭儿啊,咱陆家幸得贵人相助,子元和尚之恩绝不能忘怀啊!”从此,“子元是个好和尚”的美誉在度城妇孺皆知。

一晃,25年过去了。到南宋绍兴十一年(1141年),茅子元创建的白莲教不断发展,对封建统治秩序形成了很大的威胁,于是,官方以“食菜事魔”的罪名追究茅子元。

那是一个皓月当空的秋夜,茅子元的白莲轩堂被官兵团团围住,在教徒的掩护下,他撤出轩堂,乘着月色一路向西北方向的度城奔跑。虽是月光透亮,毕竟乡间小路到处坑坑洼洼,茅子元连摔几跤,扭伤了小腿筋骨。一直奔到度城倪普场头,他再也走不动了,跌倒在一农家猪圈边昏睡过去。

第二天一大早,上河滩提水的陆云亭发现了倒地入睡的茅子元,便偷偷把他背回家。陆云亭要茅子元不要出门,安心养伤。半个月后,茅子元腿脚稍有好转,因担忧门徒安危,便告辞回白莲轩堂。谁知厄运难躲,半年后茅子元还是被官兵抓获，并被发配到了遥远的江州（今江西九江）。消息传来，陆云亭和所有度城人都为子元和尚的未来凶吉而担忧。

又一个25年，茅子元杳无音信，有人说子元和尚早被皇帝赐死，也有人说子元和尚去了江州为盗贼所杀。陆云亭思念茅子元寝食难安，终因抑郁成疾，于68岁辞世。

可时来运转，茅子元福大命大，至南宋乾道二年（1166年），宋高宗赵构寿辰，特邀茅子元演说净土法门。年逾七旬的茅子元获宋孝宗赵昚所赦重回江南。

来到江南，茅子元马不停蹄直奔度城。当得知陆云亭已经故去，茅子元痛不欲生，决意要在度城倪普建宅定居，常去陆云亭母子坟前烧香磕拜，直至圆寂。

说起度城的历史人物，不能不提到豪侠何英。何英，明代人，字本初，号文水，世居度城。何英是一位传奇人物。有关他如何以家财为本，聚集当地乡勇，以渔船为战艘，以农具为武器，以淀山湖为战场反清复明；如何夜奔余杭山，后又因制服盗匪有功，朝廷授以通判大名府之职等，在《风水宝地淀山湖》一书中已有记述。这里根据民间传说，就何英义建善渡桥做一介绍。

何英一生刚强正直，缺少文化。自从充任官职后，他对知识阶层特别尊重。他感慨地说：我年轻时是一个无赖汉，懒于学习，不懂得诗书为何物；如今人老了，亲身感受到儒雅的熏陶，感到豪气顿消也。他尤其信奉王鉴的忠孝思想。

度城镇上有一条东西流向的塘江河。它起源于淀山湖，流经度城湖，穿镇而过，向东穿过碛礇的崇福桥，连接大华浦。千百年来，滋润了一方沃土，灌溉着四周农田，给度城人带来了福祉。然而，它也让度城人划江而居、隔江相望，来往多有不便，每逢狂风大雨和天寒地冻，老人小孩落水身亡之事也常有发生。造一座宽大坚固的环龙桥，是世世代代度城人梦寐以求之事。

在异乡客地为官多年的何英，思乡之情日益浓烈。那年衣锦还乡，他盘算着要在有生之年，为报答家乡人民对他儿时的关心和爱护，做件好事——在塘江上造一座环龙桥，以便利父老乡亲的来往和出行。这一义举让度城百姓欢呼雀跃、奔走相告，度城像过节一样顿时沸腾了。

造桥、修路本是一件从善积德、普度众生、造福子孙后代的大好之事，却遭到何英个别亲友的反对。他们认为，何英多年来为官清廉，将节衣缩食积攒下来的有限银两花在遥远的老家，自己既看不见，又享受不到，不值得。再则，故乡一无家产、二无亲属，花这么多银子造桥是俏媚眼做给瞎子看——白搭。

滴水之恩当涌泉相报。气度宏大、性格刚烈的何英痛斥了亲友们的言行，他向亲友们诉说了造桥的理由，他说：我小时候厌文爱武，顽皮贪玩，经常闯祸闹事，而乡里乡亲都原谅我是个孩子，不打我，不骂我，也不向我家里“告状”。现在我年纪大了，想起儿时的所作所为，心里十分内疚，似乎欠了他们一笔几十年未还的“债”。

何英建桥还因一件事，让他终生难忘。

那年夏天，何英出于好奇把邻居家的鸭棚栅栏打开，鸭子飞奔而出，四散而去。父亲得知此事，提着木棍气势汹汹地向鸭棚追来，此时天空乌云密布，一场大雷雨倾盆而下。何英急中生智纵身一跃，跳进塘江，向对岸游去。父亲正欲撑船过河，但小船颠簸摇晃，父亲一侧身便落入河中。何英见状惊呼：“救命啊，救命！”两岸的乡邻们冒着瓢泼大雨，拿着绳子、竹竿向渡船跑来，经两岸邻居奋力抢救，父亲终于幸免于难。亲友们听了这个故事，为之动容，表示完全理解何英建桥报恩的迫切心情。

经过一段时间的谋划与筹备，造桥的方案基本确定。在一切准备就绪之后，由风水先生选定黄道吉日，举行开工典礼。

典礼之日，塘江两岸密密麻麻站满了好几百人，度城人更是笑逐颜开,有舞龙舞狮的,有敲锣打鼓的,有丝竹吹奏的,有燃放鞭炮的,像过年一样。乡里的知名人士和大户人家还送来礼品,捐赠银两,以示对建桥的支持和祝贺。

第二天,施工全面展开,南岸"哼育,嗨育"扛石头;北岸"叮叮当当"凿石头。铁葫芦横跨两岸,一会儿吊上去,一会儿放下来,半圆形的木支架竖在河中央,像守门的大力士。工地上天天如此,日日这样,关键时刻还要挑灯夜战。由于石料是预先在采石场按图纸尺寸凿好的,施工时只要按序堆砌就行,所以大桥不到半年就胜利竣工了。金秋时节,一座巍峨的石拱桥就屹立在度城的塘江河上。

大桥为拱形单孔石桥。桥高(桥顶离水面的距离,随河水涨落有变化)4.7 米,桥面宽 3.2 米,南北各有 17 级台阶,桥面弧长 17 米,护栏高 0.64 米,中心护栏外侧各镌"善度桥"三个大字,意为从"善"积德、普"度"众生,桥名充分反映了何英先生建造此桥的美好心愿。桥身东西两旁各雕对联一副,西联曰:"津接吴淞龙晓日;虹凝薛淀数归帆。"东联曰:"潭涵明月规今古;驿认官程渡去来。"概括了善渡桥与度城塘江之重要地位。

丹桂飘香时节,善度桥落成典礼在度城隆重举行。那日,秋高气爽,天空中巧云堆集,形态千奇百怪,煞是好看,似乎老天爷特地为这喜庆之日精心安排的。出资造桥的"活菩萨"何英在前三天就从云南赶来,要亲眼目睹"善度桥"的雄姿,了却多年来的心愿.

落成仪式更是热闹非凡,敲锣打鼓、舞龙耍狮、秧歌翩翩,十几条彩船,两橹双篙,摇快船表演,小伙子们虎虎生威、吼声震天,彩船飞驰,推开两边惊涛拍岸。何英带领度城乡亲缓步走向河边祭台,拱手作揖,垂首祭拜昔日落水的亡灵。

第三节　王氏望族及其忠孝文化

古代度城又是一座文化名城，这里曾有明代乡进士王鉴的忠孝堂。《淞南志·序》中提到：淞南以石浦卫氏、度城王氏、千灯顾氏、吴桥周氏为淞南四大望族。度城王氏何与昆山状元世家石浦王氏、顾炎武门第千灯顾氏等齐名，足见王鉴忠孝文化在昆山的影响。

王鉴，字豫修。《康熙昆山县志》载，王鉴为度城王氏四世祖。明朝天顺三年（1459 年），王鉴北上再次参加进士考试，临行前来到度城潭北岸王氏祠堂，对着星空焚香祝天，在墙上题写“忠孝”两字。

昆山王氏则是太原“三槐堂”王氏的分支。

北宋时期，三槐堂始祖王祐，亲手在庭中栽种了三棵槐树，希望借助三槐的喻义，显赫族人。后来次子王旦果然当了宰相，孙王素又做了宋仁宗时的工部尚书。王氏族人遂称这支王氏宗族为三槐王氏，并将宗族祠堂命名为三槐堂。王祐曾孙王巩文采出众，与苏轼友善。苏轼为之作《三槐堂铭》，从此三槐堂名扬天下，成为王氏子孙后代通用的堂名。

南宋建炎三年（1129 年），王氏后代王皋护送宋高宗南渡驻跸平江府（今江苏苏州）时，曾停留数天，驾小船在苏州城周围察访，到达益地乡荻扁（今苏州市相城区太平镇王巷村）时，看到此地水陆交通方便，土地肥沃，环境优美，便将家室安置定居在荻扁（又有荻溪、荻川两条水路交汇，并邻接阳澄湖），便轻装上阵继续护送高宗随行。由此，王皋成为三槐堂南渡始祖。

后来，其长子王玄，字吾置，袭授太尉，徙昆山为东沙支祖；仲子王铎，字吾伍（一作护），尚书郎，守荻扁父业为中沙支祖；三子王胤（又作允、商），官显谟阁直学士，徙无锡为西沙支祖，合称江南三沙王氏。

《王氏世谱》记载，昆山王氏的始祖名叫王玄，为三槐王氏显祖王祐之孙、王旭之子、王旦之侄。王玄，字吉夫，于宋真宗时跟随伯父王旦到苏州做官，后遂留居吴地，落籍江苏昆山，世称昆山王氏。

度城王氏则于谁，在哪个年代迁徙至度城已无法考证。但是，清陈元模《淞南志》记载：王氏在度城居住已有三百年，故湖两岸多为王姓，为昆山王氏之一脉也。

王鉴忠孝文化的源头，可以追溯到汉周时期。苏轼在他的《三槐堂铭》中写道："显于汉周之际，历事太祖太宗，文武忠孝，天下望以为相，而公卒以直到不容于时，盖尝手植三槐于庭，曰'吾子孙必有为三公者'。"以后，三槐堂王氏逐步形成了"孝悌为先，忠信为本，惟耕惟读，恩泽子孙"的家训。

王鉴，作为度城王氏的代表人物、忠孝文化的倡导者，短短一生始终恪守"孝悌为先、忠信为本"的家训。他尤其喜爱竹子的秉性，时时告诫自己要以竹子"宁折不弯"的豪气、"中通外直"的度量、"质朴淳厚"的典雅和"文静怡然"的品位修身养性，注重培育为人正直的崇尚精神。在王鉴《梦竹感赋》一诗中，足见其非同一般的风格：

南山空涧旁，硕石多垒矗。
物有君子名，素抱凌云志。
劲节欺雪霜，虚心彻天地。
梢长凤尾摇，子盛龙孙继。
风来玉有声，雨过云凝翠。
日日报平安，时时溢气清。
拈竿击丝纶，钓鳌人作饵。
为营谐云门，乐奏神斯至。
梅具调羹功，松全栋梁器。
交结成三朋，岁寒同一致。
双幅潇湘秋，一堂淇澳意。
俗士本无缘，才人不忘视。

声价重璠玙，蛮酋易骐骥。

嗟哉贞淑姿，宁不为人瑞。

王鉴信奉忠孝文化，生前著有《孝行录》《贤阕录》若干卷，以传播忠孝文化，而大书“忠孝”二字，既是对祖先的继承，更是对子孙后代寄予厚望。他在写完“忠孝”二字后说道：“古来忠孝事，道大属天伦。我书忠孝字，所主在君亲。一以自期待，一以勉后人。子孙须努力，我先修其身。”在他的这一表达中，阐明了继承弘扬忠孝文化的重要性和必要性；说明了写忠孝字，一是为了严于律己，一是为了教育后人；还寄托了希望子孙明白忠孝之道理并为此而努力的愿望。

王鉴的忠孝思想，对于王氏后代产生了很大的影响。度城王氏虽没有出过高官，最高做到知县。但王氏后代个个孝顺前辈，忠于国家社稷。

度城王氏人物列表

姓名	人物关系	人物简介	备注
王鉴（1421—1470年），字豫修，号复斋，举人	昆山孝子	明朝天顺三年（1459年）年北上，焚香书“忠孝”大字，倡导忠孝文化。生前著有《孝行录》《贤阕录》。生有王漳、王淇、王汶三子。	昆山先贤归有光有《忠孝堂记》。张寰有《懋修堂记》。沈鲁志其墓。
王漳，号松轩	王鉴长子	明朝成化六年（1470年），王鉴病危卧床，手书文稿一札，内容为忠孝文化之要点，藏在某一柱子下，并托好友陆容，待儿长大后取出。19岁那年，陆取之交予漳，王漳阅后磕地痛哭，终日不起，发誓一定继承父志，崇尚忠孝。	

续表

姓名	人物关系	人物简介	备注
王淇，字懋德，号南阳，举人	王鉴次子	自幼奋发学习，天性洒落岸然，自负好古，喜欢结交知识渊博的朋友，谈论之间常曰："先君子洁身修行素以忠孝大节自许，吾辈哪敢不奋勉以承先志。"当时学者都称其为"南阳先生"。	
王东，号邦才	王鉴从子（堂侄）	小时就中秀才，后来改考入太学，官广东惠州照磨，恪守为公而又谨慎，惠州的民众甚感其德政。	
王塘，字邦献	王鉴之孙 王汶之子	十四五岁时，是县学的生员——秀才。在南都考了六次，没有及第。60 余岁时，还是和众生员一起赴考。进谒学使者，甚至伏地而不能站起来。然而他的气度没有稍稍衰减。良久，乃逊谢而去。死后，葬度城祖坟。	同乡归有光为他作墓志。
王文昌，字允农，号心逊，又号螺汀	王鉴之孙	世居度城。被选授浙江开化令，后又至八闽当差。柯公马上知其才干，升为黄梅令。	著有《螺汀稿》，行于世。
王氏（女）	王鉴之孙女	19 岁嫁人，25 岁守寡。恪守妇节，孝养舅姑，三载姑死，七载舅亡。舅姑死后极力抚养侄子因心，又病死，复抚养侄子德心为子。	守寡 40 年，忍饥冒寒窀穸（墓穴）。

续表

姓名	人物关系	人物简介	备注
王壁,字克信	王鉴从孙	接任他的父亲景言,执掌乡中的赋税,区划得泾渭分明,好像老成的人所为。本地有荒之田地,老百姓难以赔纳这笔田赋,逃亡者有半数以上。壁反复恳求巡抚尚书周公,终于减免了这些田赋。老百姓才得以安居乐业。壁为人气宇爽朗豁达,非常崇尚儒术。	明景泰辛未年(1451年)亡故,享年48岁。葬于淀山湖之湖滨。郑文康为他作墓志。
王继孝(1531—1593年),字子忠,号岷源	王鉴曾孙	明嘉靖二十八年(1549年)举人。任江西赣南龙南知县。因治理有方,后调任宁都府衔。告老还乡时裹囊萧然,令人起敬。	晚年致力于忠孝之说。卒葬于度城祖坟。生元贞、元芳二子。
王元圭,字伯符,号云毕	王继孝叔子		

王鉴有个孙女,19岁嫁人,25岁守寡。她恪守妇节,孝养公公和婆婆,三年后婆婆病死,七年后公公故世。公婆死后,她又极力抚养侄子因心,谁知因心又病死,她又抚养侄子德心为子。她守寡40年,忍饥冒寒一直居住于王氏祖坟边上。

孙子王文昌,曾是安徽黄梅县(今属湖北)令,后因他“出尔反尔”被降职。然而他的出尔反尔并非他的失职或渎职。当时的黄梅县盗贼猖獗,城内百姓民不聊生。王文昌上奏朝廷建议筑城护民。当朝廷准奏后,恰逢黄梅县连年灾荒,饥民无数,百姓贫病交加,因而筑城进度缓慢,朝廷派大吏不断督促。王文昌说:“吾岂能刻薄百姓,以取媚上级呢?”

违反了大吏的意愿，以“出尔反尔”为由被降职。

曾孙王继孝，字子忠，号岷源。嘉靖二十八年（1549 年）举人。任江西赣州府龙南县知县。有关王继孝在龙南平定叶楷占据黄乡犯上作乱，后升任宁都知府等，《风水宝地淀山湖》一书中已有描述。这里主要介绍的是王继孝任知县期间两件大事让龙南人民至今难以忘怀。

一是扩展玉石岩旅游胜地。玉石岩又称为玉石仙岩。为龙南县古八景之一，地处龙南古城的北面郊区，它崛起在广袤的地平线上，高峻耸立，岩身全系石灰石构成。因为玉石仙岩有高耸的石岩、峻峭的石峰，而且在阳光的照射下，这些石岩石峰灿若白玉，分外耀眼，故称玉石岩。千百年来，玉石仙岩以其独特的奇丽，早已成为龙南县重要的旅游胜地。在龙南乃至赣南的历史长河中，玉石仙岩总是敞开坦荡的胸怀，张开热情的臂膀迎接客人，它曾经迎接过多少达官文人在此游览，而又引发了多少文人墨客油然发出心中的感慨。

《赣南日报》载：2011 年 1 月 7 日唐卫民《风雨沧桑玉石岩》一文曰：明朝万历年间的 1577 年，时任龙南知县的王继孝，为扩展玉石岩天然旅游胜地，于是在这里建亭筑坊，增加了“洞里乾坤”、“天开图画”和“玉岩胜景”等人文景观。据史料记载，明末，龙南县府还专为玉石岩立志。

二是开凿龙头滩。龙头滩，位于江西龙南县北 30 里。因三江水所经，滩高水急，乱石林立，舟行至此，必移所载于岸，空舟方济，不移载物者便常遭行舟触礁、船沉人亡之灾。明万历四年（1576 年），知县王继孝凿石开路百余丈，行者便之。“百丈龙滩”也因此被列入《中国古代地名大词典》。

龙南人民深深怀念这位才能出众、造福于民的王知县，至今民间还流传着“忠孝衣冠皓伟，称一时人物之盛”的口碑。

王鉴忠孝文化在昆山地区有着深远的影响。王鉴生前爱交朋友，在众多朋友中，最为知交的是昆山名人归有光和太仓名人陆容。

归有光

归有光（1507—1571 年），明代散文家。字熙甫，又字开甫，别号震川，又号项脊生。昆山人。嘉靖十九年（1540 年）中举，后曾八次应进士试皆落第。王鉴在世时，归有光多次去度城探望他，两人结下了深厚的友谊。归有光对王鉴倡导的忠孝文化给予了极大的关注和支持。王鉴病故后，归有光与度城王氏依然保持密切的联系，尤其与被称为"南阳先生"的王鉴次子王淇关系更为密切。《淞南志》记载，归有光总要与王鉴及其子王淇"泛月湖上，或舟息湖旁，观鱼鸟之飞；摘佳树之实，采芳桂之英；或饮酒博弈，品茗谈香，指点山旁竹木之间"。后来，归有光曾撰写《忠孝堂记》，对王鉴及其忠孝文化给予高度评价。

陆容（1436—1494），字文量，号式齐，太仓州人。明成化二年（1466 年）进士，曾授南京主事，后迁兵部职方郎中，终居浙江参政。陆容以其博学卓识著称于世。与张泰、陆釴齐名，时号"娄东三凤"。陆容与王鉴实乃生死之交，平生情投意合。

明朝成化六年春，49 岁的王鉴身患肺痨，奄奄一息之际，紧紧握着陆容之手，深情嘱咐道："殓我必以《尚书》，殉吾志也。"王鉴一生爱读《尚书》，死后别无他求，只求以《尚书》殉葬。说着拉住年幼长子王漳的手，托付陆容说："祖以千金付我，汝仲父二孤尚幼，我缄而藏之某柱下，书到即付孤。"意思是：我家祖先留下贵如千金的家传宝书，交付我传于子孙，只因我儿子年幼无知，我只能把宝书藏在某个柱子下面，拜托你等我儿子长大，取出书来交给他。除此以外，王鉴再也没有其他嘱咐，说完两眼注视着墙上“忠孝”二字，慢慢合上双眼。待到王鉴儿子慢慢长大，陆容再来度城，从柱子下面取出那梱宝书交给王鉴长子王漳，19 岁的王漳接过宝书后，痛哭不止，仆地不起。王漳一生，始终如一，以孝义闻名于乡里。

几年之后，在一次王家的庆典仪式上，陆容应邀来到度城，写下诗一首：

揖让偱循礼庆中，见君何共见尔翁。
天涯生死十年事，乡曲交游两世通。
留话仅看销短烛，归心又遣逐孤篷。
春风有约重相访，载酒同访薛淀东。

诗中表达了陆容对王鉴的深切怀念之情和与度城王氏的深情厚谊，更为十年来，王氏两代人恪守忠孝，意志相通而感到欣慰。

在古代，淀山湖状元朱希周、进士叶盛、隐士孙俊等都对王鉴的忠孝文化十分崇拜，并加以宣传弘扬，更有昆山历史名人张寰的《懋修堂记》，使王鉴的忠孝文化在淀山湖地区乃至昆山各地产生了深远的影响。因而，清朝康熙年间的《昆山县志》就把王鉴列入“孝友”系列。时至今日，王鉴大书忠孝的故事依然在民间流传。建设和谐家庭，恪守忠孝节义；报效国家社会，志向远大、胸怀开阔成了淀山湖人的传统美德。

第四节　神奇灵秀农家地——榭麓村

在淀山湖镇政府所在地杨湘泾镇东南 3 000 米处，是淀山湖镇历史最悠久的水乡集镇之一——榭麓。在昆山历史博物馆里，展出的“平面带孔石犁”就是出土于榭麓村的文物，据专家考证为新石器时期的农具，距今已有 5 000 多年的历史。

从空中鸟瞰，榭麓犹如一头奇特的神鹿，而榭麓之名与神鹿有关。

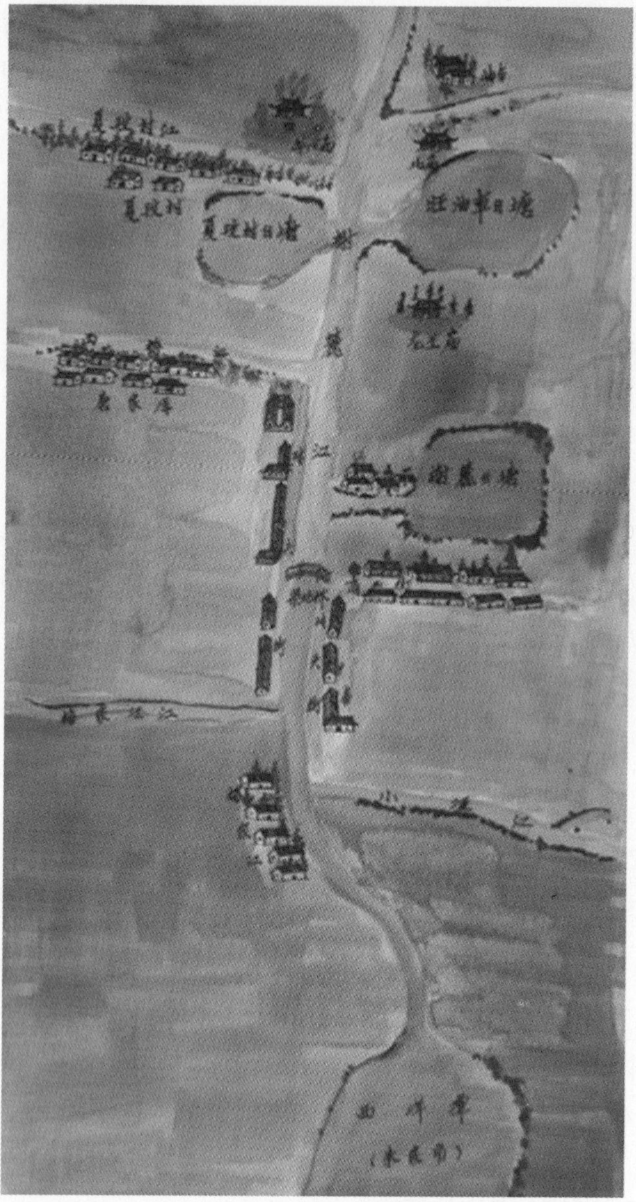

榭麓地形图

当地老百姓一直认为，就是樹麓有了这头神鹿，促进了当地纺织业、油菜籽榨油加工业的发展，造就了一代徽商奇才汪思聪，推动了樹麓农耕文化以及戏曲文化的兴旺发达。

一、形状似神鹿的樹麓镇

古代樹麓镇规模之庞大、市井之繁荣为周边四乡之少有。它，方圆面积1.3平方公里，一条长达2 000多米的樹麓江蜿蜒曲折，贯穿全镇南北。四周自然村落连绵成片，南起南樹麓、陆家嘴角；北有旺油车、苍浦溇，直至北樹麓；东临沈安泾，西有金家塘、下段村，与属杨湘泾镇管辖的周家泾接壤。

站在高处眺望，整个集镇犹如一头奇特的神鹿。南首的陆家嘴角、南樹麓为鹿首，樹麓镇中心区为鹿身，最北面的北樹麓为鹿尾，而樹麓江两边的四只湖荡，仿佛神鹿奔腾着的四条长腿。

从尚存的遗址考察，樹麓是一个具有悠久历史的农村集镇，以现在的樹麓为中心，樹麓江两岸至今仍可发现排列整齐的木桩长约1 500米，向南北延伸，这些木桩是石驳岸的基础。依此可以想象，古代樹麓民居鳞次栉比，商铺店面接连成行，是一个相当繁华的江南古镇。古代民间一直有“先有樹麓，后有朱家角”的说法。

朱家角镇东距青浦区6公里，北与樹麓镇也相距约6公里。朱家角原名朱家村，元代才开始逐步形成集镇。而樹麓早在宋朝末年就以其神奇灵秀而著称，更由于其古代农业经济的繁荣、农产品的丰富，而形成了水乡小镇的繁华格局。相传南宋初期，有个叫何世荣的在樹麓镇上首创开设了“何纪南货铺”，之后商贸活动日益繁荣。至元朝末年，这里早已南北杂货店、豆腐店、理发店、药店、茶馆、肉庄、酒店、郎中行医的诊所等应有尽有。

只是由于朱家角有着得天独厚的地理优势，一条漕江西接淀山湖，东连青浦城，水上交通十分发达，使集镇得以快速发展。而榭麓镇仅靠一条又长又窄又很浅的榭麓江出入，成了阻碍榭麓发展的瓶颈，故而集镇发展缓慢，又加上战乱不断，榭麓镇因此遭到严重的破坏。民间相传：自1851年太平天国洪秀全金田起事后，旷日持久的太平天国战争，使曾经人烟稠密的江南在延烧不熄的战火中变成人烟寥落之区，曾经延续了数百年之久的富庶繁华顷刻之间化为昨日的故事，取而代之的是一派萧瑟愁惨的气氛。榭麓镇也难逃厄运。战乱中的榭麓镇被一场七天七夜的大火，几乎化为灰烬。

战后，榭麓人舍不得离弃这块富饶的土地，经过几代人的苦心经营、重建家园，直到新中国成立初期，在榭麓染坊桥两岸，仍有南北杂货店、烟酒糖果店、茶馆酒店、鱼摊肉庄、理发店、水作坊（豆腐、粉皮）、染坊、铁匠铺和药店等，在“丁”字形街道上，重新呈现出热闹集镇的气息。

说起古代榭麓的繁荣，民间相传主要得益于蔡、陈、施、汪四族大户兴办的纺织业、商贸业、榨油业和宗教文化。清朝康熙年间，徽商汪思聪定居榭麓，给榭麓带来了新的发展生机，一时，镇上人丁兴旺，经济繁荣，文风愈振，呈现出空前繁华辉煌的景象。

二、松江姑娘与榭麓佳布

从古至今，榭麓人男耕女织，勤劳好学。清代陈元模在《淞南志》中记载：“民多业耕，尤勤于织产佳布。”《昆山康熙县志》也记载，榭麓和陆家浜的佳布名扬四方。为什么榭麓出佳布，民间流传着这样一个动人的故事。

元朝末年，榭麓蔡家埭宅上出了一位心地善良、手艺出众、貌若潘安的年轻木匠蔡晓林。一年春天，蔡木匠随师父来到松江乌泾镇为村民造房，由于蔡木匠相貌人品超群、木工手艺精湛，赢得了同行师傅和周围乡亲的一致赞赏。

松江乌泾镇，是元代棉纺织改革家黄道婆的故乡。黄道婆（1245—1330年），又名黄婆、黄母。黄道婆出身贫苦，少年受封建家庭压迫，流落崖州（今海南岛），以道观为家，劳动、生活在黎族姐妹中，并学会了运用制棉工具和织崖州被的方法。元代元贞年间重返故乡，在松江府以东的乌泥泾镇，教人制棉，传授和推广捍（搅车，即轧棉机）、弹（弹棉弓）、纺（纺车）、织（织机）之具和错纱配色、综线挈花等织造技术。她所织的被褥巾带，“其上折枝、团凤、棋局、字样，粲然若写”。由于乌泥泾和松江一带人民迅速掌握了先进的织造技术，一时“乌泥泾被不胫而走，广传于大江南北”。当时的太仓、上海等县都加以仿效。棉纺织品五光十色，呈现出空前盛况。黄道婆去世以后，松江府曾成为全国最大的棉纺织中心，松江布有“衣被天下”的美称。

来到乌泾，蔡晓林被建房东家安排在小镇西首一户李姓的居民家中入住。户主李肇庆四十又六，是一位热情好客、又大度豁达的长者。这李家祖上还与黄道婆有着沾亲带故的关系。黄道婆幼年时，由于遭受封建家庭压迫，几次被打得遍体鳞伤，幸得李肇庆爷爷出面交涉，并伸手相救才免于一死。元贞元年，黄道婆重返故里，做的第一件事，便是登门拜访顾老前辈，并提出认老人家为干爹的请求。从此顾家与黄道婆结下了不解之缘。

织布机

李肇庆有两个女儿，由于得益于黄道婆的亲情和祖辈纺织工艺的相传，两个女儿从小就学会了纺纱织布。姐妹俩心灵手巧，为人善良，在乌泾镇上可算得上首屈一指的好姑娘。李肇庆因此感到十分自豪。十几年丧偶失妻、含辛茹苦，总算苦尽甘来。如今，大女儿月英已远嫁昆山陆家浜，小女儿月娥年方十八，虽说是农家女子，却长得眉清目秀，站立人前似一枝出水芙蓉，亭亭玉立。因她美貌如一朵盛开的莲花，又有着一颗和善的心，所以周围邻居都管她叫“天仙小莲”。

初来乍到，蔡晓林看着月娥纺纱织布感到特别好奇，一连几个晚上，他总是坐在旁边观看，有时还问这问那。月娥倒也很有耐心，总是一一回答。一天晚上，晓林在东家吃完晚饭回家，看见月娥愁眉苦脸、一声不吭，原来是那把纺车坏了，月娥正在为中断手里的活计而发愁呢。“这有啥可发愁的，我来看看。”经过仔细观察、思索一番后，晓林动手帮她修起纺车来了，月娥则在一边指指点点，没一袋烟的工夫，晓林竟然修好了纺车。在吱吱的纺纱声中，月娥感到心里甜滋滋的。又一个晚上，晓林提出，要月娥教他纺纱。

“男人家学这个干吗？真没出息。”月娥嘴上这么说，心里却又添几分好感。

“这有啥不好啊！学会了我还可以教会老家的兄弟姐妹呀。”晓林非常诚恳地说：“真的，教教我好吗？”

月娥一本正经地说：“下次回家，把你小娘子带过来，我保证教会她纺纱织布。”

“啊！小娘子？我妈说我丈母娘还不知道有没有生下来呢！”听到晓林尚未攀亲，月娥那张白嫩的小脸上唰地泛起了两朵红晕，心怦怦直跳。一时两人不知如何是好。

如此一来二往，两人都在对方心里留下了很好的印象。日子一长，无话不谈，月娥向晓林介绍乌泾布的特点，讲到黄道婆改革纺织工艺的意义时，还拿出了爹妈结婚时黄道婆送的那条几代人都不舍得用的被单给晓林看。晓林则滔滔不绝地向月娥介绍家乡榭麓镇的美景和繁华，尤其对那片偌大的桃园里盛开的桃花、甘甜如蜜的水蜜桃，更是讲得绘声绘色，让月娥听得津津有味。慢慢地，两人的心渐渐靠拢，他们偷偷相爱了。

端午佳节，师傅与东家商量决定放两天假，让那些木匠、泥水匠回家一次。蔡晓林约了月娥去佘山游玩。两人携手漫步，拾级而上，在佘山顶上饱览江南水乡的美好风光。直到太阳西下，才悄悄回到乌泾镇上。

纺车

第二天，蔡晓林像做错了一件事一样，躲在工棚里不敢露面。好在月娥偷偷送来了几只粽子，才没饿坏身子。

不知怎么，他们去佘山的事竟然让镇上的徐媒婆得知了，也不知出于啥目的，徐媒婆找到月娥他爹李肇庆，又添油加醋地告状一番。李老伯一听大吼起来："那还了得，小小年纪竟然做出如此伤风败俗之事，待我回家严加整治。"说完便欲转身回家。徐媒婆急忙拉住李老伯，说："大哥莫急，我只是道听途说，不知是否真有此事，你如此火火生畏只怕伤了二小姐，我可担当不起啊！"

李肇庆留住脚步，陷入沉思之中：他早年丧妻，一个人含辛茹苦十几年，终于把两个女儿带大，从来舍不得骂一句，更没动手打过一次啊！如今大女儿月英已嫁到了昆山陆家浜，而小女偏又喜欢上了个昆山人，这以后的日子叫我怎么过呀？不过，李肇庆是个见过世面的人，觉得这个小木匠蔡晓林也实在让人喜欢，细细想想，他肚里生出了另一个念头。

“不过么……”

“不过啥？”徐媒婆是个八面玲珑之人，听李老伯如此说来，知道自有下文，心中乐不可支。

“徐嫂啊，说句真心话，那小木匠蔡晓林我倒也蛮看得中啊。”

“是啊，是啊！这小伙子可是十人九赞的呀，要我说啊，你家二小姐的眼力真不错啊！你何不……”

“何不怎么样？”

“我看你啊，还是顺水推舟……”

“哈哈哈，你要我成人之美啊。”

“对，对啊，我看这样……”一番咬耳朵的话以后，李肇庆连连说道：“好啊，好啊！乘着此事知晓之人不多，还得拜托你徐媒婆抓紧办妥，到时我定当重谢！”

第二天一大早，徐媒婆一路春风来到李大伯家，有人问她去哪，她一概直言不讳地说：受人之托去李老伯家说媒提亲。

第三天，徐媒婆雇了一辆马车，一大早从乌泾镇出发。一路颠簸、风尘仆仆来到榭麓镇。徐媒婆不怕劳累，只是有两件事觉得有点为难：一是见了晓林他妈，如若直言相告，岂不有失李家脸面，怎能让二小姐买了黄蓝包扎送上去啊！二是急着上路，尚未向晓林问清，家里是否已给他定过娃娃亲，倘若已定亲事，这事办起来倒真的有点棘手。不过，这徐媒婆毕竟处世老到，临阵不慌，她乘着马车绕镇兜了一圈，心中已有了谱。下了马车，找人打听了一下蔡晓林家里的基本情况，还买了一斤糕饼和一包晓林妈最喜欢吃的广东蜜枣，径直上了蔡家门庭。

晓林妈听到有人上门，急忙以礼相迎。一时心里有点纳闷，来客素不相识，特来造访不知为何呀，莫非晓林在外做工出啥事情。徐媒婆已猜到晓林妈的疑虑，便开口说道："老阿嫂啊，唔(我)是松江城外乌泾镇人，两年前我做媒人帮昆山陆家浜一户陈姓人家，在伲乌泾镇讨得一位姑娘做媳妇，这小姑娘也真有出息，把伲乌泾纺纱织布的绝活教给姐妹阿嫂，陆家浜人对她真是十人九赞。陈家老阿姐真是开心得来勿得了，几次三番托人带信叫我这个老姐妹啊去白相相。今朝唔就是从陆家浜回去，顺便弯到榭麓来，一是想认得认得你老阿姐。二来么，喏，你的孝顺儿子晓林在伲炭头做生活，忙得端午节也走不开，勿曾回来看看你老姆妈，托唔带点你喜欢吃的回来。"

"喔，是这样啊，难得晓林牵挂着我啊。喔唷，老阿嫂啊，你也真是个热心人啊！这个么，就叫行得春风有夏雨，你帮人家做好事，人家怎会忘记啊！"

"哈哈哈"，两人真像一对久违的老姐妹，笑得如此开怀，如此爽心。

听口音、看神色，眼前这位老阿嫂倒是一块做媒人的料啊！我何不……

晓林娘有心探探对方的口气。"哎，伲晓林要是也碰到你这样的热心人就好啦！"

晓林娘此言，正合徐媒婆之意，徐马上接口："这么说，你家小林还尚未……"

"唉，榭麓镇上哪个不晓得我蔡冯氏的苦啊！我是29岁守寡，小儿晓林还未断奶，这中间的苦么，我不说老阿嫂你也会想得到啊！到了晓林六七岁，看到人家孩子都攀了娃娃亲，我蔡冯氏连想也不敢想啊！"看到晓林娘伤心落泪，徐媒婆掏出手巾，一边递给晓林妈，一边说："好了，好了！总算苦出头哉，晓林迪个小伙子立啦伲炭头是人人赞伊啊，下朝头讨得一个好媳妇，你老阿嫂苦尽甜来，后福无穷啊！"一番话说得晓林娘破涕为笑。

“我看迪能介，我么生来一副热心肠，听你老阿嫂一讲，我是肉麻煞哉。喏，就是嫁到陆家浜的月英姑娘，家里还有个妹妹月娥，长的貌若天仙，人称‘仙女小莲’，跟你家晓林相配，真是天生一对、地设一双，再好也不过啦！”

“喔唷！老阿嫂啊，你真是观音娘娘差来的活菩萨呀！谢谢，谢谢啦！”

晓林娘感动得简直要下跪拜谢啦。喔，不对，晓林娘不禁担心起来：“人家共两个女儿，一个已嫁到陆家浜，还肯把小女儿嫁到如此远的榭麓来吗？”

“这倒也是，不过么，李大伯是出了名的明白人，再加上我做媒他信得过，说不定这门亲事能成功。”

三天后，蔡晓林特地从乌泾赶回家，还带回了松江鲈鱼（四鳃鲈鱼）、佘山兰笋（兰花笋）、九亭酱菜、乌泾土布、酒果软糕、结缘饼等松江特产一大包。休息片刻之后，晓林告知母亲，他与月娥的事已经成功。乐得蔡冯氏像敲开的木鱼合不拢嘴。

待到晓林一五一十将这件事情的原委叙述清楚，蔡冯氏感慨地说：“这徐媒婆还真了不起，之前的事她居然只字不提！”“那当然，要不大家怎么都叫她‘松江第一媒婆’呀，据说这个雅号还是当朝松江知府赵豫送给她的呢！”“怪不得她把事情做得如此光鲜啊！”蔡冯氏不无感激地说。

一年以后，榭麓蔡家埭上张灯结彩，爆竹声声与陆家嘴丝竹班的《喜洋洋》《快乐》《长山乐》等喜庆音乐此起彼伏，乡亲们喜气洋洋地把月娥迎进晓林家。

新婚之夜，一对新人柔情绵绵，月娥悄悄告诉晓林，父亲的一番心意：一是为了让她与姐姐月英靠近点，将来姐妹俩也好相互多多照应；二是希望月娥像姐姐一样把乌泾纺纱织布的技术传到榭麓一带来。晓林听了心中油然升起对老丈人的感激之情。

婚后一年，月娥让晓林留在乌泾，拜乌泾木匠为师，学习制作纺车、布机的技术，自己在榭麓镇上向姐妹阿嫂们传授纺纱织布的本领。蔡家从此门庭若市，除榭麓本镇外，南至朱家角，北到石浦镇，东连青浦城，西达度城、金家庄四乡八村赶来学艺的姐妹络绎不绝，又给榭麓集市平添了几多辉煌。

五年后，榭麓及周边地区的纺织业技艺已经接近陆家浜。是年，苏州知府况钟巡视昆山，得知从松江乌泾传来的纺织业在昆山蒸蒸日上，非常高兴，当下书一请柬，差人连夜赶到松江府，特邀松江知府赵豫来昆山一聚。当况钟对松江带动昆山纺织业的发展表达谢意时，赵豫哈哈大笑道："怎么谢我呢，要谢还得谢谢乌泾镇的开明人士李肇庆和那个'松江第一媒婆'徐女士啊！"听了李肇庆两个女儿远嫁昆山的故事，况钟十分感动，写下了"女儿远嫁、用心可嘉"八个大字，让赵知府代为赠送李肇庆老人。

榭麓蔡家纺织业不仅名声大振，而且代代相传。明朝末年，蔡晓林、李月娥的后裔看到附近百姓染纱、染布都得赶到松江乌泾镇，后来青松两县交界的陈坊桥有了染坊，人们不需再到乌泾去了。但到陈坊桥也得起早贪黑才能一天打个来回，多有不便和劳累。于是，蔡家拜师学艺，在榭麓镇上开办了一爿染坊。从此榭麓出产的被、褥、带、帨等棉织物上的折枝、团凤、棋局、字样等各种美丽的图案，鲜艳如画，栩栩如生，可与乌泾镇棉布相媲美。

随着纺织业的不断发展，榭麓蔡氏染坊生意越做越大，蔡家的家业也越来越大。至康熙五十四年（1715 年），蔡氏后裔受汪思聪建桥为民造福义举的影响，出资将榭麓中心地段那座横跨于榭麓江上的小竹桥重建成石板桥，取名曰"染坊桥"。

染坊桥是一座长 28.3 米、宽 3.5 米的石板桥，两岸桥堍各 13 级石阶，桥面仍用木板铺设，桥栏杆也用粗木设置，因为此桥位于镇中段，故石桥上凿有“中市染坊桥”字样，桥门两侧的石柱上刻有桥联：上联：“承祖业振染坊生意兴隆”，下联：“行善举设津梁竭谢乡里”，表达了蔡氏后裔不忘祖先开创纺织祖业的恩德，回报家乡父老相助之情谊。

三、旺油车村的由来

榭麓古镇北端有个叫旺油车的小村子。这个奇特的村名，与淀山湖地区的油菜籽榨油加工业的发展有着密切的联系。

中国的植物油提炼起始于哪个年代，也许谁也无法考证。但按《汉书》所载，芝麻乃张骞从西域带回的种子，所以芝麻初名“胡麻”。《梦溪笔谈》曰：“汉史张骞始自大宛得油麻种来，故名‘胡麻’。”汉时，芝麻已有大量生产，榨油技术如何发明，早期如何操作，并无文字记载。《齐民要术》记有“白胡麻”、“八棱胡麻”两种品种，注明“白者油多”。陶弘景《本草》云：“生榨者良，若蒸炒者，止可供食及燃灯耳。”但都无具体说明芝麻油为什么在唐宋成为极普遍的烹饪用油。在唐代孟诜所著的《食疗本草》说：“白麻油，常食所用也。”《梦溪笔谈》说：“如今之北方人喜用麻油煎物，不问何物，皆用油煎。”

明正统十年(1445 年)，叶盛考中进士。天顺二年(1458 年)四月，擢都察院右佥都御史、两广巡抚。叶盛任两广巡抚时，修复官牛、官田之法，垦地日广，积粮日多，以其余岁易战马千八百余匹。其屯堡废缺者，咸修复之，不数月，完七百余所。天顺七年(1463 年)被召回京，转左佥都御史、巡抚宣府镇。

叶盛奉诏回京之前曾返乡省亲。是夜，凉风习习，皓月当空，叶盛乘坐一叶小舟，自金泽镇穿越淀山湖，登上度城码头回故里石浦。次日一早，便和几个随从赶到碛礇寺，拜祭了儿时最崇拜的长辈景夔僧人的亡灵，烧了一炷香，匆匆赶到榭麓镇上用午餐。饭后一路欢歌笑语向北而去。其中一位人称“小广东”的商人陈炳兴，望着一望无际随风翻卷的稻浪，情不自禁地说：“哇，好大一个米粮仓啊！”

这小广东陈炳兴乃广东省澄海县上华镇人士，父亲陈明晨是澄海县的富商。两年前，叶盛微服巡视来到澄海县城，被一群地痞围困遭辱骂殴打，幸得陈明晨相救，从此两人结下生死之交。

陈炳兴16岁开始随父学做生意，由于他勤奋好学，吃苦耐劳，两年后已成了父亲的得力帮手。以后，父亲让他专做食用油的生意，如今23岁的陈炳兴已是澄海城里无人不知的“卖油郎”。叶盛对陈炳兴好生喜欢，因而，这次返乡省亲征得老朋友同意，特带陈炳兴同来观赏江南水乡风光。听得陈炳兴夸赞家乡一派稻米丰收的光景，叶盛哈哈大笑道：“是啊，江南乃鱼米之乡，江南美景赏不尽，待到明年春天，满地都是绿油油的小麦和金灿灿的油菜花，那景色比现在还要好看得多啊！”“啊，莫非这里盛产油菜籽？”陈炳兴若有所思地说：“明年开春我一定要来看看满地的油菜花。”

第二年春天，陈炳兴果然带了两个伙计重返淀山湖。一连三天，围着榭麓镇四周的油菜田转悠转悠，一会儿双手捧起一束黄金般的油菜花不停地闻着菜花散发出来的香味，一会儿自言自语道：“好，好啊！划得来，划得来。”两个伙计不知道他葫芦里卖的是啥药，其中一个忍不住问道：“少东家，江南水乡美不胜收，你怎么不看山不看水，整天在菜花田里转啊转？”另一位伙计若有所悟地问：“少东家被这大片的油菜花迷住了，莫非想来此收购油菜籽，做一笔油菜籽的生意啊？”陈炳兴微笑着说：“在下自有打算。”

回到澄海，陈炳兴兴高采烈地将江南之行的所见所闻一一向父亲如实禀报。在着重描述了那满地黄金色的油菜花以后，说出了想在江南办油菜籽炼油作坊的打算。他把在江南当地炼油、销售的整套方案和优势说得面面俱到。他认为，一是江南生产油菜籽，在当地收购成本低，在产地加工销售可以提高收益；二是当今淀山湖周边地区还没有菜籽油加工的作坊，乡民吃的油多是由昆山、苏州等地运来，用本地油菜籽加工出来的菜油，由于成本较低，可以适当放低油价，让当地百姓方便又实惠，一定更受老百姓欢迎；三是所选择的地方紧靠繁华古镇榭麓，这里水陆交通还算方便，又是叶盛老伯的故乡，在这里榨油销售前景一定不会错。父亲心里很佩服，感到儿子已在经营场中磨炼得不错，但自己毕竟是商海老将，不肯轻易决定。

几天后，陈明晨一封家书写给在京城里的老朋友叶盛，征求好友对在江南办油坊的意见。叶盛看完来信，当即回复："贤侄如此长进，如此有才，实在令人欣慰啊！"信中对陈炳兴要在自己的故乡办榨油坊的设想给予全力支持。

明代，植物提取素油的方法很简单，据《天工开物》一书记载，榨菜籽油的方法多为"北京磨法"，基本过程是："取诸菜籽入釜，文火慢炒，透出香气，然后碾碎受蒸。凡炒诸菜籽宜铸平底锅，深止六寸者，投籽仁于内，翻拌最勤。若釜底太深，翻拌疏慢，则火候交伤，灭丧油质。炒锅亦斜安灶上，与蒸锅大异。凡碾埋槽土内，其上以木杆衔铁陀，两人对举而推之。"这种原始的人工榨油方法，不仅功效极低，而且出油率也很低。叶盛打听到在京城附近已有人将"北京人工磨油法"改为"牛碾磨油法"，提议陈炳兴采用先进的牛磨方法，以提高榨油功效。

于是，陈炳兴经过北上学习、实地考察，在榭麓镇北端选择了一块宝地，盖了炼油房、购置了榨油车，开起了油车坊。牛碾榨油，真可谓一牛之力可敌十人，功效极高，一天可以榨出菜油上千斤，由于牛牵的石磨又大又重，故而其出油率要比人工磨油高出三成。为了便于四乡村民购买，他还特地购置了一只小船，雇人到四周卖油，他嘱咐下人，遇到穷得买不起油的，还可以适当相送一两斤。从此，陈炳兴的油车坊名声大振，从广东卖油郎到江南榨油王，越来越受到四乡八村村民的喜欢。

4 年后的成化三年(1467 年),叶盛升迁为礼部右侍郎,再次返乡省亲。陈炳兴特意登门拜访,向叶伯伯禀告油车坊发展的情况。一个星期后,叶盛专程回访。看到陈炳兴的油车坊如此生意兴隆、人丁兴旺,又看到由于油车坊的兴旺,这里已成了一个像模像样的村庄,叶盛兴致大发,提议给这里取个村名。陈炳兴听了可乐了,当即请叶伯伯题村名,叶盛思索一番便说:“此地人丁兴旺皆因油车而为之啊!我看何不以‘旺油车’而谓之如何啊!”众人赞不绝口。从此,“旺油车”不仅名扬四乡,更为榭麓镇的繁荣带来了新的生机。

50 年后,至明正德年间,榭麓油车坊已传到了陈炳兴的孙子陈林根手上。这时,油车坊已增办了将去掉油的菜籽渣做成菜饼出售的业务,菜饼用水浸泡后,抛洒到庄稼地里,是上好的肥料。旺油车菜饼成了庄稼人的抢手货。

太平天国时期,榭麓镇因为战乱而遭到毁灭性破坏。旺油车油坊更是油浇烈火,被烧得一干二净。油车坊没了,但旺油车这个村子还在,旺油车及其村名的来历,让历代村民们感到自豪。

四、韵味无穷的榭麓文化

神奇的梅花鹿在造就榭麓经济繁荣的同时,也造就了韵味无穷的榭麓文化。在这里,吴侬软语、江南丝竹,别有韵味;在这里,烟波荡漾的湖泊侧畔和楼阁烟雨散发着康熙和乾隆皇帝数度南巡时的辉煌与荣耀;在这里,榭麓人怡然吟唱的田歌船曲,表达了水乡人家的绵长情韵;在这里,马家浜文化、崧泽文化、良渚文化都闪耀着经久不衰的千年光辉。

古代榭麓人以农为生,祈求风调雨顺是其农耕文化的主要内容,以敬畏天地为主要形式的民间农闲文化十分活跃,形式灵活多样。什么农历三月初三“小娘娘”出会呀、农历七月二十六日摇快船呀,什么元宵、中秋、重阳等传统节日赶集呀,别处有的文化活动这里都有。

说大书

榭麓人尤其爱听评书，当地人说是听“说大书”。一到农闲时节，茶馆店里就开起了书场。那时的书场不具什么规模，只是一人独自演说，先敲几下小锣，然后正式开演。从《三国志》到《水浒传》；从《七侠五义》到《包公判案》；等等，着实让那些茶馆里的老常客如痴如醉，赛过吃上一餐又一餐美酒佳肴。夏秋的晚上，榭麓镇的小巷深处、大树底下总是这里一堆、那里一群，人们静静地听那几个能说会道的老茶客在模仿着说评书，引得月光下笑声连连。

说起榭麓古文化的特色，不能不提陆家嘴角的丝竹班和梅家泾小娘庙出会给人们带来的愉悦。

关于陆家嘴角的丝竹班的艺术特色，在《风水宝地淀山湖》一书已有较为具体的描述；关于陆家嘴角的丝竹班的起源，书中说：“早在19世纪30年代(清道光年间)，村上有施家四兄弟，名叫施龙章、施凤章、施金章、施善章。他们都喜欢民族乐器，如二胡、大胡、笛、箫等，在家一有空闲，就要‘玩弄’这些乐器，甚至达到废寝忘食的地步。经过一年多爱不释手的操练，打下了坚实的基础。”该丝竹班的起源可以追溯到元朝中叶，期间有一段鲜为人知的动人故事。

元朝中叶，昆曲在昆山形成，碛墺寺高僧至讷演唱戏文，组建了戏文班子。戏班子里有个法号善文的小和尚聪明绝顶，所有丝弦家私他样样拿得起，深得至讷喜欢。凡周游四乡化缘，他必带二胡、琵琶、笛子，走到哪里，江南丝竹乐曲就演奏到哪里，常常因为他的演奏逗乐了所有村民，因而，回来时他的那只化缘袋子里银两最多。

一天，善文化缘来到陆家嘴角，坐在施家大滩渡边的一块大石头上演奏起来。他用琵琶演奏的是唐代名曲《春江花月夜》，这是一首根据唐代诗人张若虚的长诗而作的古典名曲。施家在陆家嘴角也算得上是一大户。此刻，正在厅堂品茶看书的施家老太爷施文标，忽然被一阵悠扬的琵琶曲吸引住了，那古朴和谐、雍容典雅、节奏平稳、音韵舒展的旋律，让施老太爷陶醉于音乐的氛围之中，仿佛在意境优美、韵律谐和流畅的乐曲中感悟到了音乐的妙机，他的思绪也被时而幽静恬淡、时而热烈奔放的曲调带入到大自然的胜景。“妙哉！快哉！是何人演奏如此美妙的乐曲啊！”听罢演奏，施老太爷拍案而起，当即差人将演奏之人请进堂来。一见是一位身穿蓝衫的少年僧人，他更是惊叹不已，当即吩咐下人赐予一顿斋饭。饭后便与善文聊起天来，当得知善文便是碛墺寺至讷和尚之门徒时肃然起敬。

别看老太爷常年住在这个不起眼的小村子里，可他在榭麓镇周边也是个有影响的人物。三年前，乘碛墺寺二月十九庙会之机，还专程拜访过至讷和尚，在那里与赵孟頫、陈众仲、钱惟善等文人墨客有过一面之交。因此，今天对善文小和尚更是亲切有加，彼此交谈不绝，待到日头快要西下之时，善文才磕谢拜别。老太爷吩咐管家拿出 50 两纹银相送善文，并拜托善文转达对至讷和尚的问候，还再三关照善文有空常去陆家嘴角走走。

此次相识以后，善文常去榭麓、陆家嘴角一带化缘演奏，一进施家大院更像回到家门一样无拘无束，也不知是啥缘分，施老太爷对善文简直像自己的亲孙子一样喜欢，善文临走时送点银两，施老太爷从不吝啬。

一年以后，村上几个小伙子向施老太爷提出要拜善文为师学点演奏丝竹的技艺，施老太爷二话没说，拿出银两差人买了乐器，还亲自跑了趟碛墺寺，向至讷提出邀请善文传艺之事。就这样，陆家嘴角丝竹班应运而生。

到明朝正统年间，施家江南丝竹班的演奏活动与民间的风俗活动密切结合，普遍用于婚丧喜庆、街会庙会、迎神赛会、新居落成等场合。周边各村凡有婚丧喜事，都请他们出场，使婚庆典礼热闹非凡，充满着浓浓的情意；让丧事葬礼隆重肃穆，陪伴死者家人走出悲哀的幽谷……

从此，陆家嘴角施家丝竹班名声远扬，近到石浦、歇马桥，远至青浦、朱家角，还有昆山周边的千灯、周庄、陆家浜等一些镇。邀请出场演奏者、拜师学艺者纷至沓来。

可惜，由于时代的变迁和江南战乱的波及，四乡百姓灾难深重，在食不果腹、衣不遮体的境况下，人们哪还有欣赏音乐的闲心啊！久而久之，陆家嘴角施家丝竹班日益萧条，至明末清初，后继乏人，其演奏技艺几乎失传。

清代嘉庆、道光年间，在经历了康乾盛世以后，江南各地日益富饶繁华起来，丰衣足食的江南百姓慢慢恢复了昔日的精神文化需求。此时，当年施家丝竹班的后裔施龙章、施凤章、施金章、施善章四兄弟，想到祖上曾有丝竹班名扬四方，就此摒弃岂不可惜，何不邀请名师加以点拨，让施家重振祖业，使丝竹班再展宏图。于是，他们请来了著名乐师张金发传授技艺。几年以后，施家江南丝竹班演奏的《竹街》《欢乐歌》《中花六板》《慢六板》《四合如意》《春花秋月》等曲目，又受到了广泛欢迎，“陆家嘴角丝竹班活转来了”，成了当时民间争相传诵的佳话。

榭麓古文化中具有浓郁个性特色的民俗文化是每年三月三举行的梅家泾小娘庙出会。农历三月三，是中国人古老的情人节。清明过后“三月三”，草长莺飞，柳绿花繁。江南大地万物萌动，春情勃发，春泥春草和桃花杏花混合在一起的馨香蜜味愈发浓烈地氤氲在水网乡间。一对对有情人在明媚的春光里，漫步原野、折柳相赠，表相爱之心、许终身之愿，何等浪漫，何等甜蜜！

小娘庙出会，距碛噢寺二月十九庙会仅半个月，表现出古代淀山湖宗教文化的繁荣和热闹；其形式大致与庙会相仿，也有烧香拜佛，也有社戏滩簧，也有游村扎肉。所不同的是，碛噢寺二月十九庙会是庆典观音生日，而小娘庙出会是人们成群结队陪伴菩萨“小太太”出行会亲人，故而不叫庙会叫出会。那么，人们陪伴的“小太太”是何许人也？为何要在三月初三陪伴她与哪些亲人相会呢？

明正德十六年(1521年)，明武宗驾崩，孝宗弟兴献王长子朱厚熜即位，立号嘉靖。嘉靖帝在朝45年，实是无心治国，因而无所作为。他最关心的只有两件事情，或者说两个问题：一是怎样才能最大限度地延长生命；二是怎样才能最大限度地玩够女人。只要能够实现这两个目标，即便把整个帝国都押上去，他也在所不惜。

在嘉靖二十一年(1542年)发生了“壬寅宫变”。十月二十日晚上，以杨金英、邢翠莲为首，十余名宫女决定谋杀嘉靖帝，而且差一点就用黄绫布把他活活勒死在床上。

弑君即是谋反，谋反是要灭九族的，也是要判剐刑的。事后，那些宫女几乎全被杀害，唯有一人在善人相助之下逃出宫来。那小女子姓郭名黛儿，因长得如花似玉，一年前被强行抓入宫中。逃出宫门，黛儿避开了层层追兵，经过近4个月的跋山涉水，终于回到了故土淀山湖。三月初二，来到地处道褐浦东岸、周家泾村西首的未婚夫家祖坟金家坟上，可怜那痛不欲生的黛儿姑娘，在磕拜了亡夫金易水和历代金家祖先之灵位后，又遭官兵追杀。黛儿一路奔跑，逃至梅家泾村西那座石桥北堍，但见桥上石板脱落，黛儿回头怒视追兵，大喊一声："易水哥，黛儿随你来啦！"纵身跳入梅家泾江中。

那么，这金家坟有何来历？原来，早在明朝正统十四年（1449 年）瓦剌军在土木堡俘获明英宗后，追近北京城，叶盛协助于谦调集重兵，在城外击退瓦剌军。金易水的祖父是叶盛的部下，因英勇善战、屡立战功被派遣到江西赣州府为官。后来，他随叶盛回归故里，来到江南，选中这块宝地，在此建起了金家神堂。据清朝陈元模《淞南志》记载："祠内奉金元六总管、七总管，金宅历代神像。"可见，金家列祖列宗均为朝廷命官。金易水从小随祖父、父亲在军中长大，当然也成了军中名将，哪知一年前在一次平定龙南盗匪的征战中以身殉职。朝廷派兵护送金易水灵柩来到江南安葬，一恶道士看着哭得死去活来的郭黛儿，顿生歹念："这黛儿堪称江南美女啊，何不弄进宫里呈与皇上！"于是，一个月后黛儿被强抢入宫，才遭来灭顶之灾。

27 年后的明隆庆三年（1569 年），海瑞锐意兴革，为民请命，再浚吴淞、白泖，同流入海，来到淀山湖畔，听得民间有黛儿投江之传说，大为震惊。海瑞对黛儿这个弱小女子如此不畏权贵、不惧强暴敬佩不已，当即有感而发："如此烈女，理当立传。"于是，民间有人在榭麓四周发起为这位"小娘子"建庙塑像。当庙宇落成，神像开光之日，人们还为金易水、郭黛儿举行了完婚仪式。仪式完毕，长长的队伍抬着一对"新人"的灵位，自梅家泾出发，经陆家嘴角、南榭麓、小泾、沈安泾、榭麓、杨湘泾，最后到达周家泾，将两位故人的灵位恭恭敬敬地放入金家神堂。年复一年，每年三月三，梅家泾小娘庙出会，小太太回祖坟与亲人团聚，成了榭麓周边各村的习俗。

后来，黛儿投江的故事代代相传，为人们所敬仰。有一年，时任江西赣州府龙南县令的王继孝回乡省亲，正逢三月三梅家泾小娘庙出会，得知烈女黛儿和金易水的动人事迹，又因金易水殉难于龙南，感激不尽。他特地携全家老少一行 60 余人，来小娘庙磕拜，并在此作了动人演讲。他说："吾王氏宗族英才辈出，卓尔不群，皆因孝悌为先，忠信为本。"又说："何谓忠：捍卫国家，不容有违背涣散之行为。何谓孝：重孝悌、信仁义，承祖训之道，树君子之风，行仁义之举。忠孝楷模当为易水、黛儿也！"王继孝此言此行得到了人们的高度赞颂。自此，淀山湖地区不管是当地的名人绅士，还是在外为官的名臣，都会来此磕拜行礼，以弘扬忠孝理念。

五、徽商奇才汪思聪

榭麓，古代商贸重地，以其令人瞩目的优势吸引着四方客商。清朝康熙年间，徽商汪思聪定居榭麓，给榭麓带来了新的发展生机。汪思聪是何许人？他为什么要来榭麓？他给榭麓带来了哪些生机？

汪思聪，字德达，号启竹，祖籍徽州新安，父亲专做徽州笔墨宣纸生意，汪思聪自幼随父亲来到江南石浦镇居住，12 岁开始跟父亲学做文房四宝生意，15 岁独自改行做茶叶生意。几年以后，发展成为在石浦、榭麓一带小有名气的徽商奇才。20 岁与榭麓姑娘何秀英成亲，定居在榭麓镇。

婚后，汪思聪在榭麓镇上开了一爿茶庄，由妻子照看，自己常常起早摸黑，徒步来往于朱家角、枫泾一带经商。他吃苦耐劳，聪明诚信，短短两年，小夫妻俩生意做得红红火火，已成为榭麓镇上小有名气的富裕之户。

一日晚上，秀英试探着对汪思聪说："你常跑角里、枫泾那一带，我听说那里有好多布庄，你能否带些我织的布去卖卖看，如果能行的话，我们何不再做点棉布生意，一来我们可以多一点生意路子，二来榭麓姑娘姐妹们织的布又多又好，将这里的布推销出去，也为榭麓人做一件好事，让邻居们慢慢富裕起来，只是这样一来，你会辛苦得多，不知你……”“好啊！辛苦嘛，没事，我挺得住。”没等秀英把话说完，汪思聪一口答应。

第二天一大早。汪思聪带上一捆布料，来到枫泾镇上，走进一家名号为“锦帛”的布庄。布庄庄主展开汪思聪递给他的那捆棉布，只见一龙一凤栩栩如生，大为震惊地说：“如此佳布，为吾平生之初见也！你自何处得来？”汪思聪道：“乃我家娘子亲手所织。”

布庄庄主急忙把汪思聪引入厅内，与其品茶聊天。那老板介绍说：“自元代，松江妇女黄道婆从海南引进和改进种植棉花与纺纱织布的技术后，受到江南地区农民的欢迎。江南东部农民便易稻植棉、纺纱织布。由于棉布较麻布细洁，比丝绸便宜，为一般百姓所乐用，有广阔的市场前景。因此涌现了一批以棉花和棉布购销为主的市镇，如松江的七宝、上海的南翔，以及太仓的鹤王、宝山的罗店等镇布庄林立。你榭麓盛产佳布，开拓棉布市场定当前景看好啊！”

自此以后，汪思聪在做茶叶生意的同时，兼做棉布生意，榭麓棉布源源不断地运往枫泾和朱家角，上海、青浦的客商也开始来到榭麓，拜托王先生帮助采集棉布，榭麓镇呈现出空前繁华的景象。

汪思聪是一位十分重情谊的商人，第二年开春，他专程去枫泾拜谢“锦帛”布庄庄主。在那里，他看到一种比榭麓棉布更为细结、更为柔软的面布，甚为惊喜。布庄老板告诉他这是松江贡布，自上海“丁娘子”布庄采购而来。

回家后，汪思聪详详细细向妻子介绍了松江贡布，听得何秀英羡慕不已。秀英也是个聪明好学之人，当下提出何不去学学纺织贡布的技术。

半个月以后，汪思聪在“锦帛”布庄老板的陪同下，来到上海方浜中路的“丁娘子”布庄。经过一番考察，汪思聪了解到：丁娘子，明松江府华亭县（今上海松江）人，居东门外双庙桥。是继元代黄道婆之后，松江又一位纺织改革家，其声望与黄道婆齐名。丁娘子擅长弹棉织布，弹棉技术极为熟练，操作时花皆飞起，用以织布，最为精软，人称“丁娘子布”、“飞花布”。松江贡布中，以“丁娘子布”为上选，多供宫廷使用。用之制衣，轻软保暖，备受欢迎。因此，四乡妇女纷纷学习弹制。《上海县竹枝词》中有：“丁娘子布号飞花，织纳纹工出下沙。一种斑斓如古锦，产从上海也名家。”杨光辅在《松南乐府》中把“丁娘子布”与露香园顾绣相提并论。飞花布还有一个名字叫“三梭布”，著名明代文人陆容在《菽园杂记》中记载：“尝闻尚衣缝人云：‘上近体衣，俱松江三梭布所制。’”翻译成白话就是：“我听给皇上做衣服的人说过，皇上穿的内衣，都是用松江产的三梭布做的。”

但等清明一过，经“丁娘子”布庄庄主的介绍，汪思聪带着妻子秀英和两位榭麓姑娘专程来到华亭县东门外双庙桥拜师学艺。从此，松江贡布在榭麓镇落户，榭麓佳布的质量、声望和价格上升到了新的层次，纺纱织布成了榭麓妇女农闲时的主要活计，太仓棉花也源源不断运往榭麓。

汪思聪做生意，一是信守诚意，不计盈利厚薄；二是心牵当地百姓，“尽己所能，惠及百姓”。这是他的经营宗旨，他的为人已为榭麓人所折服。康熙二十八年（1689年），苏州、青浦、松江一带风调雨顺，春熟喜获丰收，旺油车陈家油车坊陈屯的菜籽油不计其数，急煞了陈氏老东家。农历十月的一天，陈老东家特地到榭麓镇上找到汪思聪，意欲请汪先生帮帮忙，看看能否帮助销售一部分菜油。说来也巧，那天远道而来的汪思聪本族堂兄汪思明也在。汪思聪盛情款待，非留陈老伯共进午餐不可。陈老伯说明了来意，不说则已，一说实实在在让堂兄汪思明喜上眉梢。原来，这年老家新安自五月至九月滴雨未下，许多地方甚至河水干涸，新安本来就粮油不足，遇上大旱更是饥荒连连，此次，特来江南，也正想拜托堂弟汪思聪采集一批粮油回家。如此一拍即合，两人均如释重负，开怀畅饮。饭后，陈老伯陪同汪氏两弟兄实地考察油车坊，在汪思聪的撮合下，合作经营菜籽油的有关事宜一一商议停当。十天后，几艘大船驶过太湖又经淀山湖直抵朱家角漕江码头。陈家油船则往来于旺油车与朱家角之间。自此，淀山湖与新安县一条水上粮油之路就此开通，每年经汪思聪积极筹划，从水乡江南运往徽州新安的粮油不计其数。

汪思聪生意越做越大，名声也越来越大，当然也难免遭到地痞流氓的刁难作梗，及游手好闲者的敲诈勒索。康熙三十一年（1692 年），秋熟登场，朱家角一恶霸买通青浦县令，以私运粮油之罪名将汪思聪抓入青浦大狱。榭麓镇 200 多户村民联名上书，并在青浦县衙门外静坐请愿，共同证明汪思聪并非奸商，迫使青浦县令不得不以五十两黄金为条件，释放汪思聪。汪思聪对乡亲们的义举感激不尽，他常对妻儿说："榭麓乡民乃吾再生父母，吾辈理当切记，知恩图报啊！"

康熙四十六年、四十七年（1707 年、1708 年），苏松大地连续遭受干旱、洪涝灾害，榭麓及周边村庄百姓苦难重重，汪思聪以开仓济粮、救苦救难之善举报效乡里。清陈元模《淞南志》载："汪思聪一生慕义乐善，以济贫扶弱为乐，给乡里穷苦百姓夏季施予帷（蚊帐）、冬季施予絮（棉被）、疾者施予药、死者施予槥（棺材），给贫困人家以钱粮救济，并坚持始终。丁亥、戊子两年，吴淞江以南相继发生水旱灾害，百姓饥馑相望。朝廷派官船送粮赈灾，而官粟不及，汪思聪家开仓济粮，使无数灾民得救。"详尽地描述了汪思聪乐善好施的慈善义举。

第五节　明清老街——杨湘泾

杨湘泾镇，现为淀山湖镇政府所在地。

杨湘泾老集镇，在明代就扬名于江南诸多古镇之中。康熙九年（1670 年），盛符生、叶奕苞编纂的《昆山县志》中提到的杨及泾镇，就是现在的杨湘泾镇。

杨湘泾老街——西大街，东西向，位于杨湘泾市河北侧，320 米花岗岩石板铺就街道，宽 2～3 米，保存完好的石板街，把沿街开设的商铺分

杨湘老街

成上滩、下滩，街道两侧至今仍保留着清末民初的民宅建筑，许多地段两旁砖瓦木结构的楼房，形成“一线天”的景观，其中建有豪宅大院，至今仍有石驳河滩涂遮掩在傍水屋中的奇观。随着区、乡政权在杨湘泾的建置，这里逐步成为淀山湖东部地区政治、经济、文化的中心。

民国时期，老街两边的民宅、店铺错落有致，各种南北杂货、糖果食品、小吃饭店、诊所药店、农具典当、茶馆渔行等大小店铺达 130 多家；至新中国成立初，这里已有规模较大的稻米加工厂、轮船码头、救火会等公益设施。一个小镇有水仙庙、善堂庙、佛阁等宗教场所，镇内还有九条蜿蜒曲折的小巷，不但幽深恬静，而且蕴含着古朴的气韵。如今那些明清风格的古镇小巷依然如故。

杂货店

改革开放以后，杨湘泾作为淀山湖镇政府所在地，坚持以保护老街与发展新街并举，大力推进小城镇建设，使小镇一跃成为中国二十一世纪示范镇。随着新时期的不断建设和改造，如今杨湘泾镇环境更加优美、城镇建筑欧陆格调的特色更浓、镇区面貌更加亮丽。

然而，这条古朴的明清老街，在不失昔日繁华的同时，其古朴的老街、弯弯的小桥和幽幽的小巷，时时会激起人们对古老历史的追忆。

一、李庸义建大华桥

一提起杨湘泾，人们自然而然就会想到道褐浦桥（当地人习惯称大华桥）。虽然大华桥已被拆除快30年了，但淀山湖人的心中仍然保留着对大华桥深深的眷恋，对兴建该桥的李庸有着无尽的思念。

大华桥，位于杨湘泾镇东首，横跨道褐浦上，桥身长40米、宽4米，是杨湘泾最古老、最壮观的石拱大桥，其设计之精美、结构之坚固，堪称江南古代拱桥中不可多得的精品杰作。

据陈元模《淞南志》记载，大华桥为碛塽李庸建于明洪武六年（1373年），清嘉庆二十五年（1820年）重建。

如今，老年人提起大华桥，还会在记起她那美丽雄姿的同时，说起当年建桥时的一些传奇故事。

相传明朝洪武四年（1371年），皇帝诏告全国，行乡饮酒礼。县令毕福奉诏，每乡头目以大户率有知识者和民众于申明亭读《律戒论》，饮酒致礼。李庸率先行大礼于乡里老者。是年最长者为120岁，坐于首席，接着80、70年龄者依次入座。按照礼法，宾主相互敬酒，周围前来观看者人山人海。有太宰余炘作序的行乡饮酒礼诗卷，记载了此次规模极其盛大的乡饮酒礼。明太祖朱元璋特赐玺书慰劳，备受皇恩的李庸因此感激不尽。

李庸虽出身富豪之家，但因长期居住在碛塽村，与村民接触颇多，对普通村民的疾苦十分了解，因此有很强的同情心，他立志以自己的义举造福乡里百姓。

是年的一个秋日下午，李庸忽然听说从南浜到杨湘泾的一条摆渡船，在暴雨中被龙卷风掀翻在道褐浦里，船上十几人全部落水，四人被淹死（其中还有两个不满10岁的孩子）。惊闻噩耗，李庸心痛欲裂。第二天，李庸默默地来到出事地点实地考察，登上一块高地，举目四望，但见东面村连着村，处处炊烟缭绕；西面是日益繁荣起来的杨湘泾镇。而眼前这条长达20~30里的道褐浦，终年奔腾不息，河上没有一座比较稳固的桥梁，出事地点的道褐浦渡口成了河东人上镇的唯一通道，风和日丽没啥事，一到狂风大作，过河人谁不心里捏把汗啊！李庸当下暗暗思忖：一定要在这里建座石桥，以利村民过河。

在此以后的半年里，李庸走访造桥大师赵松山，委托他桥梁设计、经费预算等事宜。由于大华桥规模盛大、设计前卫，故而造桥成本较高，李庸虽属大户人家，但即使倾尽库内银两，仍难以承担全部费用。

听说碛礇李庸要在道褐浦上造桥，南浜村上有位70多岁的、人称童阿婆的老人，提着两篮鸡蛋到杨湘泾镇上卖，说是这两篮鸡蛋本想为孙子过10岁生日，用来宴请亲戚邻居的，没想一场大风把渡船掀翻，夺走了小孙子的生命。她听说李庸要为民众造石桥，自己家里穷，无力相助，便把鸡蛋卖了，为造桥献绵薄之力。

这件事不知感动了多少人，消息一传开，道褐浦东所有村庄都掀起了捐款的热潮，那些大户人家大多成了村里的领头羊，李庸被感动得几个晚上睡不着觉。

来年一开春，新桥正式开建，松山师傅将工程队一分为三。第一组负责搭建拱形洞框架。第二、三组负责砌叠两边的桥头堡。师傅们既手凿顽石，又肩扛大石，辛苦极了。经过一年多的紧张施工，两座高耸的拱桥头堡便矗立在江河两边。

接下来是新桥合龙封顶的关键工程。松山师傅亲自挂帅，挑选了几位精兵强将同他一起攻关。他从巨石堆里精选了一块超吨重的方形大石，吩咐工匠将其打凿成大桥合龙封顶的龙门之石。松山师傅对桥顶拱洞封口进行反复丈量，按此尺寸把龙门石牵引到桥头堡上。至此，万事俱备，只等合龙良辰到来。

洪武六年(1373年)农历二月十二日，也是百花生日那天，正是大华桥合龙封顶的大喜之日。这天天气晴朗、风和日丽。午时将至，工地上早已人潮涌动，一片沸腾。李庸早早到达现场，造桥工匠个个摩拳擦掌，来自四乡观看的民众把两岸桥头围得水泄不通。

午时三刻，新桥合龙仪式开始。顿时，桥头鞭炮齐鸣，鼓乐震天。李庸带着各村有名望的长者绕场一周、焚香点烛、叩首跪拜。一拜苍天，二拜土地，三拜祖先，祈求天帝、地神、祖先保佑新桥顺利合龙。紧接着，李庸与松山师傅一同启动吊杆，将系着红绸的龙门石往拱洞口缓缓放下。

见大桥已成功合龙，道褐浦两岸顿时欢腾起来，人们的笑声、掌声和呐喊声经久不息。

然而，松山师傅却不然。俗话说："外行看热闹，内行看门道。"松山师傅仔细检查了龙门石合龙封顶的状况，发现龙门石比原设计小了几分，没与拱门口石头紧紧相扣，安全隐患显而易见。松山师傅看在眼里，急在心里。旁边的几位师傅也看出了问题，但一时想不出可行的对策。令松山师傅想不通的是：明明是他量的尺寸，龙门石怎么会变小了呢？松山师傅曾建造过好几座石拱桥，这样的情况却是第一回碰到，他与其他师傅一样总觉得此事有点蹊跷。

松山师傅问大家，有没有好的办法来补救？有位方姓师傅表示："重新打凿一块龙门石，把这一块换掉！"

正当松山师傅沉思时，突然从正南大路上踱来一位银眉白发、长须飘逸的老道，只见他步履轻捷如云地抵达桥头。松山师傅顿时从沉思中惊醒。

"不必，大可不必！阿弥陀佛！"老道听说要重新打凿一块龙门石，连连摇手阻止。

松山师傅对这位突然到来的不速之客好生奇怪，心想：那老道定有来历，不可小觑。便对那老道说："大师到此，定有高见，还望多多指教！"

老道双手合十，口念禅语："善哉！善哉！此乃蛟龙之脉，龙门石若以'龙骨'镶之，则为完美之举也！"

松山师傅听得真切，心中豁然开朗，便向大师鞠躬道谢："多谢大师指点！请问大师'龙骨'来自何方？"谁知转瞬间，那老道已飘然离去，不知去向。

松山师傅听了老道的话，又惊又喜，立马与李庸去碛墺寺向高僧文湛大师求教，并把刚才见到老道的经历告诉了他。文湛大师听后不胜欣喜，叹曰："万幸！万幸！仙道助我，大业必成矣！"

松山师傅想到“龙骨”之事，迫不及待地问道：“大师，去哪里能找到‘龙骨’？”

文湛沉思片刻道：“到苏州寒山寺向真善大师请教，也许有望。”

松山师傅说：“好，我明天就去拜访，乘此机会带些石材回来，大师你看如何？”

“好啊，祝你顺利！”文湛大师表示赞赏。

第二天，松山师傅安排好工地活计，就抽调三位师傅，备好一条六吨大船，请了两个船工，一清早就开船往苏州驶去。

这天傍晚，船行至苏州，停泊在寒山寺桥边，并很快见到了真善大师，向他请教寻觅“龙骨”之事。大师回应道：“真龙未见，龙迹藏于山中，却不可取。”松山师傅谢过真善大师，辞别寒山寺回到船上歇息。

翌日清早，松山师傅叫李师傅陪同，一起前往灵岩山、天平山寻宝，经过一天半时间的跋涉寻觅，在一位老采药师的指引下，在一处山崖上果然找到了龙的踪迹——龙化石。他们相信一定能找到“龙骨”。可山里人都摇头说：“没有见到过‘龙骨’。”而那山壁上的龙化石，又怎能取回去呢？只能望石兴叹。松山师傅想起了真善大师的话：“真龙未见，龙迹藏于山中，却不可取。”他这才明白，不可能找到“龙骨”了，便与李师傅空手回到了船边。只见两位石匠师傅已把石头装满大船。吃过中饭，松山师傅看到天气很好，吹的是西北风，回去的话，是难得的顺风顺水。于是，他立即吩咐船工开船返航。

船过澄湖时，风力不大，扯的是满樯篷，船头浪花，哗哗直溅，船速平稳适中。到了下午 3 点左右，船已行至淀山湖中，此时，风力突然加大，船像脱缰的马飞驰起来，水花都溅上了船头。只听得在后梢把舵的船工急得一边跺脚一边大叫道：“不好了！‘龙骨’进水，快减篷！”说时迟，那时快，在船头上的那个船工迅捷把帆篷下了半截，顷刻船又恢复了平稳。

刚才船工师傅的一声大叫，“龙骨”两字，松山师傅听得特别刺耳、特别心动，心想：这是我梦寐以求的宝物啊！想不到竟在船上被我意外找到了，真是太庆幸！于是，他向船工师傅虚心请教："船上哪一出是'龙骨'？这'龙骨'有什么用？"

船工师傅耐心地告诉他："'龙骨'是一条船的脊梁，是支撑其他部位的骨架。船头和船梢两边四根结实的木杠便是'龙骨'。"

松山师傅若有所思：这"龙骨"莫非就是木尊啊？对啊，原来那南山仙道提醒我用木尊让龙门石与龙门口紧紧相扣。

当满载而归的大船驶进碛壊村时，松山师傅连忙拉着李庸再次拜见文湛大师，把见到真善大师、找寻"龙骨"及在船上找到"龙骨"的经过详实地说了一遍，还说了自己的想法。大师哈哈大笑："此法绝妙也！"夸赞松山师傅找到"龙骨"不虚此行，为建桥立了大功！

几天后，松山师傅根据建桥需要，多次走访周边村庄，寻觅质量最优的木材做最坚实的"龙骨"，相中后购得即带回工地。

启用"龙骨"那天，工地上比往常热闹许多，李庸邀请文湛大师及一些高僧都到场祝贺。"龙骨"启用仪式过后，松山师傅与同行们齐心协力把龙门石稍稍吊起，四周镶上若干加工好的"龙骨"（木尊），随着松山师傅一声令下，龙门石便稳稳地落榫于拱门口，恰与拱洞四周的石头紧紧相扣，毫厘不差。造桥师傅们仔细检验后，无不拍手叫好。有位师傅感叹："珠联璧合，无懈可击。"文湛大师也感动不已，赞曰："龙门石与'龙骨'刚柔相济，相得益彰。"松山师傅听到大家称赞，两眼笑成了一条缝。

1373 年秋，大华桥胜利竣工。从此，一座崭新的石拱桥耸立在杨湘泾镇东首，横跨于道褐浦上，为百姓的平安和杨湘泾的繁华立下了不朽的功绩。

李庸造大华桥的义举惊动了一个人，他就是家住度城的王伯均。王伯均是王鉴的五代先祖。正当杨湘泾镇附近百姓为大华桥的落成欢欣鼓舞时，王伯均却感到愧疚和自责。

他暗自思忖：想我王氏自从太原三槐堂迁来度城已有200多年，承蒙历代祖先的勤奋，当今王氏在昆山淞南初具盛名。作为王氏一家之主，我为什么没想到为乡里黎民百姓做点事呢？大华桥怎么就让李庸抢先造了呢？

那天晚上，王伯均梦见一位先祖提醒他，你有如此高远的志向，实乃我王氏之荣耀，但不必自责，亡羊补牢为时不晚啊。

两年后，王伯均几经努力在杨湘泾西首建造了陆虞浦桥。元朝末年以后，杨湘泾镇得益于道褐浦、陆虞浦两条黄金水道而日益繁荣起来。大华桥和陆虞浦桥的建成为未来杨湘泾镇的发展打开宽敞的通道。以后，经过几百年的发展，杨湘泾由13座石桥连接成片，有着浓郁的明清风情格调的江南小镇开始盛名远扬。

二、汪之镳义举办学堂

走进那座充满现代化气息的淀山湖中心小学，人们一眼便看到面对校门的四个大字“立德正基”。学校领导介绍说：正基是学校创办者最

正基

初起的校名，大家觉得正基这个名字好，有为学生未来发展扶正、夯实基础的含义，揭示了基础教育的本质任务，所以前几年学校决定在正基前面加上立德，作为学校的校训。听完介绍，大家齐声赞扬此校训提得非常贴切，更对学校的创办者肃然起敬，尤其是透过当时的“正基”这个校名，仿佛看到了一位德高望重的仁义之士正在挥毫书写着。

那么，淀山湖中心小学是谁创办的？创办于哪个年代？创办者又出于怎样的思考为学校起这个名字？

淀山湖中心小学

据历史资料查证，淀山湖中心小学，清光绪三十一年(1905 年)八月，由邑人汪之镳等四人，以庙田、义塾田的租息，利用杨湘泾善堂庙后埭四间空房创建了正基学堂。

辛亥革命胜利后，正基学堂改为杨湘泾镇初等小学。民国四年

(1915年),改名为杨湘泾国民学校,民国二十一年(1932年),改为杨湘泾中心小学。新中国成立后曾改为杨湘中心校、淀东中心校,1994年随镇名的变更而更名为现在的淀山湖中心小学。

汪之镳是榭麓汪思聪的后裔。太平天国以后,曾经的繁华之地榭麓毁于一旦。榭麓汪氏逐步迁徙至杨湘泾镇上。清康熙五十四年(1716年),汪思聪出资建造了中市桥,沟通了小镇市河南北的通道,使杨湘泾加快了发展步伐。至清朝末年,汪氏人丁兴旺,已成为镇上的望族之一。汪之镳为人诚恳热情,又因他牢记祖训、乐于助人而成为镇上一位德高望重的人物。

光绪三十年(1904年),汪之镳的长孙已到该上学读书的年龄了。那年开学前夕,汪之镳带着小孙子高高兴兴地走进镇上唯一的一家私塾。私塾先生名叫张礼甲,人称甲先生,见汪之镳登门为小孙子求教,面露为难之色。原来甲先生的私塾里只能容下12个学生,两天前早已报名满额。"这样吧,"一阵思索之后,甲先生说:"我有个远房亲戚的孙子也是刚来报名上学的,我跟他打个招呼,不妨让他推迟一年上学,你家小宝贝照读就是啦。"汪之镳是何等人也,听说要把别人家孩子读书的位置让给自己的孙子,他说啥都不同意。他还说:"如此不仁不义之举,我汪门列祖列宗都不依啊!"

几天后的一个晚上,汪之镳做了一个梦。梦见先祖汪思聪(汪之镳只在祖传神像上见过,小时候爷爷告诉他是汪家的祖先)向他走来。赞扬他宁让孙子晚读一年书,不赶他人出私塾的做法,传承了汪家厚德仁义之传统,又对他说,小镇人丁兴旺,私塾已不能满足百姓所求!最后,提醒说:现在外面有人兴办新学,此举足以满足后辈上学之需求,你不妨学学人家之为呀!

梦中醒来的汪之镳惊喜万分。是啊,早就听说淀山湖边的金家庄三年前已办起了新学,那里有近百名小学生上学,深受乡民欢迎。我怎么就没想到啊，看来真是不切自身利、不思利他人啊！

第二天，汪之镳早早来到好友童锡家，告知孙子上学遇到的难题，以及昨晚之梦和自己想在镇上办学堂的想法。童锡闻之大喜，两人一拍即合，用过早餐便步履匆匆前往金家庄考察办学状况。

一到金家庄蒙养公学，只见不大的一片操场上，几十个孩童跳绳的、踢毽子的、捉迷藏的……汪、童两人大开眼界。在金家庄，他俩听老师上课，看孩子们读书写字，向校长、老师询问课程设置、教学活动、学费收取和老师薪水等有关情况，还走访了村里有名望的人和部分学生家长。直至日落西山，才返回杨湘泾镇。

金家庄之行，坚定了汪之镳创办学堂的信心和决心，加上童锡的支持和配合，各项筹备工作得以有序推进。

第二年夏季，以汪之镳、童锡、李世琛、顾焕章等四位有识之士的名义，在镇上正式发起捐资办新学堂的宣传活动，并得到了镇上居民的广泛支持。八月底，一所以杨湘泾善堂庙后棣四间瓦房为教室、由李林思（杨湘泾双娄人）、张惠中、张惠华（榭麓人）等4个教师和2个教学班40余名学生组成的新学堂正式开办。学堂创办的所有经费由汪、童、李、顾四人捐资。

开学后，四人就学堂有关问题在听取各方面意见的基础上，进行了协商和研究，形成了以下决定：一是以庙田、义塾田的租息，解决学校日常经费和老师的薪水。二是聘任李林思为学校校长。三是一所学校，该有一个好的校名，许多热心人士献计献策，提出了“杨湘公学”、“杨湘泾小学堂”、“湘溪学堂”等校名，还表述了所起校名的含义。汪之镳觉得这些校名都不够理想，他要大家不仅围绕这是杨湘泾的一所学堂，而且要围绕为啥办这所学堂去思考，提出一个好的校名。他还说，你们看人家金家庄学堂的名字多好，“金家庄蒙养公学”不仅告诉人们这是一所在金家庄的学堂，“蒙养”两个字多好啊！启蒙、养育表明了他们办这个学校的目的。

汪之镳一启发,打开了大家的思路,于是又一批校名提了出来。最后,李林思校长提出的“杨湘正基学堂”的建议得到了大家一致认同。李林思说:“我参与了学堂筹办的全过程,我非常理解四位长辈创办学堂的良苦用心,我们的孩子将来都要长大成人,今天的教育就要为他们以后的成长打好知识的基础、为人的基础、办事的基础。这个基础不仅要牢固,而且要正确啊! 作为校长,我会和老师们为此而努力的!”

人才辈出杨湘泾,百年正基铸辉煌。经过了百年沧桑,今天的淀山湖中心小学正以不断开创的教书育人成果,实现着学校创办者以“正基”为校名的初衷。

第三章 名刹的钟声

碛礇寺——福严禅寺，同样的一座寺院，却有着俗和雅两种叫法，已显得很不平常。碛礇寺的历史仅次于“中国第一古刹”白马寺，在江南则是名列第一的千年古刹。

1 900 多年前建造在邙山、洛水之间的洛阳白马寺，是佛教传入中国后的第一所官办寺院，被尊称为中国佛教的“释源”和“祖庭”，有“中国第一古刹”的称号。

坐落在淀山湖畔的碛礇村碛礇塘边的碛礇寺院，因建造时间之久——距今已有 1 800 多年的历史，寺院规模之大——占地 3 000 多亩，房屋 5 048 间，僧众超过 4 000 人，寺院规格之高——三国时期吴国开国国君吴大帝孙权亲自建造等重大原因，被称为“江南第一古刹”。

那么，为什么要在淀山湖畔的碛礇村碛礇塘边建造这样一个规模宏大的寺院？三国时期吴国开国国君吴大帝孙权与碛礇寺又有着什么样的关系？碛礇寺虽比杭州的灵隐寺早了 100 多年，后来，是什么原因导致其香火中断呢？这些复杂而深邃的历史之谜一直吸引着人们怀着浓厚的兴趣去深入探究。

第一节 江南古刹称第一

东汉明帝年间，佛教从印度传至中国，至今已有两千多年的历史。但在当时的江南，尚无寺庙。三国孙吴赤乌年间，吴国开国国君吴大帝孙权在淀山湖镇碛礇村碛礇塘边亲自建造的碛礇寺，是江南第一寺院。

一、禅声佛语理想地

碛礇寺的正式名称为福严禅寺。陈元模在《淞南志》中记载："福严禅寺，在碛礇塘西，相传建自吴大帝赤乌年间。宋祥符中敕赐寺额，宋南渡后重修。殿堂上书吴郡守孙汝权同妻钱玉莲喜舍。"

从时间上看，碛礇寺比 1 600 多年前印度僧人慧理于东晋咸和三年(328 年)建造的杭州灵隐寺早了整整 100 多年，杭州灵隐寺的建筑样式不过是模仿碛礇寺而已。当时，碛礇寺在江南享有"天下二只半寺有其一"的美誉，而杭州灵隐寺充其量只是其中的半只。

碛礇寺之所以落户在淀山湖，与碛礇村边的一条充满灵气的碛礇塘密切相关。

碛礇塘东接道褐浦，西枕度城湖，绵延几里。它虽然极其普通又名不见经传，却是一条清澈美丽而又具有神秘色彩的河流。从空中鸟瞰，碛礇塘的形状犹如一条跃跃欲飞的神龙。碛礇塘以涓涓细流滋润着两岸的肥田沃土，为淳朴的村民孕育着一季又一季丰收的喜悦。碛礇塘还是一条有着深厚历史文化积淀的河塘，在短短几里的流程中，碛礇塘上横跨了五座雄伟精美的古代石拱桥：自西往东依次有度城桥、善渡桥、白龙桥、小香花桥和崇福桥(又名大香花桥)。这五座石拱桥大小不一，形态各异，造型优美，功能多样。从中可以看出建造者精湛而又别具匠心的高超技艺。

碛礇塘四季都有美丽的景色。春天，碛礇塘像一块十分明亮的镜面，在它的上面映照着高深莫测的苍穹和五彩缤纷的云影，在波光粼粼的河水与雾霭蒸腾的水气交相辉映之中，隐隐约约地显露出一道道神秘的佛光。夏秋季节，碛礇塘成了一幅色彩斑斓、绚丽多姿的大油画，到处盛开的荷花散发出一缕缕沁人心肺的幽香，衬托着它的是密密层层的绿荷叶，绿荷叶上常常滚动着晶莹剔透的水珠，像一颗颗珍珠令人赏心悦目。冬天到了，碛塽塘恢复了宁静。春节前后，碛塽塘总要结上一层厚厚的冰。碛塽村的孩子们经常在上面打铃角、打玻璃弹子，碛塽塘成了他们欢乐的活动场地。

碛塽村村民们的劳动和生活都与碛塽塘密切相关，碛塽塘成了碛塽村的生命源泉。

东汉时期，有个名叫济世的西域高僧来到江南水乡。有一天，济世和尚云游到淀山湖的碛塽塘畔。碛塽塘以及周边的特殊地形地貌让他惊呆：放眼望去，只见此处江河密布，纵横交叉，天地连接，水天一色；大小田圩错落有致，巧妙组合，不论是水上或地上，到处都是轻雾弥漫，紫烟升腾，瑞云缭绕，祥气笼罩。朦朦胧胧之中，似有一条条龙脉若隐若暗，一朵朵祥云飘忽不定，一道道佛光隐隐闪烁。济世和尚兴致勃勃，不由移步高地，极目远眺。顿觉天高地远，视野无际，淀湖风光，尽收眼底，仿佛青松（青浦、松江）、嘉湖（嘉兴、湖州）及八百里太湖全在此一览之中。

济世和尚看过大地，又观天象，不禁发现此处中午时分的日影非同一般。他便用双手仔细比划着测试，测得的日影正好是一尺五寸长，而这正是《周易》描述的大地的中央。这里真是难得的禅声佛语的理想场所啊。济世和尚徜徉其间，久久不愿离去，不由自言自语地惊叹："此乃风水宝地，是我久久寻觅的禅声佛语的理想之圣地矣！"

自从济世和尚看上这块风水宝地后，他连续几天在碛塽塘畔转悠。有一天，他循着一阵阵木鱼声，来到了当地首富张员外家。听人说，张员外有良田四千多亩，家产百万。张员外的刘氏夫人一连生了六胎都是女儿。娶了一房姨太太，又生了两个女儿。求子心切的张员外听说济世和尚颇有来历，便将他邀进张府。济世和尚听人说，张员外心地善良，为人大方，只要村上人家碰到急难之事，他总会慷慨解囊相助。两人很投缘，谈话间，济世和尚得知张员外有为求一子、宁舍一半田产的心愿，就要求张员外乐做善事，舍田建寺，以求好报。张员外一口应允。不久，张员外便耗资建起了寺庙。此寺因建在碛墺村碛墺塘边，又因规模较小，故名叫碛墺院，是碛墺寺的前身。

说来也真灵验，在碛墺院建成的第二年，张员外的夫人刘氏和姨太太果然各得一子。消息传开后，碛墺院能让心诚的人心想事成的名声就广为流传，从此香火旺盛，善男信女纷纷到寺内烧香拜佛。人们又说，寺院内的祈嗣井水有包治百病的功效，每天吸引着众多人来此打井水，几乎井水天天都被吊空。碛墺院名扬江南水乡，一时盛况空前。

二、吴国太赐建碛墺寺

碛墺寺是江南第一古寺，最好的见证除了陈元模的《淞南志》等历史文献记载外，还有碛墺寺那棵经历着千年风雨而大难不死的古银杏树。据新华网江苏频道南京2004年8月6日报道，江苏省第四次全省古树名木普查结果揭晓，江苏共有百岁以上的古树名木5 268株。为此，江苏省建设厅正式向社会公布一级珍贵古树名木名录，旨在唤起全社会对“活文物”古树名木的保护意识。据江苏省建设厅园林处介绍，江苏省正式向社会公布一级珍贵古树名木名录，此举在全国尚属首例。20多年来，江苏省先后4次组织对城市古树名木进行普查，4次普查规模不断扩大，加上江苏省城市空间不断扩大，所以更多的古树名木被发现。其中最老的“寿星”是昆山淀山湖镇碛墺村的银杏，已有1 700多岁。据说是三国时期孙坚之妻吴国太亲手所栽。

东汉末年，灵帝驾崩，董卓擅揽大权，横行于京城，各地纷纷兴兵讨伐董卓，孙坚也同时出兵。孙坚征讨荆州刘表，刘表派黄祖将孙坚阻击于樊、邓一带。孙坚将其攻破，并追杀过汉水。然后围攻襄阳，孙坚单马行岘山，察看地形。不料，被黄祖军士射杀，时年37岁。对此，许多史书都有记载。《三国志》说，孙坚看地形“单马行岘山，为祖军士所射杀”。《资治通鉴·典略》中写道：“祖败走，窜岘山中。坚乘胜夜追祖，祖部兵从竹木间暗射坚，杀之。”孙坚亲冒矢石一马当先，被追谥为“武烈”。

孙坚死后，18岁的儿子孙策继承父业，开疆辟土。七八年里，拿下江都六郡。英武的孙策像他父亲一样英勇善战，但也骄傲轻敌，后来被吴郡太守门客设计射中脸颊。孙策遇刺后，因见不得自己脸部破相，要面子的他，大吼一声，创口破裂，当夜死亡，时年26岁。临终前，孙策问母亲：“我后三弟中，谁能继我？”孙夫人说：“十几年前，我到姑苏省亲，去姑苏东南的碛堰寺拜佛。那位主持济世乃高人也。这十几年来，所发生的事好像都在他预料之中。我问他，我生长子策时梦见月，生次子权时梦见日，不知何因？济世说：‘月为太阳之精，以之配日。也为女主之像，以之比德。这梦中之月，既照夫人之身，又昭策之相。日为太阳之精，主生养之恩德，人君之象也。次子权乃天权，位于北斗之中，乃王之像也。’我听后，若有所思，然疑曰‘难道……’济世接着说：‘自汉以来，扫帚星已四次光顾，乃气数衰竭之像。近来南斗星不明，大小失次，芒角动摇，则汉室失政，天下多忧之兆也。’我又问济世：‘那孙氏该如何是好？’‘伐无道，乃天意也，取江东固之，业成也。’听到这时，我欲起身作揖致谢，只见济世摆手道：‘这乃天意，本不可泄，只因我佛慈悲为怀，见不得天下百姓生灵涂炭。只要日后夫人还能记得小寺便是了。’”

此时的孙策肚里十分清楚，时下凭我江东集团的政治资源和军事实力，也只能暂保江东。因此，更需要的是政治才能，老成图谋。而三个弟中，唯有“权”有此才能。于是，对母亲说“莫非权宜”。“这也是天意”，母亲说。母子看法一致，就此拍定。于是叫来张昭、鲁肃等人。孙策对他们说：“中国方乱，吾以吴越之众，三江之固，足以观成败。公等要善待吾弟。”然后把印绶给孙权。

孙权即位后，在张昭、鲁肃诸公的相助下，励精图治，兢兢业业，吴国基业日趋稳固。

一天，已为国太的孙夫人忽然想起对碛礇寺还愿一事，就叫来孙权，将十几年前去碛礇寺的情景向他细说了一遍，并说："孙氏有今日，离不开碛礇寺高僧济世的指点，我理应前去还愿。"孙权点头称是。几天后，孙权派一礼臣打前站，去为国太还愿作准备。

又过了几天，礼臣回来禀报，对国太和孙权说："十几年前也就是夫人进香后的第二年，济世主持就圆寂了。后碛礇寺又遭了一场天火，虽然寺僧和村民奋力扑救，但已面目全非。因无钱修复，现显得颓垣断壁，甚是凄凉。但夫人当年所植神树却枝繁叶茂，生机盎然。目前，寺内只有几个寺僧苦守着。"吴国太听后，默默地重复着当年济世的一句话："此乃天意，本不可泄，只因……"孙权从母亲重复的这句话中，领会了母亲的意愿，决定按照"天下第一寺"的规格重建碛礇寺。孙权下拨大笔建寺银两，派一礼臣和建筑设计师走访天下名刹，描图画样，博采众长，精心设计，反复论证。孙权又亲自审定建筑方案，并指派一官员负责监管碛礇寺的建设。

历时三年，耗银数百万两。重建的碛礇寺规模宏大，气势雄伟。庞大的建筑群，东西狭，南北长，全长达 1 000 米，占地 2 000 多平方米。共有厢房 5 048 间，有八大殿、七大堂、六名阁、五景亭等。碛礇寺内，如来佛、观音菩萨、四大金刚、五百罗汉等佛像，个个塑造得栩栩如生，或笑口常开，或慈眉善目，或威武严肃。五百罗汉各具神态，人间喜、怒、哀、乐，无不从中觅得。

"重建的碛礇寺，规模宏大，气势雄伟，原来那口挂钟，显得不很得体，需要重塑大钟，你看如何？"方丈用商量的口气问负责监管碛礇寺建设的礼臣。礼臣看看旧钟，感到方丈说得有理，会意地点了点头。经过商议，决定铸造一座直径 3 米左右的大铜钟，悬挂在大雄宝殿东北方位，让碛礇寺的钟声在十里路外依然清脆响亮。

于是，方丈请来一位铸钟大师，经过九九八十一天，大师把寺钟铸造得美观大方。钟体外壁铸有密密麻麻的头像，钟面上镌有记述铸钟缘由的铭文和捐资修寺者的姓名，钟体顶部系链挂铛，铸成龙体。

寺内大铜钟铸成后，方丈问铸钟大师："大师，寺钟钟声能传多远？"铸钟大师诡秘地对方丈说："一切有为法，如梦幻泡影，如露亦如电，应作如是观。你一口气能跑到哪里，钟声就能传到哪里。"方丈闻之，半信半疑。

第二天，铸钟大师告辞方丈。离别前，铸钟大师再三告诫方丈，欲试钟声有多远，务必请方丈亲自出动，途中尽量不要停留。说完，铸钟大师离开了碛堰寺。方丈让一和尚撞钟，自己径直向南往角里（朱家角）方向走去。方丈但愿钟声传得越远越好，不顾自己年迈体弱，一个劲儿向前快步行走。近一个时辰，方丈步行到12里外的朱家角井亭岗漕江河北岸，想返回，却暂无渡船，又因急于小便，站立漕江北岸，短暂停留。正当方丈试图寻找渡船之际，只觉得钟声渐渐减轻，方丈想："莫非铸钟大师有灵气，试试我方丈能耐如何？处事能力如何？"于是，小便之后，方丈立即小跑，寻觅渡船。忽见一渔船由西向东缓缓而来，急请渔夫借舟渡河。渔夫是个热心人，见方丈心情急切，火速向北岸靠拢。方丈一跃上船，渔夫使劲划桨，向漕江河南岸冲去。方丈和尚到达漕江河中心，钟声渐隐，直到熄

敲钟

灭，方丈有点懊悔。懊悔之余，方丈突然领悟到，铸钟大师定是神仙，已经给了我诚心诚意的碛墺寺方丈一个很大的面子。后来，在方丈漕江渡河听钟声的地方，建起了一座五孔石拱桥——放生桥。于是，碛墺寺大钟的钟声传到十里路外朱家角漕江河放生桥的传说，代代相传。

唐朝末年，黄巢起义军到此，因构筑军事设施，将碛墺寺的部分殿宇拆除，将其建筑材料用于构筑度城和训练水兵，碛墺寺遭到了严重的破坏。

三、孙汝权喜舍圆通宝殿

碛墺寺冥冥之中成就了孙汝权与钱玉莲的爱情故事，在江南民间广为流传。人们像享受一道美味佳肴一样津津有味地传诵着这一千古绝唱的爱情故事。

《荆钗记》是中国四大历史传奇戏曲之一，讲的是南宋时期，温州士子王十朋家贫却才华横溢，至诚至信，和邻近朔门巷女子钱玉莲青梅竹马，一起长大。玉莲拒绝五马街豪富孙汝权求婚，以木头荆钗为聘礼，和王十朋山盟海誓，结为夫妇。未久，十朋赴考得中状元，万俟丞相欲招为女婿，被十朋拒绝。孙汝权得万俟授意，暗将十朋的家书改为休妻之书。玉莲接信后万念俱灰，含冤投入瓯江自尽。十朋得知妻亡，痛不欲生，立誓终生不再娶。万俟为泄恨将十朋从富饶的江西饶州改调到穷僻的广东潮阳为佥判，十朋只得携母上任。玉莲被原任温州太守的福建安抚钱载和从江中救起，收为义女，带往福州，喜闻万俟逼婚真相，却又复得现任饶州王佥判病死消息，误以为十朋亡故，悲痛欲绝，也立誓终生不再嫁。五年后，万俟遭贬，十朋擢升江西吉安太守，上任前绕道温州，至江心寺追悼亡妻，恰逢玉莲也按例来寺拈香悼夫，两人惊疑如梦。在退隐的邓尚书热心撮合下，当元宵夜千盏红灯映亮瓯江时，夫妻以荆钗为凭，重新团聚。天道终酬信，佳话千古传。

事实上，这是一桩历史公案。王十朋在历史上确有其人，字龟龄，号梅溪，温州乐清人，南宋初年中状元，历任秘书郎、侍御史、龙图阁学士等职。他与孙汝权既是同乡，又同为南宋进士。据《瓯江逸志》载：“今世俗所传《荆钗记》，因梅溪劾史浩八罪，孙汝权怂恿之，史浩切齿，遂令门客作此以诬之。盖玉莲乃梅溪之女，孙乃梅溪同年进士也，史客故谬其说耳。”另据《淞南志》杂记一章载，“福严寺因寺僧作乱，寺遂废，殿之正梁上大书曰苏郡守孙汝权同妻钱玉莲喜舍，观此可知传奇之诬矣，盖孙汝权系王龟龄（王十朋）好友，王劾史浩受辞于孙，故史作院本以污之”。

钱玉莲，淀山湖镇碛墺村人。钱氏在当地虽算不上豪门，但也可算名门。钱玉莲有一哥哥，天资聪明，性格豪爽，自小跟碛墺寺武僧练得几招腿脚功夫，路见不平总爱出手相助。

钱玉莲天生丽质，琴棋书画无一不精，是淞南出了名的才貌双全女。当地县令是个好色之徒，对钱玉莲的才貌早有耳闻。几次托人想纳为妾，均遭钱家婉言拒绝。有一天，钱玉莲的哥哥去县里办事，彻夜未归。第二天传来话说，钱玉莲的哥哥惹上了一场人命官司，被县衙收入牢中。又有人传来话说，如果钱家肯将玉莲许嫁县太爷，哥哥可免牢狱之灾。

碛墺寺主持与钱家老爷是好友，听说此事后，唤小僧来请钱老爷进寺商议。主持对钱老爷说：“看来这是一个有预谋的圈套。”“那该怎么办？”钱老爷问。主持对钱老爷说：“不妨先答应，先把儿子救出来，然后……”几天后，钱老爷亲自去县衙，将儿子领回。之后，让儿子落发为僧以赎罪。又过了几天，碛墺寺二月十九庙会，却传出钱家玉莲因不从父母婚约，投河自尽了。其实，为了逃避魔掌，钱玉莲已搭客船去杭州，投靠姑母去了。

再说钱玉莲搭乘的客船主人，因与钱家是故交，一路上照顾体贴，倒也顺利。三天后到了杭州，钱玉莲依照记忆寻到姑母家，却得知姑母不知何因，三天前，离家外出，不知去向。内心绝望的钱玉莲，加上这几天途中的劳累，终于支撑不住，腿脚一软，昏倒在大街上。这时，正好杭州一家名为“怡红院”的老鸨经过，把她救走。半夜时分，玉莲醒来，见床边坐着一个打扮时髦的中年妇女，便问：“这是哪里?”中年妇女见钱玉莲醒了，便说：“姑娘，你醒了。听口音，你是吴郡人。来杭州是投亲的吧!”于是，钱玉莲将自己来杭州的因由一五一十地说了出来。“那么姑娘你有何打算?”老鸨问。“我有家不能回，亲也投不了，我也不知如何是好。”钱玉莲一筹莫展。“我这怡红院虽是青楼，也不是没有干净的地方。我呢，虽做这行当，但从不逼良为娼。姑娘如信得过我，听我这句话，不如先在这里做个青倌，既不失你姑娘清白，也能积些银两。如有缘，也许能碰到个如意郎。我决不拦你。”听到这里，钱玉莲双膝跪地，拜曰：“谢谢妈妈指点，只是让妈妈费心了。”

孙汝权，也是温州人氏，出身豪门，与其友王十朋同为南宋进士。孙汝权自幼聪明好动，长大后，因家族富庶，喜欢交友玩耍，闲时也去青楼逛逛。

一日，孙汝权来到杭州，路过怡红院门口，忽听得如泣如诉的琴声。他停住了脚步，细细品味，这不是宋徽宗的《宴山亭》么。于是，身随心移，来到了怡红院。而后在鸨母的引领下，来到了钱玉莲的房室。孙汝权见钱玉莲长得修长苗条，娇美灵秀，宛如一朵出水芙蓉，夺人眼球。一双水灵灵的笑眼透着诱人的魅力。除了外在美以外，钱玉莲心地善良，气质高雅，谈吐不俗，孙汝权为之倾倒。钱玉莲见孙汝权英俊潇洒，温文儒雅，风流倜傥，气宇轩昂，是她难得见到的美男子。

孙汝权和钱玉莲一见钟情，相互产生了爱慕之情，一夜良宵，相互知根知底，两人心中激起层层爱的涟漪。孙汝权发誓要娶钱玉莲为妻。钱玉莲虽心底里暗自高兴，但一想到自己是青楼女子，难与他匹配。出自对孙汝权仕途的考虑，只得婉言谢绝。孙汝权也深知钱玉莲的心思，他深情地表白：“我孙汝权虽狂，却也知名义，我爱你，不仅为美貌，更为你能为我知音。虽仅一夜情会，却已令我深受感悟。你不是一个普通的青楼女子，而是个有情有义、豁达开朗、颇有见识的才女，对我的痴情与体贴达到极致。你真是我所追求的理想之人。”

钱玉莲为孙汝权的真心所感动，对孙汝权动情地说：“孙郎之心，我理解，你若真心爱我，一定要发奋读书，首先求得功名，玉莲等你就是了。”

事后，孙汝权说到做到，扎扎实实，用心苦读。第二年，孙汝权金榜题名，成为南宋进士，后任苏郡太守。

再说，钱玉莲怎么也没想到，自己无奈之下跌入红尘，却未料遇见个痴情郎，使她郁结在心田的阴云突然散去，封冻的冰层一夜消融。这是否是神灵在冥冥之中的安排。这时，她想起碛塽寺主持的一句话：“苦海有边情作舟，回头仍为故土人。”她开始相信，这人生的一切都有定数，都有机缘。她要感恩神灵。第二天，她就负香载烛，来到杭州灵隐寺。

到了灵隐寺，钱玉莲缓步而入。寺院里飘散着浓浓的香火味，那是一种迷人的香味。僧人在做法事，一种天籁般的音乐萦绕在她的耳际。对音乐有着特殊感觉的她被深深地吸引和感动。她更觉得大千世界多么美妙生动，万物众生多么生机勃勃。钱玉莲怀着满心喜悦，移步来到观音菩萨前，她神情肃穆专注，小心翼翼地点上满斤重的蜡烛和檀香，然后闭目合手，默默地向神灵祈祷。此刻，她似进入了一种心驰神往的梦幻境界。从这一天起，钱玉莲开始虔诚向佛，以自己年轻的灵魂皈依佛祖。

孙汝权和王十朋既是同榜进士，又是同乡，更是无话不谈的忘年交。一日，孙汝权特地到王十朋府上拜访，说出了自己要娶钱玉莲为妻的想法。王十朋先是劝导，后来在得知他俩一番感情经历后表示同情。但又说：“不管怎样，你是朝廷命官，娶青楼女子，总是不妥。”孙汝权说：“只要你肯出面帮这个忙，就没什么不妥。”“此话怎讲？”王十朋反问道。

于是，孙汝权将请王十朋出面，赎出钱玉莲，然后认钱玉莲为义女，再嫁给孙汝权的想法和盘托出。王十朋听后觉得有理，就满口答应。于是，王十朋先择日拜访了怡红院鸨母，表达了夫人的念头，想领养一女以陪伴余生，且看中钱玉莲的意愿。因数日前钱玉莲和鸨母早就得到孙汝权的音信，故一口答应。隔不多时，钱玉莲换上新衣，高高兴兴地诀别青楼，迈上了人生新的大道。

再说孙汝权早已在路上迎候，三人汇合后抵达王家。孙汝权与钱玉莲分别拜见王夫人。王夫人今天心情特别高兴，把屋子收拾得格外整洁干净，还做了好吃的食品款待他们。接着举行简单的仪式，钱玉莲三鞠躬拜王十朋和夫人，王十朋与夫人正式认钱玉莲为义女。

经过一番准备，孙汝权挑了个良辰吉日，将钱玉莲从王十朋家娶回，举行了隆重的婚礼仪式，并邀请亲朋好友及官场同僚，光临孙府，参加孙汝权同钱玉莲的新婚喜宴。

大婚之夜，客人们渐渐散去。新房里只有孙汝权和钱玉莲。钱玉莲依偎在孙汝权的怀里，喃喃地对孙汝权说："孙郎，我能有今天，也许是命，但更是神灵的推助，要感谢碛礇寺的菩萨。""碛礇寺？"孙汝权接着说："碛礇寺不愧是'天下第一寺'，太神了！"孙汝权喃喃地赞叹着。

"难道你也去过碛礇寺？"钱玉莲问。

孙汝权说："我孩提时就随母亲去过碛礇寺，我的仕途，我的婚姻，无不都在碛礇寺方丈的意料之中。十几年前，碛礇寺方丈就对我母亲示意过。自从我和你相识后，我又去过碛礇寺一次。没有碛礇寺高僧的指点，也就不会有十朋认你为义女之事了。"

"可惜如今的碛礇寺观音菩萨的宝殿太寒酸了。"孙汝权感叹道。孙汝权又说："我在碛礇寺许过愿，如若事成，我定当重塑菩萨金身，扩建圆通宝殿。"说罢，两人更沉浸在新婚的甜蜜中。

后来，孙汝权升任吴郡太守，就筹资重修了碛礇寺，实现了他当年的心愿。所以才有了碛墺寺殿堂上的“吴郡守孙汝权同妻钱玉莲喜舍”的碑。

四、叶苗施计除恶僧

叶苗,字秀实,明代义士,家住碛墺村,生卒年不详。性格倜傥,勇于赴义,遇见不平之事,他必挺身而出,主持正义。叶苗施计除恶僧,保护碛墺寺的故事在江南水乡广为流传。

元至元年间,一个寒气袭人的下午,忽然,一阵声嘶力竭的呼救声从碛墺寺大门外传来,惊动了正在殿堂上念佛的智善方丈和众僧。僧人们立即停下佛事,跟着智善方丈向门外走去。只见一个披头散发的年轻姑娘,被人疯狂追赶,姑娘被追得慌不择路,突然摔倒在寺外的路边。大家仔细一瞧,追赶姑娘的不是别人,正是从碛墺寺开小差溜出去的两个花和尚。看到此情此景,僧人们无不怒火中烧,纷纷谴责两个不规矩的和尚。智善方丈把姑娘扶起,安慰一番,并派两个僧人送其回家。然后,智善方丈请那两个花和尚到殿堂问话。在严厉追问下,花和尚供出自己的不轨行为。原来,他俩趁大家清早晨练时,偷偷溜出寺院,到野外去寻找“猎物”。片刻后,只见远处走来一个年轻的姑娘,两人顿生歹念,就上前拦截。那姑娘见势不妙,慌忙转身朝寺院方向逃命。这两个浑蛋急起直追,直追得姑娘摔倒在地。两个花和尚还坦白了先前曾糟蹋过两个民女的罪行。

由此,智善方丈不禁想到一个月前的一天,发生在寺内的更惨烈的一幕。

那天上午,天气阴沉。智善方丈和僧人们正在大殿上举行佛事。一位年轻的女子神色凝重,踏着沉重的步子,来到祈嗣殿,烧香拜佛。因丈夫重病在床,祈求菩萨保佑。这时,在厨房打杂的一个中年和尚,据说是从旧朝南宋韩世忠军中半路出家来的和尚,正好到祈嗣井打水。他看到烧香求佛的女子,长得分外标致,就顿起邪念,冷不防从背后将女子死死抱住,然后一个劲地狂吻,一个劲地乱摸,并用力朝墙角里拉。那女子拼命挣扎着大喊:“救命!”刺耳的呼救声震彻全寺。智善方丈和僧众都向祈嗣殿冲去。一进寺殿便惊呆了。殿内血溅遍地,一女子倒在血泊中,惨不忍睹。

这是怎么回事呢?是谁作的孽呀?从殿内丢下的一对水桶判断,智善方丈和僧人们很快锁定了嫌疑人的线索,那个在厨房打杂的花和尚失踪了。经大伙细心寻找,终于在柴堆里找到了他。经追问,那和尚供认不讳,交代了自己的恶行。

这起发生在碛墺寺的血案,震惊了周边地区,也震惊了官府。

智善方丈气愤至极,以寺规加以严惩。可这些不法之徒却恬不知耻,不思悔改,他们对惩罚心底不服,反而变本加厉予以报复。恶僧们一方面纠集大批僧人到碛墺寺示威作乱;另一方面向朝廷密报,反诬碛墺寺方丈藏匿旧朝南宋韩世忠军中士兵,蓄谋造反。朝廷获报后,就加紧谋划,四处调兵遣将,欲择日举兵清剿碛墺寺。眼看一场刀光剑影的灾难就要降临。

消息不胫而走。此事被在朝谋事的叶苗挚友得知后,立即告诉了叶苗。叶苗大吃一惊,暗忖:如若如此,这将使碛墺寺遭到灭顶之灾,且不说寺院和僧人难保,就连周边百姓也要遭殃。叶苗平时与碛墺寺智善方丈交往甚密,情真意笃。为了尽力保护碛墺寺,挽救危局,叶苗赶紧与智善方丈商议对策。

叶苗问智善方丈:“眼看朝廷的清剿大军就要到来,碛墺寺危在旦夕。大师,你说这事该如何应付?”

“只凭我碛墺寺僧人区区之力,岂能对付得了!”智善方丈接着说,“叶君子是江南闻名的义士,智谋勇烈集于一身。不知您有何妙策?”

叶苗说:“我要与您一起导演一场‘替天行道,清剿碛墺寺’的大剧。”

智善方丈问叶苗：“你凭什么名分清剿碛墺寺？”

“碛墺寺的不法僧人披着宗教的外衣，奸淫民女，残害百姓，天理难容。我要赶在朝廷大军到来之前，组织万余乡民大军，雷厉风行，清剿那伙恶僧。”

接着，叶苗向智善方丈详述了自己的清剿方略，征求大师的意见。方丈听后，点头肯定。

叶苗感慨道：“只要我们密切配合，事定成。”

两人商议已定，各自按计划行事。农历二月十五日为统一行动日，并以击掌为联络暗号。

在短短几天时间里，叶苗以他显赫的名声和影响力，立即组建起一支由万名乡民组成的大军队伍；并从大军中选拔出600名壮士，同时，又精选百名擒拿摔打高手，分为若干小队，由叶苗统率指挥。

农历二月十五日前夜，叶苗命令万名乡民大军务必在第二天中午聚集到碛墺村，把碛墺寺围个水泄不通。

到了二月十五日中午，碛墺寺已被黑压压的乡民大军围了好几层。那伙作恶多端的不法僧人看到万众压寺之势，激起了一阵莫名的骚动，然后又显出一副凶狂狡黠的神态。不难看出，这伙恶僧根本不会死心，而是企图顽抗到底。

午时三刻，叶苗命令乡民大军紧紧包围四周院墙，一波接一波地高声呐喊，大造声势，以震慑寺内恶僧，决不让一个僧人越墙逃跑。接着，叶苗下令百名高手分别从碛墺寺前后门强行进入，与智善方丈的僧人队伍顺利会合，他们里应外合，不一会，便将锁定的不法之僧一一击倒，并擒获。

但也有个别顽固之徒死不缴械投降，躲进了神秘的殿堂。乡民大军义愤填膺，怒不可遏，一路追杀不舍，可恶的僧人眼看就要被束手就擒，狗急跳墙，放一把大火烧着了几处寺殿，妄图趁救火混乱之机，逃出后门。然而，他们的白日梦很快就破灭了。当他们逃到后门口，守候在那里的乡民一拥而上，把欲出逃的恶僧一个个逮个正着。

为了遮掩官军耳目，保护碛墺寺及那些忠善的僧众，避免官军到来的一场浩劫，叶苗吩咐全寺僧人马上撤离，可以自找出路，暂躲乡间，也可以远走高飞，投奔他寺。他又命令部下推倒并火烧了几处破落寺殿。

至下午，这场由叶苗亲自导演的一场大戏已落幕。当来清剿的官兵看到碛墺寺遍地断墙残壁，烟火升腾，一片狼藉。头领连连摇头，二话没说，就下令打道回府。

叶苗清剿碛墺寺恶僧、设计保寺的故事，在江南广大乡民中被传为佳话。叶苗也因此声名远播，义振江南。

但是，正是经过了这场重大变乱，碛墺寺的物质设施遭到破坏，宗教文化形象严重受损，雄风不再，进入了急剧衰落的时期。

第二节　碛墺村岁寒三友

松、竹、梅，是中国传统文化中高尚人格的象征，也借以比喻忠贞的友谊。松、竹、梅，虽然不同属科，却都有不畏严霜的高洁风格，它们在岁寒中同生。明代碛墺村里的叶盛、庄乐、孙俊，他们的人生经历虽各不相同，但他们本性相近、志趣相投。

叶盛为官 30 年，清正廉明，生活极其俭约。自两广归来时，行李简单，就是三大箧碑刻拓片，题为“五岭奇观”。作为谏官，叶盛常居言路，抵制奸佞，极富谏官的责任感。身为武将，每逢国难，他挺身而出，保家卫国，功勋卓著。但面对朝廷的赏赐，他却婉言谢之。孔子说：“岁寒然后知松柏后凋也。”就是说在恶劣的环境下，才能看出一个人的节操。松柏在严寒中，依然屹立，四季常青，且坚毅而不畏寒，这不就是叶盛的品质吗？

庄乐，精通医术，能治奇疾，本可行走于社会上层，甚至皇宫圣殿，但他独钟山野，奔走于乡间村舍。他给人诊脉看病，不厌贫困清寒，不计酬劳回报，恪守救死扶伤的医德，并乐意结交肯钻研医术的乡邻好友。庄乐的品格犹如笑傲严寒的梅花，它不屑与艳桃、俗李在春争艳，而是在天寒地冻、万物凋零之时，独自傲然挺立，在大雪中开出满枝繁花，幽幽冷香，随风袭人。梅花特性成为中华民族清逸孤高品格的象征。

翠竹于风霜凌厉中苍翠俨然的品格，更让它成为高洁、羞与俗流为伍的孙俊的挚友。孙俊植竹、咏竹，以直节中空为翠竹自喻自洁，隐忧草堂。以“至生业岁，计不暇问，势利之徒，足迹不交”之趣读书，觞咏至老不辍。

后人称叶盛、庄乐、孙俊为碛礇村的“三杰”，如从三人的品格来说，倒不如称他们为“岁寒三友”，更为贴切。

一、清廉文庄公叶盛

据康熙昆山县志记载：“叶盛自少颖异，博学强记，屏居三甲田舍间。”叶盛，字与中，号蜕庵，自号白泉，又号泾东道人、淀东老渔。叶盛的祖先为宋代词人叶梦得。叶梦得(1077—1148 年)，字少蕴，苏州吴县人。叶梦得“嗜学蚤成，多识前言往行，谈论亹亹不穷”。绍圣四年(1097 年)登进士第，历任翰林学士、户部尚书、江东安抚大使等职。晚年隐居湖州弁山玲珑山石林，故号石林居士，所著诗文多以石林为名，如《石林燕语》《石林词》《石林诗话》等。绍兴十八年(1148 年)卒，年七十二。死后追赠检校少保。在北宋末年到南宋前半期的词风变异过程中，叶梦得是具有先导和枢纽作用的重要词人。作为南渡词人中年辈较长的一位，叶梦得开拓了南宋前半期以“气”入词的词坛新路。叶词中的气主要表现在英雄气、狂气、逸气三方面。

叶梦得的祖父为北宋名臣叶清臣。叶清臣(1000—1049 年)，字道卿，吴县长洲（一作乌程，今浙江湖州）人。天圣二年（1024年）榜眼，历任光禄寺丞、集贤校理，迁太常寺丞，进直史馆。论范仲淹、余靖以言事被黜事，为仁宗采纳，仲淹等得近徙。同修起居注，权三司使。知永兴军时，修复三白渠，溉田六千顷，实绩显著，后人称颂。著作今存《述煮茶小品》等。皇祐元年（1049年）卒，年五十（一作四十七）。《宋史》《东都事略》有传。《全宋词》录其词一首。

叶梦得十三世孙叶苗，于元朝延祐四年（1317年），由吴县迁至淞南沈安泾（今淀山湖镇安上村），继承祖上田业。后入赘昆山七保周家泾碛墺村金氏为婿。叶苗性倜傥，勇于赴义，在淞南有“叶义士”之称。叶氏家族持家得发，家业隆昌，人才辈出。经过几代人的发展，由农转文渐入仕途，成为书香门第。

叶盛自幼聪慧，博学强记，其父叶春与碛墺福严寺老僧景夔过从甚密，经常在一起谈论，甚至直至深夜，兴致益浓。《淞南志》卷五杂记中记载：“叶文庄盛，幼时其先人与福严寺老僧景夔善赏中夜对饮时，盛年八九岁，侍几旁，僧笑曰：‘夜深烧烛短。’盛应曰：‘话久引杯长。’僧大喜，以盛能读杜诗，而实未知杜诗也。”僧的上句意是：夜深了，照明点燃的蜡烛越烧越短；叶盛的下句意是：交谈说话的时间长了，由于蜡烛越烧越短，旁边杯子的影子越来越长。唐代大诗人杜甫写过一首《夜宴左氏庄》的诗：“风林纤月落，衣露净琴张。暗水流花径，春星带草堂。检书烧烛短，看剑引杯长。诗罢闻吴咏，扁舟意不忘。”因此，老僧景夔听了以后，非常高兴，还认为叶盛能够读唐代大诗人杜甫的

叶　盛

诗。而事实上，此时的叶盛并未读过杜甫的诗。

叶盛在乡间未曾外出做官时，他的父亲有一晚做梦，梦见有两条龙盘踞在他家屋脊之上，轻轻地讲话，直到天亮才停止。父亲请人解梦，解梦人说："那屋脊之上两条龙，乃明朝的两位真龙天子。真龙天子在你家屋顶盘踞一晚，证明你家有将要辅佐君王之人。"果然，纵观叶盛的一生，他历仕正统、景泰、天顺、成化四朝，其中正统与天顺年间，为英宗皇帝，景泰年间，为代宗皇帝。叶盛在这三朝期间最为活跃，为明朝出谋划策，上疏谏言。

明正统十年（1445 年），叶盛举进士，乙丑科榜二甲第二十九名。授兵科给事中，毅然言责自任。正统十四年（1449 年），遇"土木之难"，叶盛率同僚请求先治罪失职的将臣扈从，然后为复仇计，练兵选将。九月郕王即位，赏赐廷臣，叶盛以形势艰难拒绝。瓦剌逼近北京城，叶盛针对危急的形势，屡次上奏议事，协助兵部尚书于谦调兵遣将，在城外击退瓦剌军，升都给事中。后擢升山西右参政，督宣府镇（今山西大同）钱饷。景泰三年（1452 年），巡边御史李秉推荐他辅佐独石、马营、龙门、卫所四城军务。他任职五年，整顿吏治，兴利除弊，整饬武备，垦荒耕稼，岁丰食足。明代何孟春著《余冬序录》载："叶文庄公盛巡抚宣府时，修复官牛、官田之法，垦地日广，积粮日多，以其余岁易战马千八百余匹。其屯堡废缺者，咸修复之，不数月，完七百余所。"天顺二年（1458 年）四月，擢都察院右佥都御史、两广巡抚。天顺七年（1463 年）被召回京，转左佥都御史、巡抚宣府镇。成化三年（1467 年），迁礼部右侍郎。成化八年（1472 年），迁吏部左侍郎。成化十年（1474 年）病卒，依其生前行迹，给予带有褒义的谥号"文庄"。

叶盛在朝 30 年，清正廉洁，是一位清正廉明官员的代表。他在边患最为深重的时候，以坚忍不拔的苍松精神，上书献计求战，努力整顿边防，加强防御，积极治理边务和保卫北疆。

叶盛升任都察院右佥都御史、巡抚两广期间，广东原先有一条规定，就是盐不能出境。时间一长，盐商日子过不下去，贸易也受到影响，于是往往就去贿赂守关的官吏，通过梅岭将盐卖到广西梧州。叶盛了解这一情况后，便下令不要阻拦，任盐商出入境，但每次运输的盐一定要认真计量，按数量多少纳税，拿来作为军饷，这样做，既活跃了经济，又达到了公私两利的目的。在广东时，他对采珠颇有研究，在《水东日记》卷五中有“珠池采珠法”与“采珠数”的记载。“珠池居海中，蜑人没而得蚌剖珠。盖蜑丁皆居海艇中采珠，以大舶环池，以石悬大絙，别以小绳系诸蜑腰，没水取珠，气迫则撼绳，绳动，舶人觉，乃绞取，人缘大絙上。前志所载如此。闻永乐初，尚没水取，人多葬沙鱼腹，或止绳系手足存耳。因议以铁为耙取之，所得尚少，最后得今法。木柱板口，两角坠石，用本地山麻绳绞作兜如囊状，绳系船两旁，唯乘风行舟，兜重则蚌满，取法无逾此矣。”“珍珠初采一万四千五百余两，大约三石五斗。次年采九千六百余两，每百两余四五两，大约一升重四十六七两。次年大者五十余颗，计一斤重，云价近白金五千两。御史吕洪云。”有朝廷派去的所谓“采珠中使”(负责在南海合浦采珠的官员)，作威作福，祸害百姓，叶盛向朝廷密奏，朝廷立即将其召回，广东人非常感激叶盛。广东多“蛊”(即瘟疫)，叶盛得到了所谓“造蛊、解蛊”之方，便把它刻在许多块碑上，放置在通衢大道上，让老百姓都能看到，普及了躲避和防止瘟疫的方法，十分有效。明成化五年(1469 年)，京城一带遭遇特大饥荒，叶盛奉诏赈灾，做了大量细致的工作，灾民们没有一个饿死的。

明代，其时“两广盗蜂起，所至破城杀将。诸将怯不敢战，杀平民冒功，民相率从贼”，社会动乱相当严重。叶盛在阶级矛盾、统治政权内部矛盾和民族矛盾相互激化的时代，被派去协调两广兵马镇压瑶民反抗。大多数巡抚都不愿亲赴前线，而叶盛两次带兵亲历前线，带领将领、集合兵力，加之群众的帮助，镇压了瑶民反抗。据说，在军民同住的时候，叶盛不允许官兵随意拿民众的任何物资，也不得用任何借口收取民众的东西。为此，他受到了百姓的赞扬。睦岗镇兰龙村赵氏祖屋，原有一块悬挂的木匾额，相传是叶盛为了表彰兰龙村赵氏族人的功绩，特立匾额作为对他们的嘉奖。叶盛没有为自己的功绩寻求任何奖赏，却首先记录下百姓的帮忙，可见叶盛是多么爱民。

叶盛敢于针砭时弊，揭露社会的阴暗面。叶盛没有因为朱元璋是明太祖，就大肆吹捧朱元璋，他依然正直地记录了朱元璋利用特务刺探臣子动静的一则故事，体现了叶盛一身刚直不阿的正气。叶盛在《水东日记·钱子予》这篇日记中记载："临安钱宰子予，武肃王之裔，元末老儒也。高庙礼征，同诸儒修纂尚书，会选孟子节文，公退微吟曰：'四鼓冬冬起著衣，午门朝见尚嫌迟。何时得遂田园乐，睡到人间饭熟时。'察者以闻。明日，文华燕毕，进诸儒，谕之曰：'昨日好诗，然曷尝嫌汝？何不用忧字？'宰等悚愧谢罪。后未几，皆遣还，宰以国子博士致仕。家会稽，宦业至今不绝。宰尝自书门帖曰：'一门三致仕，两国五封王。'唐昭宗赐勅，宋宣和所赐'吴越家宝'铜印，一斤重，今藏其家。铁券王像在台郡长房。"叶盛揭露了明朝文人的另一种弊病——无病呻吟。老儒钱宰做的诗："四鼓冬冬起著衣……"诗中不难读出他既思田园之乐，又以做官、封王自我标榜，前后极其矛盾的感情，反映了当时学者在朝忧惧向往田园生活的思想。而叶盛记录明太祖朱元璋的改诗和遣还诸儒，也可以看出他对臣子监视的严密和心胸的狭隘。正是叶盛这种严谨并且不畏强权的态度，记录了那么多真实的明代社会、政治事件，为后人留下了许多真实的史料笔记。

叶盛不仅是一位高风亮节的名臣，而且还是一名知名的明代藏书家。尽管他长年累月在边镇做官，但是始终克服各种困难，坚持读书、藏书。编有《菉竹堂书目》6 卷、《两广奏草》16 卷、《菉竹堂稿》8 卷，著有《水东日记》38 卷（一说 40 卷）、《水东诗文稿》4 卷、《文庄奏疏》40 卷、

《秋台诗话》《卫族考》1 卷、《经史言天录》《宣镇诸序》1 卷等。另外,在《全明词》中亦存有叶盛的词作五篇。

叶盛购书万卷,日日把玩,废寝忘食。他每次"见一异书,虽残编蠹简,必依格缮写,储藏之目,为卷止二万余,然奇秘者多亚于册府"。王世贞《菉竹堂记》称叶盛"手抄雠至数万卷,将为堂以藏之,意取《卫风·淇澳》'问学自修'之义,名之曰'菉竹'",终因清贫,未能如愿。叶盛藏书共积有 4 600 余册,22 700 多卷,有《四库全书存目丛书》据两淮盐政采进本影印本为证,他是明中期江苏最大的藏书家。

叶盛唯博学嗜书,清心寡欲,不好声色名利,常徒步出行。他心系边政,维护边塞安宁,却著书丰富,创作出不少脍炙人口的作品,包括歌颂英雄、思念故人、感慨生活、回首往昔和抒发壮志等题材。

身为武将的叶盛,南北驱驰,殚精竭虑地治理边地,做出了一番令人叹为观止的政绩。因此,他在归休后写了一些或感伤时事、感叹人生、托物言志,或表达一腔爱国热情的词。无论是居庙堂之高,还是处江湖之远,叶盛都坦然面对,严于律己,并且时刻关注国运,忧国忧民。他在《苏武慢·述怀》中写道:"五岭南来,依稀六载,统治曾兼两镇。赤脚疲氓,白头老戍,几度停车慰问。荐贤为国,除暴安民,绩效竟无分寸。细思量,只好归休,敢望致君尧舜。不关他,世路崎岖,人情翻覆,也有人生命运。逆虏犹存,民菑未解,况乃德凉才钝。得嗔如屋,任谤如山,管甚旁人憎怨。都只缘,圣主恩深,勉尽区区职分。"在这首词中,叶盛将其一生的经历用简单的笔墨陈于纸上。词的上阕,他回忆了自己在朝为官时的所作所为——"荐贤为国"、"除暴安民",然而,他如此呕心沥血地为人民为国家付出,却是换来"绩效竟无分寸",这伤透了叶盛的心,经过几番深思熟虑,他最终选择归隐田园。叶盛虽然离开了朝堂,但是,他的内心依然渴望辅佐与尧舜一样贤良的君主。叶盛在词的下阕中,用略带自嘲的口吻向世人述怀:做官时总会有人从语言上、行动上抨击他,其实他本身并不计较这些个人得失,他只是为了报答圣上的知遇之恩。“勉尽”、“区区”两个词,更能体会到叶盛的鞠躬尽瘁。在百姓眼里的伟大功绩,在叶盛眼中却只是做了自己应该做的职分。从叶盛的词中,人们可以深切地感受到他的忧国忧民、渴望为国家奉献一生的高贵品质。

同里后学俞允文称叶盛《水东日记》,其书专于记事,核古综今,关诸军国,号为通博,书凡四十卷。以其书成于淞水之东,名为《水东日记》云。他在《水东日记》中,记录了碛墺村里许多名人之事,可谓丰富多彩。其中二十一卷中的“乡饮酒礼”,记载了碛墺村巨姓李无逸(李庸)奉行乡饮酒礼的事,十分详细。

> 乡饮酒,盛礼也,古先圣王皆致重而不轻,我太祖皇帝尤注意焉。尝观前吏部尚书昆山余烋茂本所为乡饮礼序,似始于洪武十二年,及考余干县志所载,则又云行于五年、八年,未知孰是。并录于此,以竢考征。余序曰:
>
> 皇帝龙飞十二载,特诏天下行乡饮礼。昆山县人臣李无逸尚义读书时为万石长,奉诏惟谨,延即其乡宾礼耆英,远近毕至,则有若周寿谊,年百有十二岁,皤然在席;九十、八十、七十者坐以齿,盛升降揖让拜俯周旋之仪,献酬有容,读法胥告,观者如堵墙,莫不感化翕然。已而醉者扶,归者歌,鬠白欣欣,笑言载途,乡士大夫纪其事而咏之。吾友余彦智以书走京师,求余引其端,久弗克为,其请益坚。呜呼!乡饮不行久矣,黄鲐之老,耳不闻鹿鸣之歌,目不识宾介之仪,盖百有余年矣。皇明出而四海一,举累代之旷典,一旦而复之,何其易哉!而无逸生逢圣世,获睹盛礼之行,乃能率先乡人,峨冠博带,与庞眉儿齿雍容揖让于尊俎之间,且以忠君孝亲睦闺门比乡党为劝,可谓不惑流俗,笃信古道者矣。世有藏镪数百万,即为富家翁烹羊炰羔,举觞浮白,挟吴姬,侍赵女,弹筝搏拊,歌呼呜呜,以极一时

之乐，乌识所谓乡饮酒礼者哉！闻无逸之风，亦可少愧矣。使乡乡如无逸，则古礼不难复，而况孝弟可兴，风俗可厚，其机一寓于是乎！吁！纷纷百卉中，见此孤蕙兰，亦君子之所与也。为我谢曰：圣天子在上，善自律以化其乡人，他日玺书惟汝嘉尚勉旃哉。洪武己未春正月既望，承勑郎同县余炼序。

志曰：里社乡饮酒读律仪式并图。洪武五年五月初四日，朝廷降乡饮酒读律仪式，命有司官会同儒学官率士大夫之老者行之，使民知礼知律。每岁孟春正月，孟冬十月，百家为一会，共备酒肴。有粮长者，粮长为主席；无粮长者，里长为主席。如坐，以宾之年最长者居中，众则序齿居左右，主席者居其末。坐定，选一人读律，及宣申明戒谕。既毕，行饮酒礼拜，则年长一倍之上者坐受，长十岁者立受，相若者抗，盖参酌唐、宋之制也。时本县未之行，八年，又命下知县毕福行之，每都以大户率士民于申明亭上读《律戒谕》，饮酒致礼，风俗翕然而变，可谓盛矣。

叶盛希望自己的子孙也能像他一样爱书、读书，他曾写下一段很有意思的《书橱铭》："读必谨，锁必牢，收必审，阁必高。子孙了，惟学敦，借非其人亦不孝。"后来，叶盛的子孙确能遵守他的教训，爱惜他这份特殊的遗产。叶盛去世后，其孙叶恭焕竟其遗志，终于建成了菉竹堂。书楼落成后，叶恭焕把祖上遗书移存堂内，又把以前亲友们从祖父处借走的书收归菉竹堂。据说直至叶盛死后一百多年，菉竹堂尚能"扃钥未疏"。叶盛的后代子孙亦不乏藏书家。

二、淞南名医庄乐

据（光绪）《昆新两县续修合志》人物卷十六（艺术）记载："庄乐，字伯和，居碛塽里，精医术，能起奇疾，与叶盛友善。"叶盛在朝廷的日子里，一看到官府同僚身患疾病又疗效不佳时总要说："恨不得让我乡下的好友伯和来官府当医治病!"

庄乐,天性洒落,性格豪爽,谈笑风生,待人接物极讲原则。李庸是碛堧村掌管乡里事务的官员,他有一个仆人狗仗人势,对待乡里百姓一副自以为是、趾高气扬的腔调,而且对待自己的父母也不孝顺,常常直呼其名。庄乐素闻此人的人品,有意想教育一下他。正巧有一次,李庸派这个仆人送信给他。仆人见到庄乐,完全不把庄乐放在眼里,说:"庄乐,这是我家老爷让我给你的信。"

庄乐见那仆人高昂着头,一点儿也不懂谦恭。庄乐看了信后,心生一计,决定要作弄一下这个仆人。

庄乐把信折好后,对仆人说:"你家主人要向我借磨药用的石磨,你就背回去吧!"并写了一张纸条作为答复。纸条上写着:"来人当面称某姓名,罚他驮药磨两次。"

于是,仆人弓着背,两盘石磨压在了他背上。等仆人背着石磨回去,已经累得气喘吁吁,腰酸背痛。

李庸见仆人驮着沉甸甸的药磨回来,很是诧异。等他看到仆人给他的纸条后,大笑不止,把庄乐如此做法的原因告诉了仆人。仆人听后,羞愧不已。过后,仆人特地向庄乐赔礼道歉,再也不敢对人不尊重了。

庄乐医术高明,与人和善,为人看病,童叟无欺。如遇到生活困难的病家,不仅不要诊疗费,还要在生活上接济他们。

庄乐成为碛堧村的名医,有一段离奇的公案。庄乐的外祖父原来是读书之人,师从方孝孺。明建文元年(1399 年)七月,燕王朱棣发动靖难之役后,建文四年(1402 年)六月,攻入南京,夺取了皇位,于 1402 年称帝。称帝后,朱棣要降服那些建文帝时的忠臣,他要方孝孺写即位诏书。方孝孺坚拒不从,在朝廷上写下了"燕贼篡位"四个字后,投笔于地。朱棣大怒,决定灭方孝孺十族,即除了灭方孝孺自家九族外,他的学生门徒都要满门抄斩,因此庄乐的外祖父家也遭了难。那次死难者达 873 人。

说来也巧，官兵来捉人的那刻，庄乐的外祖父正巧不在家。官兵就把他家里的其他人都捉了起来，并问其中一位主事之人，让他说出庄乐的外祖父在哪里。这位主事之人为了保护庄家有一脉相承，至死也没有透露。苍天也为庄乐家留下了一根。

那一段时期，河水暴涨，淹死了两个人，所以村上有人建议要在河上建桥，号召大家捐资，以在桥上留名。庄乐的外祖父正好经过河边，见到大家纷纷出钱，也就把身边所带的五百两银子交了出去，说："我不为留名，大家都为乡亲们做件好事吧。"

岸边渡船上一位船夫看到他的善举，就与庄乐的外祖父攀谈起来，说："刚才看到你如此慷慨，很受感动。""为乡亲们做一件好事，也是结了善缘呀。"庄乐的外祖父见一同乡，便与同乡一起上船，喝酒畅饮对诗。

可酒行一半，他突然感觉胸闷气短，急忙让船夫靠岸。刚到岸上，他猛然看到自己的家人奴仆捆绑着，被官兵押着。他一急，欲上前，被船夫与同乡拉住。船夫帮他到岸上打听情况，才知他一家被满门抄斩。他听后，对天长啸："天不容我呀！"想跳河自尽，被船夫和同乡拉到了船上。船夫拿起双桨，就把船划离了岸。

那声长啸，引起了官兵的注意。有几个官兵来到岸边，要求船夫把船划回岸上。之前，船夫已让两人故作生病状，一个把脸伏着，一个用斗笠遮脸。船夫对官兵说："这两人生病了，得了传染病，我正想把他们弄到没有人烟的地方呢。"官兵一听此话，连忙说："划走！划走！"庄乐的外祖父就此逃过一劫。

之后，庄乐的外祖父贫困无钱，又不敢在大路上行走，只能在乡间田野栖身，几次饿晕。在一次晕倒后，被一位姓"庄"的郎中救起。自此，他就入赘庄家，一生行医。也要求自己的子女宁为良医，不为良相，世代行医。

庄乐从小就被告知:学医可以治病救人,那些四书八股只能让人乱了心性。读书做文章,只是用以抒发情怀,把毕生的积累供别人参考而已。因此,庄乐自幼就立志成为一位悬壶济世良医。十来岁时,就已经熟悉了中医的几百个汤头,对于七经八络、一百零八个穴位、阴阳虚实、肝脾五脏等都背得滚瓜烂熟。

庄乐的父亲外出看病,就带上他。一次,隔壁村有人来请庄乐的父亲,说村里人都上吐下泻,情况十分严重。他们来到村里后,小小年纪的庄乐左右一观,就问了几个问题:最近村内有无大型宴请?答无。那既然无,各家所食东西都不同,唯一的根源,那就在“水”了。他的判断得到了父亲的认可,父亲让村人到水源上游去寻找根源。庄乐协助父亲治疗村民的病。事后,果然在水源的上游发现了一头被毒死的野猪。野猪中的毒通过水往下游蔓延,造成村民集体中毒。

庄乐独自行医后,有一天,四人抬着一位脸色铁青、气息似无的病人。旁观的人都以为此人已经是没用之人了。庄乐一看其症状,连忙拿来针,命人扒开他的嘴,拉出他的舌头。庄乐在其舌头上扎了一针,顿时,一股鲜血冲了出来。病人瞬间脸色就红润了,还打起了呼噜。庄乐告诉病人家属,这是因为他气血上涌,淤结在脑部,所以造成气息不畅。病人家属连呼:“神医呀神医!”

庄乐为病人看病时,以病人为主,完全不考虑自己。病人为了感谢他,捉了几条毒蛇,让庄乐泡药酒。庄乐说:“蛇只有在受到危险的时候,才攻击人。平时,并不伤人。”并劝其把蛇放了。那人打开竹篓盖子,想放走蛇的时候,却被毒蛇咬了一口。情况十分紧急,也来不及抓蚂蟥吸血了,庄乐用自己的嘴把那人身上的毒液吸了出来。那人没事了,庄乐自己却因体内有剧毒,卧床调理了一个月。

名医庄乐,医术代代相传,不仅传给自家后代,还无条件传给肯钻研医术的乡邻好友。世世代代,该项医术作为非物质遗产传承了下来。19

世纪初叶，庄乐医术传到碛塽村彭安泾姓朱的人家，朱家祖祖辈辈用庄乐的“四根汁”秘方为人治黄胆肝炎。据现年近90岁的朱小苟说，他从小就见父母亲用“四根汁”为人治病。他听父亲说，父亲的祖父母就用这个秘方医疗黄胆肝炎。20世纪60年代，朱家把这张“四根汁”治黄胆肝炎的秘方，献给了永益村（碛塽村）合作医疗站。1969年，彭安泾赤脚医生郁小苟等，拜师学艺，经过多年努力，学以致用，独立诊治，每每疗效显著，引起了当地四邻卫生部门的关注。1978年，郁小苟治愈了上海市青浦县一位在死亡线上挣扎的较有名望的病人，引起了青浦县卫生局的重视，开展了“四根汁”治黄胆肝炎百名病人疗效调查，调查结果，治愈率达94.6%。1980年，昆山县卫生局组织专家对其进行实地调查，确认疗效显著。明代名医庄乐为后人留下了珍贵的秘方，让世人享用不已。

三、映雪斋华亭孙俊

孙俊，字叔英，祖籍华亭（今上海松江），父亲“映雪翁”。明太祖洪武中，随父迁徙到淀山湖镇碛塽村。

孙俊自幼师从范徵君，潜心古学，所著文词古律，有唐宋遗风。玉峰有“五高士”，孙俊就是其中之一。孙俊著有《南溪草堂集》，文庄公叶盛为之序，言：“国风雅颂，四诗之后，有楚汉，有魏晋，有盛唐，后之言诗者莫尚为我”。

> 朝东南，多才子，高杨张徐，名满天下。而皆出于吴，其皆有得古诗人之遗意者，欤吾昆山艺文儒术，实三吴之望，孟郊张祜，留题尚存，是以词韵士代有不之予也，早岁亦尝，有慕于此，志趣毕陋，四十无闻盖，未尝不具，夫老成凋谢，无所师资之感。间为裒集，百年前辈著作之，可传者如袁先生、华郭先生、翼马先生、鏖殷先生、奎庐先生、熊朱先生、吉沈先生、丙偶先生、桓范先生，能亦不下数十人也。意夫百年之内，名世大家必多，而

其篇什之存否，其亦击夫，其人之门生子弟收拾之，考何如其为感则深矣，要之数先生者，皆大雅不罄，实可以扬芬一时，流乡百代其亦，闻诸君子之风而兴起者，欤若今同里孙叔英先生者，盖亦一人，为先生世家邑碛塽村，所筑南溪草堂，蔓乎竹树泉石之间，日偕故人知己，觞咏自娱，至生业岁，计不暇问，势利之途，足迹不交，而又当获登，偶范二先生之门号，得法之传故其为诗也，清婉流丽，和平典则，瞻而有章，实而不滞，盖可传于世者甚多也，先生之子源兹，以诗集刻本见遗塞恒求序言，予甚幸夫先生之有子，而其诗之可传必矣，故不辞而书之。

孙俊，品性高洁，羞与流俗为伍。曾有地方官邀请孙俊出山，但孙俊不喜欢官场俗流，拒绝了。孙俊喜欢自然乡间山野，于舍后种植树木。他乐兰花，砌竹木，蔚然绕林居，志趣读书，觞咏至老不辍，玉峰有五高士，俊其一也。张大复称赞孙俊曰："夫士修身砥行，名不出其家。其文采葩流，则令名载而行之，二者何择焉。"

孙俊从现在的松江县迁居到现淀山湖镇碛塽自然村后，结识了许多情投意合的挚友，如本村的叶盛、庄乐，金家庄的朱夏等。他们经常乘船出游，或聚于南溪草堂读书饮酒，歌咏言志，或乘船畅游淀山湖，观水赏景，吟诗作词。有时，他也会倚高眺望远处老家松郡九峰小昆山、横山、机山、天马山、辰山、佘山、薛山、厍公山、凤凰山，隐约青绿碧色山峰轮廓，感受隐荫中的优美，侧听三泖湖的涛声。有时，他在黄昏时分，挥笔作词，抒发内心的情感，赞美先辈的善德，常常交替演奏出宫、商、角、徵、羽五音美妙的音乐。他认为，父亲积善是听从了祖先，先代的遗泽连绵不断，后代必然兴盛繁荣。

孙俊不仅自己潜心古学，撰文著诗，还善于帮助别人收藏古物。碛塽巨姓李无逸（李庸）颇尚文学，后徙云南，许多文书古物无法随身携带。孙俊就把李无逸的洪武初行乡饮酒礼议卷、赵丹林龙角凤尾舍、二幅错刀竹和赵松雪“小蓬莱”三字刻匾，代为保管。

梅兰竹菊，是中国文人感物喻志的象征，它们以“傲、幽、坚、淡”的品质而被世人称为“花中四君子”。自强不息、清华其外淡泊其中，不作媚世之态，是梅兰竹菊的共同特点。腊梅剪雪裁冰，凌霜自行，不趋炎附势的品格为世人所钟爱，它们以其幽芳逸致，偏能涤人秽肠而澄莹其神骨，成为一种人格品性的文化象征。

孙俊与世间清高孤傲的文人一样，视兰花、翠竹为同道，在碛墺村碛溪河南，阳光直照的地方修筑草堂。在屋前屋后种植兰花，砌竹木，经常在“倾听翠竹在清风中簌簌的声音、欣赏翠竹在夜色下疏朗的影子、亲吻幽兰清婉素淡的香气、品味幽兰不以人而芳的气质”中寻找诗词的灵感，做人的道理。孙俊喜欢山水自然、乡间田野。他对自然界的各种景色有一种天生的灵感，反映在他的诗词中，情感细腻，意境高远。孙俊在《淀湖八咏》中这样赞美道：“淀湖风景讶天成，水秀山明万古情。岚树光中禅刹耸，浪花堆里客帆轻。数行征雁横秋月，几个闲鸥浴晚汀。洲渚鱼蓑披雪钓，野田农耒带云耕。春回杨柳摇金色，风度蒹葭作雨声。此景此情吟不尽，仙游何必到蓬瀛。”他对淀山湖里的云烟山寺、湖水风帆、雁鸥秋月、渔翁农耒等，作了全景式的描摹，成为赞美淀山湖风景的千古绝唱。

华亭孙氏人才济济，有为官的，也有不喜欢官场俗流而隐居山野的隐士，更有许多文人雅士。

孙道明，字明叔，自号停云子，又号泗滨老人、在家道人。元代华亭县泗泾人。始居于县城东，泗泾之北，构筑草堂自号。自幼刻苦读经，专心研究道学。壮年后，又极爱考古，对科举取士不屑一顾。置有藏书上万卷，每遇秘本，必亲自抄录。年龄大了，更为勤奋。曾专辟一室放书，其中经书、志书、史籍各数千卷，甚至医书、方技的精华和古今名贤的墨迹，也广为搜罗。他将各类藏书归纳编类，辟一室，题为“映雪斋”。所谓映雪斋，是室四壁窗均糊白纸，各类书套所悬的洁白牙笺琳琅满目，进入书斋有一种白雪相映之感，故名。孙道明以广待四方名士、校阅藏书为乐，曾造一小舟名“水光山色”，常与陶宗仪等好友共泛。宗仪作词，道明谱曲，倚箫吹之，棹歌相答。孙道明年逾72岁，仍耳聪目明，手书细字不倦。从政者常来访，他答道：“吾在野而井，草泽老人不问世间利禄。”晚年挟书砚，复迁华亭县城东，其草堂以“映雪行斋”名之。

孙道易，字景周，号“映雪老人”，华亭人，生卒年均不详，约明太祖洪武中在世。尝据当时友朋所书之名人嘉言懿行及代闻见诸事，为《东园客谈》10卷，今仅存1卷，由《四库总目》传于世。

映雪老人孙道易是否就是孙俊的父亲“映雪翁”，孙俊与孙道明是何关系？已无从考证，但他们都是华亭县孙氏人是肯定的。在范能的两诗以及孙俊与孙道明、孙道易的个性中，也许让我们知道了一些什么。

明代隐士、永乐十五年被诏修《昆山县志》的淞南人范能，为孙俊写下了情感细腻、意境高远、给人回味无穷的诗句《溪阳草堂》其一：

喜傍溪阳筑草堂，地因人胜倍寻常。
九峰送翠当高第，三泖分流接古塘。
冠盖多延崇礼让，熏篪迭奏合宫商。
君家积善由先世，余庆绵锦后必昌。

其二：

草堂新结对南山，长目看山意自闲。
九朵云峰侵汉碧，一林枫叶染霜殷。
钩帘思枉空蒙表，柱笏身从爽气间。
我有一双新蜡尾，与君相约共跻攀。

第四章　乡村的和睦

北宋文学家蒋堂在《吴淞江》一诗中描写了他与友人泛舟于淀山湖上的惬意心情："江人见我谓谁何，行李无羁野意多。六幅青帆趁潮去，一樽白酒扣弦歌。沙边历历辨云树，岛外溅溅弄月波。兴尽归来还更喜，舞鸥相送入烟萝。"这首诗的语言十分清新质朴，充满着自由奔放的情调。作者与友人乘着帆船，伴着一樽白酒，摒弃了凡间尘世的一切杂念，自由自在地看潮涨潮落，水天一色，云树月波，喜气洋洋地归来时，更有海鸥相送。描绘了人与自然和谐、人与人和谐的美好景象。

追求人与自然、人与社会的和谐，是千百年来广大劳动人民的美好愿景。《礼记·礼运》有这样一段著名文字，表达了孔子对于和谐的理想社会的向往："大道之行也，天下为公。选贤举能，讲信修睦。故人不独亲其亲，不独子其子，使老有所终，壮有所用，幼有所长，鳏、寡、孤、独、废疾者皆有所养。男有分，女有归。货恶其弃于地也，不必藏于己；力恶其不出于身也，不必为己。是故谋闭而不兴，盗窃乱贼而不作，故外户而不闭，是谓大同。"

虽然在中国封建社会，这种天下为公、诚信友爱、人际关系和睦、社会秩序井然的和谐社会在整体上全局上没有出现过，但是，在人文底蕴深厚的淀山湖，与这里充满自然和谐所表现出的和风细雨、桃红柳绿以及充满艺术和谐所表现出的琴瑟和鸣、黄钟大吕相一致，出现了历史悠久的和谐稳定的乡村秩序。这是由淀山湖镇富有特色的乡村治理模式所决定的。

由于淀山湖的水路交通发达，自然经济经过充分发展后乡民生活日渐富裕，在此基础上注重文化教育，出现了一批由科举及第未仕或落第士子、当地较有文化的中小地主、退休回乡或长期赋闲居乡养病的中小官吏、宗族元老等一批在乡村社会有影响的人物所构成的乡绅阶层，他们肩负着率民为善的教化责任，积极传播儒教文化价值观和封建伦理思想，奠定了淀山湖乡村治理的群众基础和社会心理基础，创设了富有淀山湖地区特色的乡村治理模式。明初，李庸举办乡饮酒礼活动受到皇上嘉奖，也说明淀山湖乡村治理的制度不断健全，民众参与的力度更大。而民间互助合作组织和形式的产生、乡村绅士在治理中作用的发挥和乡村文化的不断发展繁荣，使古代淀山湖镇的乡村治理走上了一条和善治理的发展之路，因而，这里的农村社会一直保持着乡风淳朴和人际关系和睦的局面。

第一节　乡村善治的曲折路径

古代淀山湖镇，乡村治理的历史可以追溯到秦汉时期，与中国广大农村一样，其治理模式随着中国封建统治秩序的演变而有所调整，大致分为三个既有联系又有区别的阶段。

一、淀山湖乡村治理模式的演变

秦汉时期，淀山湖乡村实行乡官制，乡村处于相对宽松状态，民众具有一定的自由度，乡村治理基本上处于半自治状态。秦朝时实行郡县制，《史记》中提到“分天下为三十六郡”，后来又在始皇三十三年提到在南越一带设立南海、桂林、象郡三郡。《汉书·地理志》中在各郡国下标注有“秦置”、“故秦郡”的郡有三十六处。郡县下有乡，作为最初级的基层行政组织。乡设三老掌教化，有秩是乡官之一，掌听讼收税等事宜。

《后汉书·百官志》载:“有秩,郡所署,秩百石,掌一乡人。其乡小者,县置啬夫一人。”相当于后世的乡长。啬夫掌赋税诉讼,游徼掌治安。三老是正式的乡村地方组织的行政官吏。人口达五千人的乡,由郡县指派一人为有秩;不足五千人的乡,由县指派一人为啬夫。啬为穑的初文,啬夫本义为收获庄稼之人。作为一种官职,应始于乡邑啬夫一类接近农夫的下层官吏。乡啬夫主管一乡的诉讼和赋税徭役。据《后汉书·百官志》注所载,大乡的啬夫由郡署置,秩百石,称为“有秩啬夫”,省称“有秩”。小乡的啬夫由县任命,径称“啬夫”。战国时有些国家县邑之长或称啬夫两者职责相同,都是调解邻里纠纷,帮助政府收取赋税、安排徭役。所谓游徼的乡官,史记中说是为徭役的一种,掌巡察地方、缉捕盗贼,类似于现在的联防队长。《续资治通鉴·宋度宗咸淳十年》中云:“无事则泛舟长淮,往来游徼;有事则东西齐奋,战守并用。”

乡以下设亭,亭以下为里,国家的赋税、徭役、兵役,以及地方教化、狱讼、治安等事,都由乡里官员直接操办。乡官实际以啬夫为主,承担乡里的主要事务。啬夫是乡里最直接的统治者,因而有“但闻啬夫,不知有郡县”的说法。另外,乡的官员还有乡佐,是乡啬夫的辅吏,协助啬夫处理乡里的一切事务。在乡村治理中,道德教化是极其重要的内容,因此,乡里建立了独特的教化系统,即“三老系统”。《汉书·高帝纪》曰:“举民年五十以上,有修行,能率众为善,置以为三老。三老掌教化。”三老充分利用封建伦理道德,进行舆论控制和封建教化。亭不是乡下属的行政单位,而是直属于县尉管理的负责治安、邮递和接送官员来往的机构。亭的主管官员叫亭长,由县任命和管理,主要职责是“求捕盗贼,维持治安”,亭长有权检查过往行人,执行宵禁法,有权捕系犯人,因而有亭狱的设施。乡以下的组织是里、什、伍,里有里正(或称里魁)、父老、杜宰、里门槛等,所有百姓都被编入什、伍组织之中,实行什、伍连坐。这就是我国传统农村治理中的乡里制度。

在秦朝郡县制的体制下，中央政权主要加强对郡县的控制，对于乡村，则比较宽松，一般不直接干预乡村事务，因此有“皇权不下县”的说法。封建皇权管理乡村的目的是征收赋税，摊派徭役，管理户籍，督导生产，教化民众。但封建社会的官僚体系是以县令为终端的，在县以下的乡里通过“有官衔无俸禄”或“无官衔无俸禄”等方式，让宗族领袖和有名望的乡绅充任代理人，国家权力以间接的方式管控乡村，由乡里制度对乡村进行有效管理，即使在县衙，官员数量也很少。乡官主要由官派产生，辅以民间推选，并享有俸禄品秩。朝廷官员任职权的上收不等于削弱对“民间社会”的控制，相反，政府通过培植民间力量，协调与整合了乡村与国家的关系，将村落社区整合进国家系统，从而控制对乡村资源的调配，实现了“小政府大管理”的目标。乡里制度作为一个重要的治理工具，无论它的执行愿望和执行形式如何，都要保证它的强迫性，而这种强迫性来自国家的授权。在“王权”和“族权”的共同统治下，乡村社会形成了服从政治管理、认同公共权力的价值取向，出现了“官有秩，各有掌，重教化”的治理现象。封建专制主义还没有达到高度集权的程度，乡村社会基本上处于半自治状态。

《淀湖小志》卷一记载：“其地周敬王置长水县，秦改由拳，隶会稽郡。”秦朝置会稽郡于吴县（今江苏苏州）。淀山湖镇在由拳县（今浙江嘉兴南）境。秦的郡县制代替了周的分封制，也即从地方分权演进为干强枝弱的中央集权制，淀山湖镇周边的一些乡村呈现出相对宽松的社会秩序。

隋唐时期，乡里制度向保甲制度转变，中央统治的重心下移，淀山湖乡村基层政权建设得到加强，随着政府管控能力的加强，乡村自治功能出现弱化趋势。东汉建安二十四年（219 年），东吴名将陆逊曾被封为华亭侯，是正史第一次出现“华亭”地名。南北朝时期建制变动频繁，淀山湖地区隶属于扬州。隋朝灭南朝陈，淀山湖地区属苏州昆山县。隋朝建立伊始，其乡村治理制度是族、闾、保三级制。隋文帝颁布诏令，“五百家为乡，正一人；百里为里，长一人”。唐代实行的是乡、里、村三级制。乡的功能则进一步被弱化，甚至一度有职无官。而里和村的作用则凸显出来，成为乡里组织的重要层次，保和保长的设置及其职能亦得以明确保留。特别是村，其设置为在田野者为村，即将村作为在城市以外的人群聚落之处，村在中国历史上正式作为一级基层管理组织而出现。唐朝村制度的实施富有创意，且卓见成效，从立国之初即开始推行。唐朝对城邑之外纷繁杂乱的各种聚落形态，进行全面规范和整顿，不仅从名称上统一为村，而且从法律上实施统一管理，职责完备。村制度的推行，是对郊野聚落自魏晋以来三百年间离乱局面的一次大整合，是国家力量向基层社会进一步渗透的有力举措。

总体来说，这一阶段处于由乡里制向保甲制、由乡官制向职役制的转折时期，乡和里的地位逐渐沦落，乡里自治功能逐步弱化，官方的控制与统治逐步增强，乡村权力越来越多地被上调到更便于中央直接控制的州县官吏的手中。但是，也正因为中央对于乡村基层的重视以及管控的方式，淀山湖镇所属各村的基层组织建设得到了强化，推动了乡村经济的发展，形成了金家庄、榭麓村、杨湘泾村、神童泾村、碛堧村、度城村等在江南地区有很大知名度与影响力的名村。

宋代王安石变法至清代的保甲制度，淀山湖地区乡村中的乡绅地位上升，乡村治理中望族大户的影响力增强，他们在乡村治理中起着举足轻重的作用。

保甲制度在中国的历史源远流长，胚胎于周制比邻之法。由于中国古代的王朝政权都是军事权力的转化形式，国家政权都来自军事的攫取，军事维持是国家政权巩固和发展的基础，保甲制度就是一种带有军事性质的户籍管理制度，之后在各个朝代演变为农村基本政治制度。保甲制作为一种乡村政治制度，它最本质的特征是以“户”（家庭）为社会组织的基本单位。

王安石改革的一项重要内容就是推行保甲法。保：规定十家为保，五十家为大保，五百家为都保。选派财产最多、势力最大者担任保长、大保长和都副保正。这一组织形式实际上属于地方性的公共秩序社会治安的保护组织和维护地方伦理道德秩序的管理组织的有机结合。甲：则是乡村敛收青苗和收纳租税的单位，从宋神宗开始，又将每二三十户编为一甲，设甲头轮流催税。北宋开始组建乡规制度，倡导“德业相劝、过失相规、礼俗相交、患难相恤”。后来各朝代虽然数次改变乡村基层管理单位的名称，但这种保甲制度和乡规民约制度被长期沿袭。这种以代表皇权的保甲制度为载体、以体现族权的宗族组织为基础、以拥有绅权的士为纽带而建立起来的乡村自治政治得到了充分发展。

总体而言，由于中国古代社会的特点，其乡村治理尽管含有一定的自治因素，但由于保甲制度的性质是一种从上到下层层加以管控的政治制度，本质上是对乡村地方自治的压抑和否定。随着中国封建社会王权的扩张，乡村社会治理越来越深地受到国家政权的干预和控制，其自治性逐渐消退。鸦片战争以后，在接连不断的内乱外患的打击下，农村社会的权力组织趋向解体，进入 20 世纪之后，清王朝被迫于 1905 年实行新政，传统的乡里制度、保甲制度被乡镇地方自治所取代。其后国民党政权虽重拾保甲制，但是保甲制的推行却收效甚微，其原因是一般公正人士多不愿担任保甲长，一般不肖之徒又多以保甲长有利可图，百般钻营。不断强化保甲控制力度的结果，使其社会服务功能越来越弱化，人民群众日渐倦怠并消极抵制，形成恶性循环，导致政令不畅，甚至保甲制度本身的运行都发生了困难。由于民众的抵制，保甲费用和物资难以收缴，更加剧了久已存在的保甲人员腐败现象。不断有保甲长利用职权之便营私舞弊，贪污受贿，或私吞配给证；或办事不力，态度蛮横；或私发身份证，以捞取钱财；或私自挪用保甲经费，中饱私囊等，比比皆是。随着新中国的建立，保甲制终于寿终正寝。

根据《昆山县志》记载，早在南宋嘉定十年（1217 年），杨湘泾地区就归属于昆山县甲川乡第七保、第八保。在长期的乡村治理实践中，淀山湖镇的乡村治理逐步形成了将国家力量和地方宗法资源有效结合起来的特征。由于“德业相劝、过失相规、礼俗相交、患难相恤”的治理观念的传承和延续，使淀山湖乡村治理经过一系列艰难曲折，终于逐渐走上了一条善治之路。

二、乡饮酒礼在乡村善治中的作用

在谈到古代淀山湖乡村治理时，不能不提到明代初年，碛墺村李庸这位推动乡村治理的杰出贡献者，由他主持举办的乡饮酒礼因其内容丰富和形式新颖以及效果显著而得到皇帝诏告。此事被载入史册。

乡饮酒礼，起源于上古氏族社会举行的集体宴饮活动。《吕氏春秋》认为，乡饮酒礼是古时乡人因时聚会，在举行射礼之前的宴饮仪式。乡饮酒礼表面上看是乡人们在一起饮酒聚餐的集会，实际上是一种通过联络感情、融洽人际关系、化解利益纠纷来达到推行德政、教化民众的社会活动。乡饮酒礼的一个重要目的就是教育人们相互尊重和相互理解，和睦亲邻、尊奉高年。一方面用酒文化和礼乐这种温和的方式弘扬礼遇贤能、友善互助的社会风气，以起到凝聚人心、稳定社会秩序和促进乡村治理的作用；另一方面也使得彼此朝夕相处的乡村邻里能够同餐共饮，交换信息，畅叙心情，融洽关系，化解矛盾。既增进了人与人之间的感情联络，又使得一些生活中的纠纷和争执消释于萌芽状态。乡饮酒礼历经各个历史时期的不断演化，由最初只是一些志同道合的乡人凑在一起喝酒，经历代政府提倡并逐步完善，演变为古代社会敦伦常、行教化的官办酒会，是古代嘉礼之一种，并以此为载体将“尊卑有别、长幼有序、臣忠子孝、兄友弟恭”的儒家礼教精神灌输到社会最基层的乡村。

明朝开国皇帝朱元璋为加强面广量大的乡村的统治和管理，大力号召各地举办乡饮酒礼。他就是希望通过这种似乎非常简单的餐饮宴请活动，寓教于乐，使其发挥出非常重要的政治功能。乡饮酒礼仪式是古代封建政治文化大众化、娱乐化、通俗化的重要载体，实际上是在弘扬与宣传封建社会为臣尽忠、为子尽孝、兄弟相亲、邻里和睦、朋友有信、长幼有序等道德伦理规范。试图通过举办乡饮酒礼，化解一些社会矛盾和纠纷，促进人际关系的和谐，推动农村乡民的自我教育和自我管理。

淀山湖地区一次盛况空前的乡饮酒礼是由李庸主持的。据叶盛在《水东日记》中记载："李庸，字无逸，碛墺巨姓，颇尚文学。国初，坐累徙云南，发龙江，寄亲友诗曰：'不识云南路，今过第一关……旧驿连新驿，前山接后山。我心无愧怍，天道有时还。'乡间往往见无易家旧物，孙叔英家有洪武初行乡饮礼诗卷，余烋序，赵丹林龙角凤尾金错刀竹二幅，赵松雪小蓬莱三字刻匾，字本顾玉山家物，顾一孙赘李，字因在焉。字初为村氓得之，以其背断草豢豕云。野水舅家中吴纪闻残帙，即余得之而失去者。先孺人嫁时青铜大鼻镜，皆李氏物也。"

《水东日记》卷二十中记载，皇帝龙飞十二载，特诏告天下行乡饮酒礼。李庸当时为淀山湖地区的万石长，所谓"万石长"即"粮长"，非富室大户不能充任。李庸奉诏唯识，主持乡饮酒礼。行大礼于乡里老者，远近毕至。是年最长者为120岁的周寿谊。坐于首席，接着90岁、80岁、70岁的依次入座，按照礼法宾主相互敬酒，饮酒致礼。在此次大礼上，昆山县令毕福奉诏，召集每乡头目以大户率有知识者和民众于申明亭读《律戒谕》。这次活动规模盛大，周围前来观看者人山人海。所有参加者都笑容满面地离开。事后由太宰余烋作序的行乡饮酒礼诗卷，记载了此次规模极其盛大的行乡饮酒礼。《水东日记》这样写道："盛升降揖让拜俯周旋之仪，献酬有容，读法胥告，观者如堵墙，莫不感化翕然。已而醉者扶，归者歌，鬒白欣欣，笑而载途，乡士大夫记其事而咏之。"当朝天子特赐玺书慰劳。至洪武十六年(1383年)朝廷决定:每岁正月望日、十月朔日为行乡饮酒礼之日,举行地点为各府、州、县之儒学。参加人员:主席位一人,以各府、州、县之长官充之。皇帝诏告全国,行乡饮酒礼便普及开来。

由李庸主持的乡饮酒礼,以乡人凑在一起喝酒的形式,将"尊卑有别、长幼有序、臣忠子孝、兄友弟恭"的儒家礼教精神灌输到社会之基层。尤其在农村社会大力倡导尊老敬老的习俗,推进了乡村和睦局面的形成。同时,由县令带领乡民诵读《律戒谕》,重申了遵守清规戒律、维护乡村稳定的要求,营造了实施乡规民约、促进乡村和睦的环境氛围。《律戒谕》充分体现了"德业相劝、过失相规、礼俗相交、患难相恤"的乡村治理观念。从李庸主持的乡饮酒礼成功举行并获得巨大社会反响,可以窥见古代淀山湖地区和善治理的生动景象。

第二节　互助合作夯实乡村善治的根基

在古代淀山湖乡村治理的历程中,以民间互助合作为主要特征的乡村治理形式,夯实了乡村和睦的社会基础。

一、生产活动中的互助合作

传统农业生产是以家庭为单位的小农生产方式。在距今七八千年前,石犁已经出现在淀山湖地区并得到普遍使用,标志着淀山湖地区的农业进入了石器锄耕阶段。1958年,考古工作者在淀山湖底打捞出新石器时代的石器等400多件,有石刀、石矛、石铸、石犁、石纺轮;陶片有夹砂红陶、黑衣陶、印纹陶,还有龟板、战国钢铁等文物,反映了淀山湖地区古代崧泽文化的一些基本特征。到了商周时期,淀山湖地区出现了少量青铜农具和中耕农具,先民已掌握了开沟排灌、除草培土、沤制绿肥、治虫灭害技术,农业生产得到发展。春秋时期,铁器农具、牛耕出现,战国时期得到推广，此后铁犁牛耕成为淀山湖地区传统农业的主要耕作方式。

在这种以一家一户为主的分散而原始的自给自足的自然经济状态下，由于家庭经济、劳动力以及家庭人员健康状况的差异，使得家庭之间的生产能力出现很大的差别，需要通过人们相互之间的互助合作来弥补这种差异，促进共同发展。这种互助合作模式增进了人们之间的相互理解，有利于将个体分散的力量凝聚为一股较为强大的生产能力，以不误农事，获得收成。

互助合作更有利于自耕农与雇农之间差别的弥补。自耕农一般有田、有牛、有车（风车），其经济实力和劳动力都比较强。雇农自己没有田（种租田），由于家庭经济基础较差，无法购置牛、车，生产能力极低，往往因此而耽误农时，于是，早在汉唐时期，淀山湖地区就出现了换耕、换种的互助形式。民间到处流行"换田不如换种"的说法。就是一到大忙时节，首先由雇农到自耕农家帮助干几天农活，待到自耕农家农田基本耕完时，自耕农再到雇农家帮助耕地。这种以劳力换取畜力的形式，解决了一般雇农家耕作的难题。另外，有的家庭缺乏男劳力（如寡妇家庭）、有的人家缺乏女劳力，便采取男女劳力互换人工的形式，就是缺乏男劳力的家庭，妇女帮助缺乏女劳力的家庭拔秧、插秧；反过来男劳力较强的家庭，则帮助那些缺乏男劳力的家庭干挑担等重活。这种换耕、换种的形式是最初的合作方式，对于那些劳力十分缺乏的家庭，亲戚、邻居都会在完成自己的耕作任务后去主动帮助，这就是帮工帮种。这一传统为历代所传承。古代金家庄村民中就流传着"种秧不种夏至秧，夏至种秧众人帮，若过夏至无人帮，亲眷邻居全断光"的农谚。由此可见，相互调剂劳力和帮困助弱是古代淀山湖人义不容辞的民间习俗，由此也促进了该地区人际关系的和谐。

二、经济与生活中的互助合作

合会是江南民间古代就盛行的一种经济与生活中的互助合作组织。任何一个合会都要遵循一套简单的规则：一个自然人作为会首，出于某种目的（比如，孩子结婚、上学、造房子、买生产原料等）组织起有限数量的人员，每人每期（每月、每隔一月、每季、每半年、每年等）拿出约定数额的会钱，每期有一个人能得到集中在一起的全部当期会钱（包括其他成员支付的利息），并分期支付相应的利息。谁在哪一期收到会钱，由抽签或者对利息进行投标等方式来确定。合会不是一个永久性组织，在所有成员以轮转方式各获得一次集中在一起的会钱之后，一般即告终结。

在长期的生产和生活中，古代淀山湖几乎村村都有乡民自发建立的经济合作组织——合会，一般有八至十户人家组成一个会，每年秋收结束，由会头（指会里的召集人，一般由相对年长、威望较高的人担任）负责向各户收取一定的稻米，集中交给其中的一户，第二年又一次为例再交给第二户，依次轮流。这种合会的形式，可以集中几家人的力量，每年帮助一户人家解决添置耕牛、农船、风车大型农具及发展生产中遇到的问题；解决因经济实力不足的情况下置办婚丧喜事的困难，或其他生活和生存中遇到的特殊困难。如当年有遇到天灾人祸、不测风云之事的家庭，可以提前获取大家的资助。

相传，淀山湖地区的合会形成和发展于唐朝末年。唐朝乾符年间，黄巢起义军在度城筑城驻守，起义军军纪严明，爱民如子，不拿老百姓一米一柴、一针一线，在农忙时节还帮助老百姓耕种收割，农闲时候帮助老百姓盖房修屋，平时防匪防盗，为老百姓看家护园。起义军是老百姓的保护神，深受度城一带老百姓的爱戴。老百姓为了表达对起义军的感激，每逢大年之夜，各村百姓纷纷自发送粮送物，慰问起义军。一些贫苦百姓则心有余而力不足，然而穷人有穷办法，他们想法子组合几家亲戚朋友，协助帮忙，去支援起义军。后来，人们觉得用这样的方法可以解决独家独户所解决不了的许多问题。就这样，经过一次次的尝试，年复一年轮番合作，无意中形成了一种民间互帮互助的经济合作，逐渐演绎为后来农民兄弟同舟共济的“合会”形式，逐渐推行至四乡八邻。民和村一组王忠林提供的立于中华民国三十七年（1948 年）的父辈分家书中记载了合会的经济情况。老实诚信的农民兄弟一旦成为合会的会员，大家能情同手足，互相尊重，互相关心，不失约，不失信。古往今来，这种民间经济合作组织发挥了实物和资金互助的积极作用，从而能让广大贫苦农民顺利平安度过难日。正因为合会具有救急救难的积极作用，这种互帮互助的组织形式才能源远流长，薪火相传。

三、同乡会形式的互助合作

随着农村生产力的发展，农产品加工业逐步进入农民的生产和生活之中。其中，起源于元朝末年的榭麓纺织业和旺油车榨油业在当地负有盛名。无论是纺纱、织布到棉布销售，还是油菜籽榨油、出售，农民在长期的生产、加工和经营活动中，逐步建立了一系列互助合作的经济组织，并通过合作，互相之间都能获得相应的利益。

清朝到民国时期，淀山湖地区参与经商活动的农民越来越多，度城、榭麓和金家庄都有不少农民活跃在当地农村和朱家角、青浦，甚至上海之间，逐步成为城乡物质资源和精神文化连接的纽带和桥梁。民国时期，一批从金家庄走出去的商人，在上海自发建立了“旅沪同乡会”，同乡会引进了西方社团的民主选举程序，确立了会员大会制度及执行、监督分立制度，是具有规范性与民主化的社团组织。据上海市地方志提供的资料，昆山旅沪同乡会于 1946 年 7 月在上海六马路格致中学大礼堂召开成立大会，会址设在永嘉路 386 号，会员 84 人，会长为徐祖诒，昆山旅沪同乡会的简章共有19条。

淀山湖旅沪同乡会与昆山旅沪同乡会具有紧密联系和相互渗透的关系。淀山湖旅沪同乡会以“对同乡负援助之责，对乡旅尽互助协济之力，为同乡谋共同利益”为宗旨，积极致力于团结淀山湖同乡，服务同乡，增进同乡福利，促进家乡建设等事业，形成一个广泛的同乡社会救助网络。其会务活动大体上有如下内容：同乡职业调查统计及介绍，同乡教育及社会教育，救济援助，改进习俗，提倡学术，排难解纷，促进本乡建设和其他同乡福利事项，其中着力尤多者为社会福利、社会教育及社会中介服务三个方面。通过同乡会这一组织，不仅在经商过程中开展互助合作活动，而且开展了筹集资金，为家乡建设和发展出力的活动。据民间相传，位于金家庄村西江与北江交界处的南学桥就是由同乡会会员集资建造的，同乡会还通过创办《湖光报》，传播城市先进文化，使金家庄成为淀山湖地区最早有邮政局、有足球队、有京剧演唱队的文化名村。

四、乡村自治中的互助合作

淀山湖古代的乡村治理表现为十分复杂的结构，既有政府从上到乡村基层的高度管控，又有村民的自治；既有统治者制定的法律法规等制度的刚性规定，又有乡规民约的柔性约束；既有国家强力的介入，又有民间的广泛参与。淀山湖的乡村治理在遵循中国乡村治理一般规律的同时，也具有自己的个性特色。

淀山湖乡村治理的宏大背景是与中国近代的乡村治理改革紧密联系的，肇始于清朝末年清政府的新政，开启了中国近代乡村治理的先河。地方自治是清末新政的一项重要内容。清政府在光绪三十四年（1908年）十二月二十七日颁布的《城镇乡地方自治章程》和《城镇乡地方自治选举章程》规定，各城镇设“议事会”和“董事会”，各乡设“议事会”和“乡董”，作为地方自治的权威机构。“议事会”、“董事会”和“乡董”的成员均由本地居民投票选举产生。清末新政是清政府迫于当时情势而发起的一场自上而下的政治改良运动，相关章程中明确规定，“地方自治以专办地方公益事宜、辅佐官治为主”。所以，以地方自治为核心的近代中国农村治理改革，从一开始就刻上了政府推动和官主民辅的深刻烙印。

古代淀山湖乡民互助合作的习俗还体现在利用集体的经济基础推进乡村自治方面。除了乡公所、村公所等官方组织机构外，民国初期淀山湖镇各村都建立了村董事会和议事会，负责汇集乡民力量，发展公益事业，以利于解决开展村务经济、从事公共领域活动以及扶助弱者特殊群体等问题，各村都依托公田、学田、庙田等，组织开展有助于乡村文化、教育和宗教的各项活动。

淀山湖镇农村在土地占有方式上存在着大批公田，包括学田、庙田、会田、族田、祭田、太公田等各种名号，归宗族或慈善机构所有，为宗族中的有权势者把持，构成封建宗族制度的经济基础。淀山湖镇包括公学田、宗族性土地、慈善团体土地、宗教性土地、农场土地在内的“公田”，大约占耕地面积的5%。为宗族所有的土地（即族田）占有特别重要的地位。族田主要是指祠堂和义庄所有的土地。义庄和大祠堂土地一般是官僚、商人捐赠或乘灾荒严重、农民生活困难之际，低价收买土地而创办的。部分小祠堂和祭祀田是由祖上在生前保留下来的赡养田，死后子孙为他保留下来作为祭祀田。义庄、祠堂兼具救济本宗族农民的慈善救助功能。族田、义庄的部分收入，也用于本族鳏寡孤独贫苦者的照顾及男子孙的升学费用。在古代和近代淀山湖乡村治理中，宗族的作用同样十分重要，都说：一家不知一家事，清官难断家务事，家家都有难念的经。因此，在处理家庭事务中，往往需要同宗同族的长辈、亲戚和左邻右舍帮助协调。从王忠林提供的《王氏分家书》中，我们可以清晰地看到宗族长辈们无可替代的协调作用。

第三节　绅士名人是乡村善治的中坚

所谓乡绅，一种是科举制度造就的一个知识精英阶层，即通过捐纳、封赠等途径获得官职或虚衔的人；另一种是乡村社会涌现出的精英阶层，扮演着近似于民选“官员”的角色，属于民又处于民之上层，与当地乡民之间除了管理关系之外，还存在着很多共同利益，也就是那些经济实力较强，乐于造福百姓，在乡民中有较高威望的人士。

乡绅作为一方民众的政治领袖，充当民众利益的代表，在社会稳定发展时期，他们常常是沟通统治者与人民的桥梁。这股力量的作用发挥得好，有助于维持基层社会的政治稳定。乡村自治如何，与绅士作用发挥得如何是紧密联系在一起的。

在古代淀山湖乡村治理中，乡村绅士同样成了中坚力量。

一、体恤民情，为民请命，排解乡民危难

明成祖永乐三年(1405 年)，江南发大水，百姓因歉收而苦不堪言。朝廷命户部以苏州、松江、嘉兴和湖州四大府粮长之事备访问者各一人来京城。碛壤村孙德以处士作为苏州代表应召。他如实汇报了灾情，皇帝下诏免去了苏松嘉湖四府的租税。

昆山县令芮翀犯错入狱，孙德率县里一些德高望重者为其鸣怨叫屈，使芮翀得以释放并重新回到任上。有关此事《昆山县志》有如下记载：“芮翀，字子翔，鄠城人。洪武二十七年进士。初知垫江，改金坛。三十一年，改知昆山，首革库子、祗候诸弊。时催粮句军官校，久为民害，每籍官屋为牢，取里甲辈禁之，淹滞多死者，翀悉解遣之。复奏劾官旗娶妇生子于昆者，朝命御史李岳究治，械送京师凡二百余辈。永乐元年，坐事发遵化炒铁，耆老王荣等伏阙讼冤。诏驰传还任。复奏免包荒事故田粮十八万三千有奇。夏原吉治水苏松，采翀策，开吴淞江淤塞 20 余里。

五年，以母忧去。未几，陕西佥事马祥奏翀才堪理剧，吏部奏昆山固剧邑，□素得民，当令再还旧治。会句军百户修隙诬奏，逮京讯问，事白，再驰传知昆山。十三年，丁父艰去。翀为人雅正宽平，务持大体，略近名，赦小过，而局干甚精。前后在昆一十八载，精彩弥著。去之日，民皆流涕。”

明嘉靖年间，淀山湖地区因连年遭水旱灾害，大片农田荒芜，朝廷命百姓照样缴纳赋税，老百姓难以赔纳这笔田赋，逃亡者达半数以上。当时，执掌乡中赋税的王鉴重孙、18岁的王璧反复恳求巡抚尚书周公，终于减免了这些田赋。老百姓才得以安居乐业。

1900—1911年，苏南连续发生大水灾。据李文海先生在《近代中国灾荒纪年》一书中记载：“凡重灾之区村庄，庐舍多荡为墟，流亡者十逾五六，每行数里、十数里罕见人烟。或围蔽席于野中，或牵破舟于水次，稚男幼女蜷伏其间，所餐则荞花、芋叶，杂以野菜和煮为糜，日不再食。甚则夫弃其妇，母弃其子，贩鬻及于非类，孑遗无以自存。”自然灾害致使社会矛盾和阶级矛盾日益激化，豪强地主的残酷掠夺和官府赋役的横征暴敛，使广大农民无法生存，由此引发了农民奋起抗租的风潮。昆山民政分府民政长，主县政的方唯一执行江苏都督程德全的命令，以征收漕粮为由，背弃诺言，明令照常收租收粮，引起杨湘泾、正仪、巴城等地农民的抗租风潮。县府派出常防军进行镇压，直到年终方才平息。榭麓乡绅钟书正于1911年领导了杨湘泾农民抗租风潮，以自己的牺牲为百姓申冤。

二、救苦救难，行善积德，造福乡里百姓

明朝洪武年间，淀山湖地区遭受特大水灾，大水淹没了一切，鸡鸭禽畜和猫狗也没有逃过这次劫难，水上漂浮的死猫、死狗和鸡鸭的尸体散发出阵阵臭味，引发了一场规模很大的瘟疫。碛礇村名医庄乐为此坐立

不安，他征得碛墺寺主持的同意，以碛墺寺作为临时救护站，诊脉、熬药，抢救病人的生命，连续一个月几乎没有睡到一个囫囵觉。与此同时，他命儿子整天行走乡里，传授乡民净化河水、消毒防病等技术，遏止瘟疫的传播和蔓延。庄乐父子在淀山湖地区被老百姓称为华佗再世。

榭麓徽商巨富汪思聪行善积德的义举在淀山湖地区广为流传。康熙四十六年、四十七年（1707 年、1708 年），吴淞江以南相继发生水旱灾害，百姓饥馑相望。大灾之年在官府救济粮船未曾到达之时，汪思聪早已倾尽自家粮仓，救济了无数灾民。平时只要遇到困难的乡民，他总是冬天送棉被、夏天送蚊帐，遇到无力医病者，便为其付钱买药，而一贫如洗的穷苦人家死后，甚至得到汪思聪捐送的棺木，让死者入土为安。汪思聪被四乡百姓誉为活菩萨。

古代淀山湖地区，一批有实力、有名望的乡绅始终把造桥、铺路、建学校等行善积德、造福乡里之事作为自己人生价值的追求。自明洪武六年（1373 年）碛墺乡绅李庸建造道褐浦桥（大华桥）之后，杨湘泾全福桥、度城善渡桥、金家庄甲子桥、神童泾永安桥、榭麓染坊桥等淀山湖镇所有的古桥几乎都是由乡绅捐资建造的。其中汪思聪广设津梁之举被载入《昆山县志》。据陈元模《淞南志》记载，汪思聪康熙四十年建栅桥于王土泾村西；康熙四十三年建双护桥于沈安泾与升罗潭之间；康熙四十七年建远畎桥于金家塘前；康熙五十年建龙凤桥于沈安泾；康熙五十三年建山海桥；康熙五十四年建中市桥于杨湘泾；康熙五十八年建通济桥于三家村。在短短的 18 年内，汪思聪连续出资建造七座石桥，不说他所耗的巨资，就是他造桥所花的精力，也足以令后人敬佩。

淀山湖之所以人杰地灵，英才辈出，这与历代先贤崇文重教的理念密不可分。早在元朝，金至善隐居在金家庄，他教授周围乡里学子，他的弟子们以后多有所成就。明朝徽国公后裔朱瑄，迁移到金家庄后，在淀山湖边建造了一个轩亭，名为晚翠轩。他一边与沈诚学、鲁孙蕴、章琼、张敬之、穆踵、龚安节诸多文人名流，组成了文雅社吟诗作画；一边办起了私塾，教授乡里子弟。到了清朝康熙年间，榭麓乡绅汪思聪建文昌阁于榭麓溪，内设紫阳书院义塾，教育乡里子弟，一时读书之风日盛，形成了良好的文化氛围，众人无不赞颂其功德。中丞张公伯行抚吴地时，对汪思聪之义举大加赞赏，并授予理学全书 60 种作为训迪之资。侍御徐树谷拟文："敦劝勿怠，读书好善，见知当事先达如此！"立石碑于文昌阁左侧，以予纪念。据清朝周庄文人陈元庆《淀湖小志》记载，榭麓文昌阁比周边乡镇众多的文昌阁或书院均早 100 多年。辛亥革命前夕，受"废科举、兴新学"思潮的影响，金家庄第一所蒙养公立学校成立，三年后的 1905 年，杨湘泾正基国民小学成立。在以后的历史进程中，重视教育、引导后代读书好善便成了淀山湖镇历史上又一优良传统。

教育使一代又一代人茁壮成长，成为国家栋梁之才。从古代状元朱希周、进士叶盛等一批先贤到当代院士钱七虎等一批精英，都为国家兴亡和社会主义建设事业做出了杰出贡献。

三、行侠仗义，除暴安良，保障一方平安

在漫长的历史长河中，古代淀山湖乡村，或因社会动荡而掀起阵阵波澜，或因战火弥漫而掀起惊涛骇浪，淀山湖乡村社会却一直风平浪静。只因古代淀山湖镇常有一批豪侠义士，行侠仗义、除暴安良。

早在元代末年，天下大乱，江南战火纷飞。当时，碛墺寺恶僧趁机造谣生事，企图掀起纵火毁寺的轩然大波，义士叶苗及时识破恶僧阴谋，用计惩治恶僧，不仅平息了一场扰乱社会秩序、殃及黎民百姓的风波，而且在社会上树立了扬善惩恶的风气。

明崇祯十七年（1644 年）春，李自成攻破京城，皇帝自杀以殉社稷。淀山湖地区一度湖匪活动十分猖獗，沿湖百姓不得安宁。度城豪侠何英得知这一情况，挺身而出，以家财为本，聚集当地乡勇，以渔船为战艘，以

农具为武器，统一行动号令，活动于西接澄湖、东连泖口的淀山湖上。何英善于设伏诱敌杀之，杀得湖匪闻风丧胆。

至民国时期，经各村乡绅发起，为保障乡村治安的稳定和乡民生命财产的安全，度城、金家庄、榭麓、杨湘泾、神童泾等集镇都建立了农民自卫队，并在入镇水道口建有防卫木栅，以抵御匪徒的水上入侵。民国三年（1914 年），时任乡长的金家庄人士顾达今，为了防止湖匪侵袭，保护村庄的安宁，率先出钱购买枪支弹药，组建村民自卫团，带领训练，农闲更是夜以继日集训。他亲自带队巡逻守夜，经常一夜到天亮，高度警惕，从不松懈。有几次，湖匪化装上岸，到村上茶馆内喝茶，探视村中情况，被自卫团队员识破，有的狼狈逃窜，有的被活捉。金家庄村民在顾达今的精心和严格的训导下，戒备甚严，百倍警惕，没有遭到湖匪的侵害。

1931 年 8 月 2 日（农历七月初二），天刚放亮，匪首太湖大强盗徐天荣率 30 多艘匪船，载着四五百名湖匪直驶金家庄南岸，从南港甸登陆呼啸入村。

顾达今闻声而动，冒着风雨外出组织自卫团队员与湖匪强盗对抗，枪声大作，终因寡不敌众，金家庄损失甚大，被抢人家不计其数。自卫队员阿桂荣等人在战斗中被强盗枪杀。

顾达今边战边退，退至自家大院上屋奋力还击，强盗们放起枪炮，一枪打中顾达今的肩胛，他鲜血淋漓，顿时晕了过去。自卫队尽力再度还击，村民们举起铁锆、锄头蜂拥而至，一起抵抗。湖匪强盗们收起枪炮，抢得许多金银财宝，仓皇出逃。顾达今流尽最后一滴血而献身，享年 58 岁。

事后，金家庄村许多知名人士发起为其树碑立传，受到广大村民的赞同。捐款立碑，由徐志球为主簿，主持募集款项等事宜，装订成纪念册。

1933—1934 年，顾达今纪念碑矗立于金家庄村南学堂东南淀山湖畔。纪念碑南面书“顾达今先生纪念碑”，顶端嵌有顾达今先生正面半身铜像，纪念碑北面是碑文，由国民党中央委员钮永建撰写，碑身西面由国民党组织部长陈立夫题字“求仁得仁”，碑身东面由国民党元老叶楚伧题字“见义勇为”。

古代淀山湖乡村治理的实践足以表明：因乡绅得到乡村民众和宗族势力的支持，成为乡村民众的代表，构成了官府之外的一股重要势力。这股势力既是沟通官方与民间的桥梁，又是官府和民间所期望的教化民众、造福乡里的重要人物。他们是基于自身文化素养和经济实力而被选举出来的乡村社会的领袖。

第四节　乡土文化是乡村善治的润滑剂

在淀山湖乡村善治的历史长河中，柔情似水的乡土文化是一朵最为绚丽多姿的浪花。如春风化雨，润物无声，犹如淀山湖乡村和睦的重要润滑剂。

淀山湖乡土文化源远流长，千百年来，淀山湖乡土文化以其丰富的精神内涵和多样的表现形式，在乡村善治中充分发挥着道德教化、精神滋养、民风培育、关系协调、矛盾化解等方面的积极作用，体现了古代淀山湖乡村善治的文化精华。

一、淀山湖乡土文化的精髓

在古代淀山湖千百年的文化传承中，培育出了忠孝、和仁、善良等美德。正是淀山湖人对这种根深蒂固的文化灵魂的薪火相传，才使古今淀山湖乡村治理具有了浓郁的善治特色。

1. 忠孝节义，淀山湖乡土文化的根本

忠孝节义是中华传统美德，忠、孝、节、义这四字美德构成了一个精神伦理系统。忠、孝是中国社会基础性的道德价值观。《孝经》中，子

曰:“夫孝者,天之经也,地之义也,人之本也”,“夫孝,德之本也”,“孝慈,则忠”。明朝小说家许仲琳在《封神演义》第二十回曰:“民知有忠孝节义,不知妄作邪为。”虽然,封建社会忠孝节义的价值取向并不是民本,而是为维护封建专制统治服务的。因此,在乡村治理中,积极倡导忠孝节义,对于处理好个人与他人、个人与社会的关系,以促进人际关系的和谐,还是有着积极意义的。

明朝进士、度城王氏先祖王鉴,是淀山湖地区倡导和践行忠孝节义的楷模。王鉴生平举止方严,清修高洁,效法圣贤,期望不愧古人。将学问要经世致用作为己任。他写道:“要行其所学,见之实践,切勿空谈。”多次参加进士考试而不中。

明朝成化七年(1471 年),他北上再次参加进士考试,对着星空焚香祝天,题写“忠孝”两字,制成大匾额悬挂正厅。他说:“古来忠孝事,道大属天伦。我书忠孝字,所主在君亲。一以自期待,一以勉后人。子孙须努力,我先修其身。”他要求后辈忠于国家民族,做到精忠报国,有一颗忠肝义胆,为国家民族的兴旺而竭智尽忠,注重忠实待人,诚实守信。他强调孝悌为先,希望后辈孝悌力田、勤于耕作;他主张父严子孝,以孝为忠,注重敬老爱老、孝顺长辈。他十分赞赏有气节的人,他屡试屡黜,肄业成均(成均即国子监,大学的意思),其学术成就被国子监的大司成所推重,酌酒为劝,并赠送其宗庙祭祀所用的酒器,作为传器。

昆山先贤归有光写有《王氏忠孝堂记》以表赞赏。生前好友沈鲁为其题写墓志铭曰:“蕴德中美,瑾瑜含光。可成伟器,登庸庙廊。之左之右,无施不可。苟利于行,为之在我。大雅愔愔,古貌古心。不虞者行而遗德。”

明朝进士、度城王氏先祖王鉴,为传承弘扬祖先留下的“三槐堂”文化,在王氏宗祠大书“忠孝”二字。王鉴的《梦竹感赋》充分阐述了他的忠孝节义理念:“南山空涧旁,顽石多垒矗。物有君子名,素抱凌云志。

劲节欺雪霜，虚心彻天地。梢长凤尾摇，子盛龙孙继。风来玉有声，雨过云凝翠。日日报平安，时时溢气清。拈竿击丝纶，钓鳌人作饵。为营谐云门，乐奏神斯至。梅具调羹功，松全栋梁器。交结成三朋，岁寒同一致。双幅潇湘秋，一堂淇澳意。俗士本无缘，才人不忘视。声价重璠玙，蛮茜易骐骥。嗟哉贞淑姿，宁不为人瑞。”他常说：“义者，天理之所宜”，倡导“理义、道义、正义和公义”，做纯粹的“义者”，教导后辈决不能做忘恩负义之人。

王鉴积极倡导和身体力行忠孝文化，不仅培育了王文昌、王继孝、王璧等忠诚国家社稷、爱民如同子女的杰出后辈，而且推动了忠孝文化深深扎根于淀山湖人的心灵之中，就连一代名臣叶盛也对王鉴十分佩服，多次登门求教。

2. 以和为贵，淀山湖乡土文化的核心

和为贵，是儒家倡导的道德实践的原则。出自《论语·学而》：“礼之用，和为贵。”就是说，礼的作用，贵在能够和顺。意思是，按照礼来处理一切事情，就是要人和人之间的各种关系都能恰到好处，都能调解适当，使彼此都能融洽。中国古人一直强调，事业的成功在于天时、地利和人和，指出：“上不失天时，下不失地利，中得人和，则百事不废。”

早在明朝，金家庄朱九公朱贯后裔朱吉特邀以顾仲年为首的一批香山匠人建造朱氏豪宅。工程结束后，朱吉诚邀顾仲年留在金家庄定居。顾仲年含笑答道：“我们很想在这里长期居住下来，只是我们都是一些没有文化的粗人，你们却是满腹经纶的书香门第，不知往后我们顾朱能否合得来？”朱吉听后豪爽地说：“你我只要本着择善为邻的信念，顾朱一定能合得来。”顾仲年听了这话很高兴，决定长期居住在这里。而且要求全家将“顾朱能合”作为座右铭。于是，“顾朱能合”就成为金家庄人特有的口头禅。随着时间的推移，“顾朱能合”的故事在淀山湖广为流传，成了淀山湖人和气待人、和睦相处、和气生财、和衷共济的准则。

直至当今改革开放的年代，淀山湖人正是“顾朱能合”的文化理念和海纳百川的博大胸怀，吸引了越来越多的外来投资者和建设者，站在了时代发展的历史潮头。

顾朱能合剧照

3. 行善积德，淀山湖乡土文化的主线

在古代淀山湖，民间流传着这样一个故事：从前，有个叫殿山的小伙子，他勤劳憨厚，心地善良。一天，在淀山湖边垦荒种地的他，发现了一条全身碧绿却受了重伤的小蛇，看它的样子十分可怜。好心的殿山就把小蛇带回家里，悉心护理，精心喂养。待到小蛇慢慢长大，殿山高兴地对它唱着山歌：“小宝贝啊乖宝贝，殿山跟你做知交，穷人不贪金银钱，只要白米填饥饱。”说也奇怪，小蛇眯着眼摇摇头，从嘴里哗哗地吐了一堆白米出来。殿山又惊又喜，就烧了一锅喷香的米饭，跟几个弟兄们饱餐一顿。就是这样一个颇具神奇色彩而又平凡的民间故事，在一代又一代淀山湖人心中刻下了深深的烙印。人们都相信，恶有恶报，善有善报，行

善积德，终能得到好报。

随着岁月的流逝，从汉代碛礇寺济世和尚济世安民、普度众生，到清代汪思聪开仓救灾、扶弱济贫，从清朝何英义建善渡桥，到现代比比皆是的“一人有难众人帮，一家遭灾万家帮”的动人故事，使“行善积德、乐施好善”的文化观念逐步成为淀山湖乡土文化的一条主线。今天，无论是来去匆匆的过客，还是在此创业发展的创业者与落户淀山湖的建设者，都说淀山湖处处充满亲情、友情和人间真情，生活在这里感到特别温馨。

问渠哪得清如许，为有源头活水来！古代淀山湖的乡村善治正是得益于“忠孝节义、以和为贵、行善积德”等文化的世代相传，得益于对这种文化软实力不断赋予新的时代内涵。

二、淀山湖乡土文化的基本特征

水是湖的灵魂与精髓，山是水的脊梁。淀山湖水的清幽、明净孕育了柔情似水的传统文化，淀山湖的历史既是人与湖之间不断地发生矛盾和冲突的历史，又是一个在这种矛盾和冲突中不断走向人与湖和谐共生的历史，因而，有着许多鲜明的地域特征和人文特征。而这些文化特征不断丰富了乡村善治的精神内涵。可以说，淀山湖的乡土文化是江南水乡文化的瑰宝之一。

1. 治水文化，意志力量的体现

淀山湖水之源头为太湖，自白蚬江经急水港入湖，北通吴淞江，南经上海市青浦县境内拦路港流经黄浦江入东海。随着岁月的流逝，四周河道淤塞造成的水灾水害连续不断。历代先人名臣深知治吴淞必先治淀湖的道理，连连组织兵民在淀山湖治水。从吴越之争时期吴国设置规模达七八千人的撩清军，命都水庸田司督办治水，到明朝永乐元年（1403年），工部尚书夏原吉治水；又从明隆庆三年（1570年），海瑞在淀山湖治水，到清朝林则徐治理淀山湖，历代名臣治水从未间断，均得到老百姓的大力支持。每次治水,广大农民闻讯欢欣,不等告示到,就自动集合劳力,自带口粮,投入到掘凿开通淤塞河道的工作中,疏导积水,退田还水,保证了淀山湖地区常年风调雨顺、五谷丰登的局面。

长期以来,人们在治水的实践中,积累了行之有效的丰富经验,创设了许多规范化的治水制度,形成了一整套治水的制度文化,如工程质量制、包干制、责任制、合作制、问责制、奖励和惩罚制、稽查监督制、按照家庭贫富情况不同的贡献制、水患预警制、治水档案材料备查制、治水官员的考核制,等等。这些制度设立得都很具体、定量化,在实践中具有可操作性。随着认识淀山湖、治理淀山湖、改造淀山湖的实践不断深入,人们从面对兴风作浪的湖水,只能诚惶诚恐,沉醉于愚昧无知的膜拜湖怪水神观念,到不断显示出人民群众的主体性,不断在认识自然中征服自然灾害,变水害为水利,体现了历代名臣和人民群众一道,集聚起一股强大的智慧和力量,逐步形成治水文化,实现自然与人文的紧密结合。

2. 农耕文化,信仰祈求的展示

榭麓出土的多孔石犁佐证了早在新石器时代,淀山湖就有人从事农业生产。人们在千百年的农业劳动中,逐步形成了具有自身特色的农耕文化。

农耕文化,是指由农民在长期农业生产中形成的一种风俗文化。农耕文化起源于中国古代"男耕女织"的生产方式,这种方式不仅是指早期的劳动者与劳动方式,也是农耕文化形成的基础。随着社会的发展,农耕文化逐步由"男耕女织"转变为由天、地、人三大核心内容的农耕文化。在相当漫长的岁月里,由于农业生产能力的低下,尤其在遇到自然灾害又无力抗衡和抵御的情况下,人们就想到冥冥之中的圣灵,希望通过祈求上天保佑、大地显灵来获得生路。于是膜拜天地,期盼年年风调雨顺、五谷丰登、靠天吃饭的意识在传统农民中根深蒂固。淀山湖地区的各种膜拜形式多姿多彩:

正月初九是天帝的生日。那天，淀山湖周边远近百姓都会聚集到碛礇寺至尊殿烧香祈祷，喧闹声会持续一整日。在老百姓心目中，磕拜天帝就是顺应天帝，会带来风调雨顺、五谷丰登的好运气。

正月十五日，搭灯棚张灯结彩，吹箫声、锣鼓声通宵达旦。是夜，人们还举行"炭田角"活动。人们手举火把边走边虔诚地大声喊道："炭炭田角落，白米三石六"，祈求迎来好收成。

三月初三是玄帝生日。远近的人们都到庙里烧香，听青蛙叫声。青蛙上午叫，预示小熟收成好；青蛙下午叫，预示大熟收成好。

三月二十八日为东岳大帝的圣诞日。那天，在淀山湖韩都尉庙前搭台演戏，乘船的人很多。主要形式有：(1) 打醮。据《昭明文选》指出："醮诸神，礼太乙。"而《隋书》记载："夜中于星辰之下，陈放酒脯、饼饵、币物，历祀天皇、太乙，祀五星列宿，为书如上章之仪以奏之，名之为醮。""醮"就是祭神的意思，其原始的目的是古代农民百姓对天上神佛的庇佑表示感谢，或祈求平安而举行的隆重祭典。祭典乃通过道士、和尚为媒介与鬼神沟通，这个活动称之为"醮"。道士为人设坛念经祈祷叫"打醮"，汉末道教盛行之后，逐渐演变成"僧道设坛祭神"的专用名词，其原始意义主要在于祈求风调雨顺、国泰民安。最后成了祈神酬恩和施鬼祭魂合而为一的民间祭典活动或传统节日。打醮名目繁多：有祈求平安的"打平安醮"；有驱瘟疫、除天灾、许愿打醮；有收成好，打醮酬谢；有丧葬，请道士打醮。打醮时，要设斋坛祭祀，道士击鼓诵经，甚至有举行演戏娱神诸活动。淀山湖地区的打醮形式一般有祈晴、祷雨、雷醮、瘟醮等，最多的是祷雨祈晴。(2) 猛将社。刘猛将，历史文献记载是驱蝗神，清代官府也把它作为"驱蝗正神"列入祀典。在淀山湖地区的民间信仰中，它不止于驱蝗，还有其他神力。清代有人记载："农人弁猛将，奔走如飞，倾跌为乐，不为慢亵"，民众以此为乐，这位"老爷"绝不会发怒。《昆山县志》记载：猛将社。传说猛将姓刘，出身穷苦，是治蝗虫的能手,后来上了天,称他为“上天皇”。农民为祈求驱虫害、获丰收,每年举行四次猛将社。一般十户左右结为一社,轮流负责供祭。四次猛将社的时间:第一次在正月十三,是猛将社的生日,称新年;第二次在三四月间,称“秧田青”;第三次在七八月间,此次称为“做青苗”;第四次在十月份,称袭头。

农历二月初二的春祭和八月十五的秋祭活动。春祭是农民向土地神祈求一年能获得丰收的祭祀日;而秋祭则是农民向土地神报谢秋收的祭祀日。

上述农耕民俗是人们在生产力极不发达的社会生产条件下,面对长期农耕生产实践中的自然现象以及未来应对自然的挑战,而幻想有某种神秘力量主宰,于是出现了很多信仰崇拜,这种信仰不断外化为人们的生活习俗,影响着人们的生活。

然而,经过长期生产生活的发展,人们慢慢发现并重视人在农耕活动中的作用,使人的地位与神的地位逐渐并重。于是,在淀山湖地区民间,出现了一大批劝人勤耕的农谚、不误农时的格言和反映农民生产生活的民间山歌。例如,“有空莫赌钱,收拾犁耙好种田。闲时修好忙时用,怕到忙时修不全”;“正月里,人人赤脚走,男男女女备耕忙。春雨贵如油,麦子蚕豆铺满地”;“二月里,惊蛰一声雷,锄头铁锴齐出动,春分田管忙”;“三月里,摘菜笕、塘花草,谷雨前后种瓜豆”。又如,“六月小大暑,耘稻山歌喊起劲”;“白露三朝露,好稻满大路”;“霜降前头一朝霜,种田人家吃把糖”;“秋分白云多,处处好禾多”等,都反映了农民注重自身力量、亲耕乐耕和喜获丰收的愉悦心情。随着农船、风车等大农具的运用,一批与农耕生活紧密相连的文化活动应运而生,又因淀山湖镇水道交错成网,水稻生产极负盛名,因而,这里的农耕活动和农耕文化都与水有关。明朝治水名臣、诗人夏原吉曾以《踏车叹》加以赞叹:“车兮既集人兮少,点检农夫下乡保,妇男壮健记姓名,尽使踏车车宿潦……

噫叹我叹诚何如，为怜车水工程殊，跰生足底不暇息，尘垢满面无心除……”他的诗句生动地描写了当时水患的严峻以及治水的艰辛。

淀山湖地区的水上运动更是名声远扬，其中有：榭麓杨湘江周边的三月三“罱禁河”比赛；度城周边各村的龙舟赛；金家庄的桨船比赛等，不仅规模盛大、场面壮观，而且又呈现了个体实力、技能与团队合作的巧妙组合，展示了淀山湖古代农民从事农耕活动的智慧和才华。

3. 宗教文化，精神寄托的选择

千百年来，宗教文化作为我国传统文化的重要组成部分，不仅在乡民的精神生活中发挥着作用，而且对社会的精神文化生活也产生了重大影响。历史上的中国是一个庞大的农业国，地域广阔的农村便是宗教文化赖以生存和发展的土壤。

淀山湖镇，不仅宗教活动历史悠久，宗教文化源远流长，而且有着以下几方面的基本特征。

一是广泛性和多样性特征。早在汉朝，淀山湖地区就有零星庙宇和寺院。至新中国建立前夕，这里几乎村村有庙宇，据历史记载，仅度城潭四周，就有大小不等的寺庙、庵堂、道观十几座。其中规模最大、最具代表性的是坐落于碛墺村的福严禅寺。清陈元模在《淞南志》中记载：“福严禅寺，在碛墺塘西，相传建自吴大帝赤乌年间。宋祥符中敕赐寺额，宋南渡后重修。殿堂上书吴郡守孙汝权同妻钱玉莲喜舍。”其实，碛墺寺早在东汉时期就已存在，只是因规模较小而称为“院”。《风水宝地淀山湖》一书在介绍碛墺寺时说：“早在1800多年前，碛墺寺以‘早’——建寺时间早，建于东汉末年，是中国宗教历史上最早的寺庙之一；‘大’——规模大，占地3 000多亩，有房屋5 048间；‘高’——规格高，是三国时期吴国开国国君吴大帝孙权亲自所建，具有皇家寺庙的特点；‘幽’——寺园幽胜、梵宇宏伟、佛像庄严、佛氛纯真；‘灵’——心诚则灵，据说只要人们虔诚地许个愿，都能心想事成。”正是由于人们在碛墺寺求子得子，求女得女，消灾祛病，逢凶化吉，莫不应验，吸引了海内外众多善男信女，碛墺寺就此名闻天下。

淀山湖宗教文化的多样性，表现为，除了佛教以外，道教、白莲教、天主教、基督教等都在这里有着广泛的传播。南宋绍兴年间，茅子元就在淀山湖创建了以“净土宗系”为宗旨的新教门，称白莲宗，即后来的白莲教，淀山湖也因此成为中国白莲教的发源地。据史书记载，元末明初，江西龙虎山上清宫广道大真人薛朝阳，在昆山淞南淀山湖滨建有房屋数间，作为云游栖息和传道之地，一度使道教文化在此迅速发展。

明末清初，天主教在江南一带不断发展，淀山湖镇的渔民大多信仰天主教，成为天主教信徒的主体。之后，基督教的传入吸引了越来越多的淳朴农民。如今淀山湖镇已有近 6 000 名信徒，成为江苏全省著名的“人口小镇、宗教大镇”。千百年来，历代善良的农民、虔诚的信徒通过各种形式的宗教活动寄托自己的精神世界。

二是针对性和适应性特征。古往今来，淀山湖镇的宗教活动和宗教文化，之所以能得以较好的发展，是因为其发展过程紧密结合当地乡民生产和生活的实践，注重适应老百姓的精神需求和社会发展的需要。如古代以碛墺寺农历二月十九庙会为代表的佛教文化活动，把神灵与凡人共贺观音生日，与民俗、商贸、竞技、娱乐融为一体，成为宗教活动与满足百姓需求的盛典；南宋时期，受战乱影响，淀山湖地区一度强盗肆虐横行、民风败坏，烧杀抢掠等扰民事件连续不断。茅子元创建的白莲教，承袭佛教净土宗，提倡弥陀净土法门，劝人五戒(即一不杀，二不盗，三不淫，四不妄，五不酒)。白莲教的传播对于净化社会风气、促进乡村和睦起到了积极的作用；元末明初，薛朝阳云游来到淀山湖畔，建“笔云玉堂”道观，在这里他除招纳弟子、修身传道外，还经常深入周边的一些村庄，到老百姓家讲授邻里友爱、家庭和睦、积善积德、修身养性的知识，深得村民的喜欢。薛朝阳深得人心的另一原因是他乐善好施。附近的老百姓一旦遇到困难，薛朝阳就会及时救助，帮助大家渡过难关。薛朝阳死后，人们为了纪念他，就将“笔云玉堂”改名为“薛塔庙”，并进行了翻建，增加了一座大殿。将薛朝阳塑造的金身为黑脸老爷，之所以黑脸，一方面，是因为薛朝阳常年云游四方，浪迹天涯，脸被晒黑了；另一方面，他经常为老百姓看病先试药，中毒使脸变黑了。将其与圣帝老爷、城隍老爷、土地老爷、猛将老爷一样供奉；在新的历史时期，以基督教为主体的淀山湖镇宗教团体，在当地党和政府的正确引导下，宗教文化正在不断融入社会主义先进文化建设的轨道，发挥着推进和谐社会建设的积极作用。

三是以善求和、净化心灵的特征。与人为善、劝人为善，几乎是所有宗教团体共同的活动宗旨，也是所有宗教文化的核心内容。在千百年的宗教活动中，人们不断接受与人为善、乐施好善等教化，在以善心和善行促进人与人、村与村之间和睦相处的同时，作为宗教文化，向善、从善、行善等意念受到社会上多数乡民的认同，并逐步转化为民间信仰，影响着大多数民众的思维方式、生产实践、社会关系和日常行为，使淀山湖乡村善治有了广泛的群众基础和坚实的社会基础。这也许是迄今为止，无论是来自上层的各级领导，还是全国各地的新淀山湖人，都说淀山湖民心善良、民风淳朴、社会文明的原因所在吧！

4. 戏曲文化，愉悦心境的袒露

淀山湖镇是中国民间文化艺术（戏曲）之乡。淀山湖镇戏曲文化的历史更是源远流长，至少可以追溯到元朝。其时，碛礇寺名僧至讷爱唱戏，他主演的《兰亭集》《西园记》深受当地老百姓的喜欢，从而培育了淀山湖人喜爱戏曲的文化传统。千百年来，戏曲成为一代又一代淀山湖人不可或缺的生活内容。从乡村治理的角度审视淀山湖镇的戏曲文化，它有着鲜明的特征。这些特征表明：戏曲既是乡村和睦的体现，又是农村社会和谐发展的添加剂，更是广大农民愉悦心情的袒露。“戏曲源自于生活，生活少不了戏曲，戏曲丰富了生活，生活充满了阳光”，这是今天淀山湖镇老百姓对繁荣发展戏曲文化最真实的感悟。纵观淀山湖的戏曲，主要有以下几方面的特征：

一是时代性特征。在淀山湖民间，早就流传着这样一句俗语：“吃之粥佬看戏，啥个算计”，就是说吃粥去看戏实在犯不着。一句通俗朴实的语言说明了一个深刻的道理，那就是只有在国泰民安、百姓丰衣足食的前提下，人们才有演戏看戏的好心境。反之，老百姓衣不遮体、食不饱肚，哪来演戏看戏的好心情呢。浅显的群众语言，说明了一个很深刻的道理，那就是经济基础决定上层建筑。从昆曲在昆山起源、碛墺寺至讷演戏以来几百年的历史看，凡天下太平，风调雨顺，老百姓日子过得较好的岁月，淀山湖几乎村村有逢年过节搭台演戏的习俗。如敬拜土地神，搭台演社戏。社戏的演出活动十分热闹，正如南宋陆游的《社日》诗中写到的那样：“太平处处是优场，社日儿童喜欲狂”。纪念观音生日，二月十九庙会必演大戏，旧时淀山湖镇的庙会十分热闹，其中，碛墺寺的庙会最为兴旺。除此以外，每年新春佳节、正月十五闹元宵、三月清明、五月端午、七月初七夜牛郎织女鹊桥相会、八月中秋、九月重阳等，人们会充分利用各种机会，通过戏曲活动表达欢乐愉快的心情。一些有钱的大户人家还利用婚丧喜庆的机会，出钱特邀戏班子演出，让左邻右舍共同享受一番。然而，每逢华夏大地遭列强蹂躏践踏、生灵涂炭、民不聊生之时，或内部战争、战火纷飞、百姓流离失所的年代和自然灾害接踵而至、百姓饥寒交迫的时期，戏曲演出活动便常常被人们遗忘。时代性的另一种反应是，淀山湖的戏曲总是与不同时期的社会发展相适应，具有强烈的时代气息，因而能在民众心中引起共鸣、达成共识，起到促进乡村善治和乡村和睦的作用。如新中国建立初期，《庵堂相会》《阿必大》《卖红菱》《罗汉钱》等一批鞭挞封建专制、向往美好生活的戏曲剧目让淀山湖人百看不厌。

二是地方性特征。中国戏曲剧种繁多，表演形式千姿百态，舞台形象婀娜多姿。淀山湖镇地处江浙沪腹地，属吴方言区，因而淀山湖人尤其喜欢江南地方戏沪剧、锡剧和越剧，偶尔也看看、唱唱黄梅戏。也许是靠近大上海的原因，淀山湖人对沪剧更是情有独钟。

淀山湖镇坐落于风景秀丽的淀山湖东岸，与上海青浦区接壤，这里的民间习俗、风土人情和地方语言均与上海接近。历史上，淀山湖镇的社戏活动中，多以“滩簧”、“申曲”为主要形式，因而大家对沪剧就情有独钟。又因在江南土生土长的沪剧，富有表现现代生活的能力，音乐比较柔和、优美，主要曲调带有江南的水乡情调，委婉动听，深受人民群众的喜爱。淀山湖人看沪剧一看就懂，唱沪剧一学就会。古今淀山湖镇处处戏韵悠扬，早在民国时期，杨湘泾、度城、金家庄等一些较大的村庄都有戏曲演出班子。至 20 世纪 60 年代，几乎每个村都有一支文艺宣传队，60% 的村宣传队都能演出戏剧。《红灯记》《沙家浜》《智取威虎山》等样板戏被陆续改编成沪剧、锡剧。每当演出全剧时，农民群众从四面八方赶来，人头攒动，演出到高潮，掌声雷动，拍手叫好声不断。爱看戏、唱戏、演戏的民间习俗，也使戏曲表演人才辈出。

淀山湖戏曲文化的地方性特征还体现在：长期以来，这里不仅有一批热心于戏曲文化传承和弘扬的业余爱好者，而且有自编自演戏曲剧目的能力，所创作演出的剧目多以当地百姓日常生活为基本素材，有着浓浓的乡土气息，充满了亲情、友情和人间真情。因而，戏曲在乡村善治中发挥的利益调节、关系协调、道德教化和促进乡民和睦等方面的作用是无法取代的。

三是多元化特征。作为民间文化艺术（戏曲）之乡，淀山湖人善于把各种文化艺术融入到戏曲表演中来，在长期的传承中形成了戏曲的多元化特征。

以江南丝竹为代表的民间音乐。丝竹音乐是广泛流行于江南地区的主要乐种之一，习惯统称“江南丝竹”，又称“国乐”，俗称“小青班”，均系自发组织。丝竹音乐的乐器组合，一般用二胡、琵琶、三弦、扬琴、秦琴、月琴等弦乐器和笛、笙、箫等竹制乐器，辅以鼓板，故总称为“丝竹”。其代表乐曲有[中花六板][三六][行街][慢三六][慢六板][云庆][欢乐歌][四合如意]，俗称八大名曲。丝竹班人员可多可少，少则一两人，多则十余人均可。淀山湖镇的江南丝竹，起源于元朝末年。在昆曲形成、碛礇寺至讷和尚开创搭台演戏的先河时期，陆家嘴角丝竹班应运而生。民国初年，施氏后裔施龙章、施凤章、施金章、施善章再度发起恢复施家丝竹班，使淀山湖地区在迎神庙会、节庆活动、婚娶喜庆等场合，由丝竹班吹吹打打、贺喜助兴成为民间的文化习俗。至新中国建立前夕，度城丝竹班由张利仁、张宝成、方爱泉、朱阿康、王金生等 12 人组成，有二胡、琵琶、弦子、笛等 10 多种乐器。演奏乐曲主要有[工尺][二泉映月][山乐][长山乐]等，在附近乡村及湖西的锦溪镇（古时为陈墓镇）都享有很高的声誉。新中国建立以后，江南丝竹在淀山湖镇迅速发展，几乎村村都有丝竹演奏队伍。淀山湖人把江南丝竹引入到戏曲演出之中，除演员唱戏有丝竹乐器伴奏外，还善于把江南丝竹的曲调、旋律运用到戏曲唱腔之中，使得传统的沪剧、锡剧曲调更为委婉动听。

以耘稻山歌为主要形式的民间山歌。历史上的淀山湖，有“六月小大暑，耘稻山歌喊起劲”的习俗。明代叶盛常常想起家乡淀山湖长运稻山歌的情景，他在《水东日记》中记载：“吴人耕作或舟行之劳，多讴歌以自遣，名‘唱山歌’。”叶盛还特意在书中收集了两首山歌予以纪念，“月子弯弯照九州，几家欢喜几家愁？几家夫妇同罗幛，多少飘零在外头”和“南山头上鹁鸪啼，见说亲爷娶晚妻；爷娶晚妻爷心喜，前娘儿女好孤凄”。除耘稻唱山歌外，造房也唱上梁山歌：

金台银台共八仙，
龙凤蜡烛两旁点，

檀香插在金炉里，
一股清香飘上天，
先敬天，后敬地，
再敬鲁班先师借仙气。
……
风吹竹园响悠悠，
闲人勿要多开口，
今年造了前后埭，
来年再造走马楼。

渔民泛舟淀山湖上捕鱼作业时，也常唱山歌，叫做渔歌。水乡渔歌是淀山湖古代渔民生活的真实写照。其内容涉及爱情、审美、日常生活诸多方面，是渔民内心世界的直接抒发和流露。

“唱山歌”的风俗千古流传，跨越了岁月的沧桑，直至今天依然长唱不衰。更为欣喜的是，淀山湖人善于把山歌调运用到戏曲舞台表演中，如近年来创作的沪剧小戏《顾朱能合》、戏歌《拔船》等都安排了部分山歌曲调，更展现了淀山湖人淳朴、善良、憨厚、豪爽的性格，具有浓郁的乡土气息。

四是大众化特征。在千百年历史进程的风云变幻中，民间戏曲文化在淀山湖镇始终保持着传承、繁荣、发展的良好态势，这与民间戏曲来自大众生活和反映大众生活，紧紧贴近大众思想是分不开的。淀山湖地区民间戏曲的最大特点是其剧情就发生在老百姓之中，集中聚集了老百姓的智慧、幽默和生活经验，以最贴近他们自身的形式进行表演。词句通俗易懂，观众往往能在看戏的过程中观照现实生活中可见可触的人物境遇、追求和命运，从而产生心灵的共鸣。这是民间戏曲得以在物质条件简陋、技艺拙朴的情况下得到观众喜爱的重要原因。淀山湖地区的老百姓特别喜欢沪剧、越剧、锡剧和黄梅戏的重要原因是，这些戏曲的唱词通俗易懂。

而昆曲的兴盛与当时士大夫的生活情趣、艺术趣味是一脉相承的。士大夫的文化修养为昆曲注入了独特的文化品位，他们的闲适生活和对空灵境界的追求，赋予了昆曲节奏舒缓、意境曼妙的品格，加之士大夫内心深处含有对社会对人生的哀怨、悲凉的感受，使得昆曲在音乐、唱腔上每每显示出惆怅、缠绵的意境。而到了清乾隆时期，市民阶层崛起，舒缓、惆怅的风格显然与他们的情趣格格不入，即使士大夫们也开始务实起来，昆曲在不受市民青睐的同时，也失去了士大夫阶层这一阵地。于是，昆曲便逐渐走向衰落。昆腔之类是士大夫的语言，所以老百姓不爱听，在乡下基本没有市场。

民间戏曲以其独特的形式和旺盛的生命力在农村存活并发展，有时人们不免鄙视它们为粗俗低级、缺乏艺术品位的初级戏剧，但民间戏曲每到一处极度受欢迎的程度却不能不令人深思。淀山湖镇男女老少，人人都能哼上一段沪剧、锡剧。尤其对沪剧的基本唱腔、各种流派、各阶段的著名演员，几乎家喻户晓、人人皆知。戏曲文化有着十分扎实的社会基础和群众基础，民间戏曲是当代拥有最多观众、最充满活力和最具有可塑性的戏曲样式之一，它们保留着民俗文化的自然情调与自由表现手法，在声腔和表演上都未形成严格的程式，它们最贴近百姓的日常生活和情感脉络。对民间戏曲观众而言，千百年来，戏曲文化不仅成为淀山湖人展现愉悦心境的重要途径，而且成为乡村治理中沟通心灵、凝聚人心、协调关系、促进和谐所不可缺少的重要方式，成为丰富百姓精神生活、引导人们追求真善美的精神文化。淀山湖地区的戏曲文化所代表的不仅仅是一种简单的精神娱乐，更是与宗教信仰、地缘文化相渗透的思想意识，是一种融入淀山湖地区人们思想意识深处的情感体验方式。

古往今来，淀山湖镇乡村和睦、民风淳朴，得益于有一条和善的乡村治理道路，历代先贤和当代有识之士曾在这条道路上进行了不懈的探索，做出了杰出的贡献。纵观淀山湖镇乡村治理的辉煌历史及其积淀的优秀历史文化源头，对于我们在新的历史条件下，不断加强社会建设，创新社会管理，推进和谐社会建设，提供了许多成功的经验和有益的启示。首先，"善"与"和"始终贯穿于淀山湖乡村治理的始终，构成了乡村治理的灵魂和历代淀山湖人心中的文化理念。其人其事，为今天贯彻落实科学发展观、确立人本治理意识、弘扬传统美德、推进民族复兴提供了许多值得借鉴之处。其次，从当年李庸举办乡饮酒礼开始，在千百年来的乡村自治中，社会民间组织的兴起及其社会功能的发挥，为今天推进"大社会、小政府"建设，构建由政府主导、民间组织牵头、民众参与的社会管理格局，引导民众增强自主性，弱化对政府的依附性，以及新时期提升村民自治水平，都提供了许多宝贵的经验。再次，在古代淀山湖治水中，逐步建立起来的工程质量制、包干制、责任制、合作制、问责制、奖励和惩罚制、稽查监督制、按照家庭贫富情况不同的贡献制、水患预警制、治水档案材料备查制、治水官员的考核制，等等，在今天转变政府职能、推进党风廉政建设、建设服务型政府的实际工作中，有着很大的参考价值。复次，以历史唯物主义的观点，对古代乡村绅士在推进乡村治理中的作用的充分肯定，不仅符合淀山湖镇历史发展的事实，而且对于今天我们诚心诚意发挥有识之士、社会名流和经济、政治、文化、社会和生态"五位一体"建设中的领军人物的作用，维护社会稳定发展，建设社会主义和谐社会都有着十分重要的意义。最后，底蕴深厚、丰富多彩的淀山湖历史文化，其柔情似水的特征，正好与乡村善治的理念相得益彰，她们既是淀山湖乡村善治道路上一朵朵绚丽多姿、芳香扑鼻的鲜花，更是一代代淀山湖人赖以生存、成长发展的乳汁。在文化越来越成为经济社会发展巨大动力的今天，我们充分相信，通过对本土历史文化的挖掘，使之世代相传，那么，淀山湖人的全面发展，将更加充满希望；淀山湖镇的未来发展，将始终充满阳光！

问渠哪得清如许，为有源头活水来。淀山湖乡村治理的历史，是一部和善治理的史诗，始终跳跃着真善美的音符；淀山湖乡村治理的历史，是一面历史使命的镜鉴，始终激励着我们以执政为民的要求，践行科学发展的举措；淀山湖乡村治理的历史，是一把与时俱进的尺子，始终鞭策着我们遵循社会发展的规律，以人民满意为标准，不断推陈出新，给乡土文化赋予新的时代内容，为促进淀山湖镇的未来发展注入不竭的动力。

第五章　戏曲的魅力

从古至今，淀山湖人都爱看戏，其热情简直达到了痴迷的程度。戏曲文化成了淀山湖地区的一种重要文化现象。淀山湖民间一直流传着“深夜三更半，村村有戏看，鸡叫天明亮，还有锣鼓响”，“三天不看戏，肚子就胀气，十天不看戏，见谁都有气，一月不看戏，做事没力气”，“宁可一月不吃肉，不可三天不看戏”等民谣。这些民谣真实地反映了淀山湖人浓烈的看戏情结。

淀山湖人看戏还容易入戏，经常将戏曲中演员扮演的角色当作现实生活中真实的人物角色。据说，在清代嘉庆十四年(1809 年)，有一个锡剧团前来淀山湖演出，在碛墺寺院外的广场上演《白蛇传》。入夜，周边几个乡的老百姓都如同赶庙会般纷纷涌来。《白蛇传》的故事在江浙一带妇孺皆知。据明末《警世通言》记载，宋朝时，有修炼的大蟒蛇变成美妇叫白素贞(白娘子)，与西湖千年青蛇精小青，在杭州西湖遇书生许宣(许仙的原型)，白蛇春心荡漾，欲与书生云雨，乃嫁与他。后经历诸多是非，许宣乃知白素贞、小青俱是妖精，并受大蟒蛇威胁，惊恐难安，便求法海禅师救度。于是，白蛇被收入钵内，镇压于雷峰塔下。舞台上演法海的演员演技十分高超，其凶神恶煞对待白娘子的态度激起了台下观众的愤怒，有一位观众居然冲到了舞台上，要去揍法海。演出结束后，可苦了碛墺寺里一位长相酷似舞台上法海形象的和尚，老百姓看见他都要怒目以待，背后还要吐口水。无奈之下，碛墺寺的这位和尚只得云游他方。

戏曲文化何以在淀山湖兴起和发展？戏曲文化为何在淀山湖有如此巨大的魅力？戏曲文化在淀山湖具有哪些基础？戏曲文化对于推动淀山湖经济社会发展发挥了哪些功能？这些历史之谜都需要深入探究。

第一节　淀山湖戏曲文化的源流

淀山湖的戏曲文化是该地区深厚的历史文化的重要组成部分之一，是反映淀山湖地区经济基础并为之服务的重要文化现象，淀山湖的戏曲文化具有源远流长的历史。

一、戏曲文化是吴文化的重要组成部分

跌　雪

淀山湖民间戏曲是由文学、音乐、舞蹈、美术、武术、杂技以及表演艺术各种因素综合而成的，其渊源来自民间歌舞、说唱、滑稽戏等多种不同艺术形式，在淀山湖地区比较流行的著名剧种有：京剧、昆曲、越剧、锡剧、黄梅戏等多个剧种，尤以京剧、昆曲、越剧、锡剧流行最广。

淀山湖戏曲文化属于吴文化的重要内容。吴文化的前身，是古老的华夏民族文化，是西

北部的一些蛮民从中原迁徙至长江三角洲所带来的中原先进文化和江南地域“土著夷民”之风俗融合而产生的氏族文化。泰伯、仲雍两兄弟是吴文化的缔造者。三千多年前，泰伯、仲雍两兄弟为遂父志、同心结伴，别姬易吴，三让周姬天下，从岐山周原出发，路遥遥，川条条，翻山涉水，披荆斩棘，不远数千公里来到长江三角洲的荒芜地带。他俩在这里以棚为窝，断发文身，入乡随俗，与当地土著人打成一片，开荒立国，促进经济发展。经过了半个多世纪的艰苦创业，筚路蓝缕，终于使成片荒芜不毛之地成为旱涝保收的良田。在经济富裕的基础上又推动了精神文化的发展，使得原始愚昧转变为知书达理，文明之风日渐形成。泰伯、仲雍两兄弟立下了不可埋没的丰功伟绩。时过百多年，圣人孔子看到泰伯的丰功伟业之后，感动至极，惊呼：“泰伯，其可谓至德也已矣，三以天下让，民天得而称焉。”这就是：泰伯三以天下让，谓之至德，老百姓心服口服拥戴泰伯。中国史学之父西汉司马迁在《史记》中，把《吴太伯世家》列为三十世家之首，赞为世家第一。东汉吴郡太守糜豹，在吴如胜首创吴氏宗谱序言中赞泰伯：“德与天地同其高厚，名与日月同其光明。”后来又有人赞云：“德让两家天下，功辟万古江南。”这就是历史和人们对泰伯至德精神的赞颂和评价。泰伯、仲雍两兄弟率领先民在创造丰富的物质文明的同时，创造和发展了包括戏曲文化在内的丰富的精神文明。

“吴文化”的正式确立，要从商末泰伯奔吴建立句吴国开始算起。从商末、周初开始，吴和越这两个国家分别在今江、浙地区逐渐形成，到春秋后期又都强盛起来，并相继称霸。但从文化上看，他们同属于长江中下游文明，所谓的“吴文化”和“越文化”同属长江文明的支流，在历史发展过程中又数番交融。

三千多年前光耀后世的吴文化与早在六七千年前的马家浜文化、崧泽文化、良渚文化等辉煌的远古文明紧密相连。在良渚文化玉器上有一个非常神秘的图案不断反复出现，这个图案的形态特别像一尊英武的战神，不由得使人联想到好战的蚩尤。

传说蚩尤是中国东南方的蛮夷，统领了81个部落，每个部落人丁兴旺、兵强马壮，部落中的人都拿着“仗、矛、刀、戟、大弩”等很重、很大、能站立的金属武器，可见当时蚩尤部落的军事力量非常强大。蚩尤部落为了扩大势力，不断与周边部落打仗，屡战屡胜。在不断的战争中，蚩尤部落的领地越来越大，活动的范围也不断扩大，逐渐由太湖流域一带向周边迁徙，南往浙江、江西、福建，北往山东、陕西、河北。北上，对黄河流域的黄帝部落产生了威胁，之后发生了两大部落的激战。

《山海经》中，记载了黄帝与蚩尤的生死之战。涿鹿大战开始时，蚩尤以强势的战斗能力，借助风神雨神，把黄帝打得节节败退。在打到第七十一仗中，蚩尤部落的兵士适应江南多雨的环境，不惧风雨泥泞，而黄帝部落因长期在北方干旱少雨之地生活，不服南方水土，所以黄帝胜少败多。但黄帝得九天玄女相助，摆下阵法，用夔兽的皮做成战鼓，用雷兽最大的骨头做成鼓槌。传说这夔牛鼓一敲，能震响五百里，连敲几下，能连震三千八百里。黄帝又用牛皮做了八十一面大鼓，军威大振。最后黄帝在女儿女魃的帮助下，收了风，吸了雨，破了蚩尤的风雨阵，打败了蚩尤，并把他杀了。蚩尤死后，他的血迹成为片片红枫叶。

《太平御览》卷五八二引《帝王世纪》中记载：“黄帝杀蚩尤，以其皮为鼓，声闻五百。”

虽然这些是远古的神话，但从片言只语中，我们可以看出那时就有鼓乐之声。作战时，用于振士气，扬军威；部落举行祭祀、占卜活动时，击鼓而鸣，族人随音律而手舞足蹈。

发源于长江中下游的良渚文化，出土了玉器，有玉镯、玉珠、玉璧、玉琮等。那玉琮很像现代人戴的比较复杂的玉镯，上面的一个神秘图案反复出现。图像为一个神人兽面像，戴着羽冠，看上去特凶悍。有考古专家提出，这人像是古代传说中的蚩尤，那玉琮就像是戴在蚩尤手臂上的臂环，因而把玉琮作为蚩尤环。良渚人的玉器上因图腾崇拜，出现了许多鸟的图案，良渚人可能就是蚩尤部落集团中的九黎部落，也就是羽人或羽民。

长江中下游一带，在良渚文化更早一段时间的河姆渡文化遗址中，出土了相当多的骨哨，由兽骨制作而成，用于模仿小鸟的叫声。另外出土的一种乐器是陶埙，与现在旅游景区的陶笛子非常相似。

有乐器，必有声乐；有声乐，必有歌舞。在古代文明的点滴遗迹中，可以看出长江中下游地区的文化发展脉络。人们在战事、围猎、丰收后常常用歌舞的形式加以演绎，再现事件的过程。

长江中下游的吴越礼乐文化，最早的记载从春秋时期吴王寿梦（公元前585年）开始。在寿梦之前，吴越之地一直被北方人认为是蛮荒之地，这里“水行山处，断发文身，以楫为马，往若飘风，去则难从”，“地广人稀，火耕水耨饭稻羹鱼，不忧饥馁”地生活着。河流在山峰间穿行，人们断发，成年人在身上文上图案。他们以小舟作为行走工具，在水面上来去靠风力而飘行，如果遇到逆风则比较难于行进。这里地广人稀，他们用火烧了野草，在土地上进行水稻种植，他们食有粮，喝有羹汤，不必为饥饿而发愁。吴王寿梦通过“朝周，适梦，观诸侯礼乐”等一系列的外交活动，让中原人认识自己的国家。吴王寿梦的儿子季札观周乐的故事，流传甚广。从季札对周乐的评论看，他已把音乐（文学）和政教结合起来。他认为，政治的治乱会对音乐（文学）产生影响，也就是说可以通过音乐（文学）去“考见得失”，“观风俗之盛衰”。因为政治的治乱会影响人，而人的思想感情又会反映到音乐（文学）中来。季札可谓礼乐的化身，季札身上体现的和谐、诚信、礼让、睿智等优秀品质，融入了他的治国方略之中。

古代社会，由于经济条件和教育条件的限制，知识分子的数量很少，最初只有王公贵族的子弟才能进学堂，绝大多数老百姓都没有受过正式的学堂教育，都是不识一个斗大字的文盲。虽然如此，这些占人口绝大多数的文盲——广大劳动人民，却都懂得做人的道理。这里的道德从何而来？主要是通过艺术的教化——说书、演戏等获得，这些寓教于乐的直观的艺术活动，给了他们许多做人的道理。尽管他们不识字，但他们对于做人的道理可能要比那些识很多字、有很高文化的人，把握得更准。

从汉魏到中唐，又先后出现了以竞技为主的“角抵”（即百戏）、以问答方式表演的“参军戏”和扮演生活小故事的歌舞“踏摇娘”等，这些都是萌芽状态的戏剧。中唐以后，我国戏剧加速发展，戏剧艺术逐渐形成。宋代的杂剧、金代的院本和讲唱形式的诸宫调，从乐曲、结构到内容，都为元代杂剧打下了基础。到了元代，杂剧就在原有基础上大大发展，成为一种新型的戏剧。它具备了戏剧的基本特点，标志着我国戏剧进入成熟的阶段。

戏曲到了明代，传奇发展起来了。明代传奇的前身是宋元时代的南戏（南戏是南曲戏文的简称，它是在宋代杂剧的基础上，与南方地区曲调结合而发展起来的一种新兴的戏剧形式。温州是它的发祥地）。被誉为“东方的莎士比亚”的汤显祖（1550—1616），是中国明代中期著名的戏曲家、文学家，万历十一年（1583年）中进士，任太常寺博士、礼部主事，因弹劾申时行，降为徐闻典史，后调任浙江遂昌知县，又因不附权贵而免官，未再出仕。曾从罗汝芳读书，又受李贽思想的影响。在戏曲创作方面，反对拟古和拘泥于格律，作有传奇《牡丹亭》《邯郸记》《南柯记》《紫钗记》，合称《玉茗堂四梦》。因为《牡丹亭》《紫钗记》《南柯记》《邯郸记》这四部戏都与“梦”有关，所以被合称为“临川四梦”，且都以“爱情”为主题。这四部戏中最出色的是《牡丹亭》，写一个女孩因情而死，又因情而复生的故事。在《牡丹亭》之前，中国最具影响的爱情题材戏剧作品是《西厢记》。而《牡丹亭》一问世，便令《西厢记》减色不少。在戏曲史上，汤显祖和关汉卿、王实甫齐名，在中国乃至世界文学史上都有着重要的地位。

二、戏曲文化体现了礼乐的教化功能

古代歌谣的《卿云歌》中，描绘了舜帝与其大臣相和之歌。传说舜是歌舞能手，还发明了五弦琴。他所演唱的歌舞有神灵的福佑，圣贤百姓莫不喜爱聆听。《书经·舜典》上说："予击石拊石，百兽率舞。"这里描写了一群原始社会的人外出打猎前，或打猎收获回来后的一种原始宗教仪式。人们把自己装扮成兽形舞蹈，以祈福或酬谢神灵，在舞蹈的时候还伴随着欢呼或歌唱。《吕氏春秋·古乐》也说："葛天氏之乐，三人操牛尾，投足以歌八阕。"中国先秦葛天氏的乐舞共八段，三人手持牛尾，用脚打拍击节，内容包括祭祖敬天地之类的乐曲。八阕，一曰载人，二曰玄鸟，三曰遂草木，四曰奋五谷，五曰敬天常，六曰建帝功，七曰依地德，八曰总禽兽之极，唱出了先民们对人类赖以生存的上天、大地和祖宗、先人的敬意和对获取农牧丰收、狩猎成功时的庆贺之情。在原始社会里，人们过节日往往以歌舞祀神，同时也娱乐自己。当时的节日，有纪念战争胜利的，有庆祝丰收的，有驱鬼除疫的，有祭祀祖先的，还有专为男女求爱的，等等。西汉刘向《说苑·善说》记载，楚王母弟鄂君子皙泛舟河中，乘青翰之船，张翠盖，钟鼓齐鸣。摇船的是一个越地的女子，她趁乐声暂停的间歇，用越语唱了首《越人歌》，表达了她对鄂君子皙真挚的爱慕之情。歌词清新委婉，一唱三叹，是越女心曲的自然流露，优美动人。

到了奴隶社会，歌舞被奴隶主用于娱神敬祖，也为自己歌功颂德。周朝的颂舞是祭祀时的一种仪式，《周颂》就是它的歌词。但是在民间仍然保留了一些旧有的节日和敬神的歌舞，其中的"傩"舞，就是当时农村的一种逐鬼除疫的仪式，跳舞的人戴上假面具，手舞足蹈，驱赶各路妖魔鬼怪。这种舞蹈对后来农村的歌舞、戏曲有很深的影响。又如"巫"

舞，也是一种祭祀鬼神的歌舞，它是由上古的巫祝仪式演变而来的。春秋的楚国，巫风很盛，屈原《九歌》中的《大司命》《小司命》就是为了楚怀王祀鬼神而将民间"巫"舞的歌词加以改作而成的。《东皇太一》中就描述了"吉日兮辰良，穆将愉兮上皇"中的"五音纷兮繁会，君欣欣兮乐康"的胜景。在"吉祥日子美好的时光，恭敬肃穆娱祭上皇"时，我们可以听到"五音齐鸣交响四方"，可以听到"神君喜悦而快乐安康"，证明当时的乐器、舞蹈和歌唱的种类与形式，有明显的审美意识，这种祭祀的歌舞孕育了后来戏剧的一些基本元素。

晚清大学者王国维在《宋元戏曲考》中写道："后世戏剧，当自巫、优二者也"，即指后代的戏剧来源于古代的巫和优。巫，是指以歌舞娱神的职业，常扮演鬼神。在不知晓自然科学的远古，图腾崇拜是人们的精神寄托。巫，担当着人与神灵沟通的义务。在部落或村落进行祭祀活动时，以表演、歌舞的形式向神灵祈福，表达敬意。当久旱无雨时、喜获丰收时、驱鬼降魔时，有懂巫术之人，以肢体动作为主、声音表演为辅的形式，向神灵传达人们的意愿。随着时间的推移，巫渐变为优，即演员，在人前进行表演，供人娱乐。巫以乐神，优以乐人。

借助语言、动作，诙谐笑谑、插科打诨的喜剧传统，主要是来自古代的优人，所以古优也是中国戏剧的源。由贵族蓄养的"优"西周末年就已出现，春秋战国时已有优人活动的记载，最初见于《国语·郑语》。古代的优，也称"倡优"或"俳优"，都由男子充任，他们是我国最早的"艺人"。《国语·晋语》中有一段关于优施的详细记载，从记载中我们看到当时的优人是能歌善舞的。《史记·滑稽列传》中，也有楚国优孟扮已故宰相孙叔敖形象的记载，从中可以看出，优不但能歌善舞，还能模仿别人的言语行动。后世把优孟扮孙叔敖这件事，叫"优孟衣冠"，有人还把这作为中国戏剧的起源；但根据史料的记载，优孟模仿孙叔敖，目的是为了对楚庄王进行讽谏，并没有什么故事情节，只能说是出现了戏剧中变身为他者的表演因素的萌芽。古代优人的活动,更多的是以俏皮的语言来进行嘲讽和讥谏。优人的歌舞和古代歌舞有一定的继承关系,但古代歌舞带有浓厚的宗教色彩,而优人的表演艺术却纯粹是娱人的。优的出现,说明古代人的审美观念已发生了变化,由幻想的鬼神世界转到面向人生。

在中国传统文化中,儒家思想一直占据主导地位。有一种说法,认为儒是以六艺教民者。所谓六艺,就是礼、乐、射、御、书、数这六种具体的技能。儒者就是教授六艺的人,儒家把推行礼乐教化作为自己最根本的责任。

孔子曾经讲过这样一句话,他说:“兴于诗,立于礼,成于乐。”(《论语·泰伯》)“兴于诗”,即必须从《诗经》开始,然后“立于礼”,最后“成于乐”,即通过乐来完成对一个人的培养,这就是把乐看成是人格完善的最高境界。

《论语·八佾》里另有一句话:“八佾舞于庭,是可忍也,孰不可忍也?”这里的“八佾”就是八个人一排,一共八排,八八六十四人,六十四个人在那儿跳舞。这种仪式本来是天子独享的,对于诸侯来说,只能享受“六佾舞于庭”的待遇。可是,诸侯的力量增强了,也想享受天子的待遇,于是也“八佾舞于庭”。这样,礼仪的规范就颠倒了。作为周公的继承人,孔子看到这种情况,非常痛心。在他眼中,这是一个“礼崩乐坏”的时代,社会规范都被破坏了,伦常都混乱了,人们生活动荡,道德沦丧,所以他感叹道:“是可忍也,孰不可忍也?”

古人之所以把音乐教育放在如此重要的地位,是因为他们认为,音乐是感人最迅速、最深刻的,音乐可以移风易俗。

中国传统文化的典籍《礼记·乐记》言:“凡音之起,由人心生也。人心之动,物使之然也。感于物而动,故形于声;声相应,故生变;变成方,谓之音;比音而乐之,及干戚羽旄,谓之乐也。乐者,音之所由生也,其本在人心感于物也。”意思是说大凡音的起始,是由人心产生的。而人心的变动，是由物造成的。心有感于物而变动，由声表现出来；声与声相应和，才发生变化；按照一定的方法、规律变化，就叫做音；随着音的节奏用乐器演奏之，再加上干戚羽旄以舞之，就叫作乐（音 yuè，月）了。所以，乐是由音产生的，而其根本是人心有感于物造成的，是人的情感的一种迸发。

《乐记》认为，礼和乐是相互配合的，并把乐提到了一个很高的位置上来强调。同时，它还认为音乐对人的感受力、震慑力是最为强大的。它讲："故乐行而伦清，耳目聪明，血气和平，移风易俗，天下皆宁。"如果音乐教育进行得很成功的话，那么人们会耳聪目明，血气也会平和，并且能够移风易俗，这样天下都会安宁、和谐。

《乐记》里特别强调这样一个观点，音乐的根本在于培养人的品德，培养人的修养等，而不是培养人的艺事。也就是说德行是最高的、最重要的，而艺事反倒是其次的。这里着重强调了礼乐的教化功能。

第二节 淀山湖戏曲文化的繁荣

元朝是蒙古人入驻中原的朝代，北方游牧民族的文化与中原的儒家思想发生了激烈的冲突。为了更好地进行统治，统治阶级兼容并蓄，把北方文化与中原文化进行结合，推崇理学，并请南宋儒生到太极院讲授程朱理学，科举时规定统考四书五经的内容等。在吸收了隋唐以来各种戏剧优秀传统的基础上，元杂剧和元散曲脱颖而出，成为我国文学艺术中光彩夺目的花朵。

一、至讷对淀山湖戏曲文化的贡献

淀山湖镇的戏曲可以追溯到元散曲。散曲，是一种与音乐结合的长短句歌词。经过长期酝酿，到宋金时期又吸收了一些民间流行的曲词，尤其是少数民族乐曲的流入并与中原正乐融合，导致传统的词和词曲不能适应新的音乐形式，于是逐步形成了一种新的诗歌形式——散曲。散曲在文学史上具有重要的地位，是我国传统文化的组成部分，是我国文学宝库中光彩夺目的瑰宝之一。散曲的特点，一是具有与词一样的长短句形式，格律规范，对仗工整，但灵活多变，伸缩自如；二是以俗为美，雅俗结合，通押一韵，不换韵，但词字可复用；三是有明快显豁、自然酣畅的审美取向。所以，散曲既灵活自由又严格复杂，是一种不同于诗、不同于词、不同于曲，但又与诗、词、曲紧密联系，三者融汇一体，通俗易懂的独立文体。散曲题材多样，在描写田园山水风光的作品里，道法自然充溢其间。作家通过对自然景物的描写，寄托幽远情趣，人与自然融为一体；在咏物作品中，大多运用丰富的想象力，点缀仙境、抒发幕道情怀；在咏史的作品里，通过纵向追溯，歌咏隐士、居士、修道人家宁静的生活，反映烟波钓叟陶醉于美丽的自然环境和富有情趣的审美感。所以，散曲在艺术表现手法上，烘托空寥寂寞、淡泊明志的意境，返璞归真，其作品富有极强的生命力和艺术感染力。江南是文人墨客云集之地，他们游山玩水，填词赋歌，吟诗作画。淀山湖镇因处于太湖流域，又有一大湖泊——淀山湖，更受文人雅士的钟爱。

除了淀山湖镇的地理优势吸引了众多名士慕名而来，或来此隐居避世，或来此小憩休闲，或来此会友赏玩。其中最有名的是元代画家朱德润，他就隐于淀山湖畔的金家庄，与他有密切来往的有其师姚子敬和赵孟頫，他与顾阿瑛也常有互访。

对淀山湖戏曲文化做出突出贡献的是碛墺寺的僧人至讷，法名无言。明代叶盛在《水东日记》卷三中，就提到："至讷无言，福严寺僧，善词翰，所交皆一代名人，赵松雪、冯海粟、柯丹丘、郑尚左、陈众仲，最后亦钱惟善辈。有诗文真迹在孙叔英家，无言卷尚留寺中。"讲至讷善于赋诗作词，演唱戏文，特别擅长散曲。他的朋友赵松雪（1254—1322），即赵孟頫，字子昂，号松雪、松雪道人，元代著名画家，楷书四大家（欧阳

昆曲琴挑

询、颜真卿、柳公权、赵孟頫)之一。赵孟頫博学多才,能诗善文,懂经济,工书法,精绘艺,擅金石,通律吕,解鉴赏。特别是书法和绘画成就最高,开创元代新画风,被称为“元人冠冕”。他也善篆、隶、真、行、草书,尤以楷、行书著称于世。冯海粟(1253—1348),即冯子振,元代散曲名家,字海粟,自号瀛洲洲客、怪怪道人。元大德二年(1298年)登进士第,时年47岁,人谓“大器晚成”。朝廷重其才学,先召为集贤院学士、待制,继任承事郎,连任保宁(今属四川)、彰德(今河南安阳)节度使。晚年归乡著述。世称其“博洽经史,于书无所不记”,且文思敏捷,下笔不能自休。一生著述颇丰,传世有《居庸赋》《十八公赋》《华清古乐府》《海粟诗集》等书文,以散曲最著。柯丹丘是元代四大南戏之一《荆钗记》的作者。钱惟善,自号曲江居士。至正元年(1341年),以乡荐官至儒学副提举。张士诚占领江浙后,退隐吴江筒川,后又迁居华亭。明洪武初年卒,与杨维桢、陆居仁合葬于干山,人称三高士墓。钱惟善长于《毛诗》,兼工诗文。

有《江月松风集》12卷传世。又兼长书法，作品有《幽人诗帖》《田家诗帖》等。事迹收录于《续弘简录》。从至讷所结交的一些好友中，可以推断出至讷生于1300年左右。关于僧人至讷，在淀山湖镇的民间，还流传着他的故事。

至讷是个孤儿，不知父母是谁。某年冬天，天空降了一夜雪，尘世间一片白茫茫。碛礇寺的扫地僧一早扫雪，当他打开寺门时，看到寺门前的雪地里有一襁褓，里面有一婴儿正安然入睡。僧人连忙把婴儿抱回寺中，向方丈禀告。方丈一看是个才出生没多久的婴儿，有些犯难：如此小的婴儿，寺庙恐怕难以养活。想让僧人把婴儿抱至村落，问问是否是周边人家故意扔下的。

僧人按方丈的要求，到碛礇寺周围村庄挨家挨户地询问。遇到有奶水的女子，见孩子饿得直哭，就给孩子喂奶。遇到家里烧粥米的，就舀上一些粥汤给孩子吃。僧人抱着孩子，问遍了碛礇寺方圆十里的地方，但没有人家说丢弃孩子。不得已，他只好重新抱着孩子回到寺院。

方丈见僧人重新把孩子抱回寺内，他接过襁褓，仔细端详着婴儿，见婴儿正咧嘴朝着他笑。方丈说："实无有众生如来度者，那就把他留下吧，这也是他与碛礇寺的缘分。"

于是，这个婴儿便被留在了碛礇寺，法号至讷。

光阴荏苒，僧人至讷长大成人。他从小聪明伶俐，在寺院中除了学习经文，还学习诗词音律，琴棋书画，无所不通，填词为文，信手拈来。

碛礇寺是座千年古刹，在江南一带小有名声。为了让至讷悟深悟透禅经禅理，方丈让至讷云游，前往天目山，向中峰明本禅师学习。

中峰明本是位得道高僧，毕生以清苦自持，行如头陀，虽名高位尊而不变其节，风骨独卓，众望所归，被尊之为"江南古佛"。宋仁宗曾赐号"广慧禅师"，并赐谥"普应国师"。当时的王公贵族、文人士大夫，不分权贵均拜入明本禅师门下。

至讷到达天目山后，一路询问，可竟然无人知道明本禅师的行踪。因为明本禅师常常以船为居，往来于长江上下和黄河两岸，抑或筑庵而居，皆以“幻住庵”为名，聚众说法。说过，就飘然而去，不受礼，不扰人。至讷只能按村民所述，以禅师说经讲禅的路线，一路追寻。

一日，至讷来到一处山脚下，有几间房屋。他见一户的烟囱内飘出袅袅炊烟，于是就向那家走去。他向主人询问明本禅师的去向，主人只告诉他：“禅师去了该去的地方。禅师让我告诉你，不必找他，有缘自会相见。”至讷听后，似乎明白了什么。他退出屋外，突闻山间丛林中传出一阵歌声，辽远而高亢。一曲歌息，只听空山中，传出：“禅即净土之禅，净土乃禅之净土。”而后，山林归于寂静。至讷一下子明白了，他告别主人，重新回到碛礇寺，专心修禅。

至于至讷与明本禅师是否有缘相见呢，文献没有记载，也无相关的传说。但从至讷与明本禅师有共同的知己赵孟頫和冯海粟这一点上，可见他们是有缘的。

至讷在碛礇寺修行结善缘，其朋友经常前来拜访，或研究诗文，或探讨佛学，或苦攻散曲。其间，柯丹丘在创作《荆钗记》时，就住在碛礇寺内。因为《荆钗记》写的是南宋时期的人物，但其主人公钱玉莲的原型是碛礇人，与碛礇寺也有一段渊源。柯丹丘在写《荆钗记》时，经常与至讷一起研究，对相关的词句进行推敲。

那时的淀山湖地区就已经是戏曲盛行的地方，各村的百姓人人都能哼上一段小曲，个个都会唱几首山歌。特别是劳动之余，农忙之后，戏曲就成为他们必不可少的精神依托。

二、淀山湖戏曲文化的多样性

淀山湖位于江、浙、沪三地的交汇处，因而淀山湖镇与江、浙、沪的交流十分频繁。既可水路出行，又能陆路而走。淀山湖镇人在与外界进行商业贸易的同时，也把不同地方的文化带了进来，因而淀山湖镇的文化集众多地方的精华，呈现多元化趋势。特别是淀山湖镇的戏曲文化，集众地所长，融八方音律，各类唱腔，各类剧种，被广泛传播，得到居民们的喜欢，并相互传唱。其中，最受淀山湖镇居民喜欢，传唱甚广的是沪剧、越剧、锡剧和黄梅戏。

沪剧，起源于吴淞江和黄浦江两岸农村的山歌俚曲，在清嘉庆元年（1796年）《淞南乐府》中已有记述，至今有200年以上的历史，在其发展过程中，起初曾以民间说唱的形式出现，被称为“山歌”，又称为“东乡调”。至清同治、光绪年间，这一说唱形式已逐渐向戏剧表现形式的“对子戏”、“同场戏”过渡，当时群众又把它叫做“花鼓戏”。对子戏由上下手两人分别操胡琴、击响鼓，自奏自唱。戏中仅有一生一旦或一旦一丑两个角色，多数以唱为主，表演较多模拟日常生活。演员均着农村服装，男戴毡帽束竹裙，或戴瓜皮小帽，着长衫马甲；女穿短袄布裙或裤子。发展至同场戏，角色增加到三个以上，并别设专人操奏乐器。根据角色的多少和剧情的繁简，同场戏又有“大同场”和“小同场”之分。

沪剧早期的传统剧目在表现内容上，大多取材于当地普通百姓的家常琐事，不少戏是在真人真事基础上演绎铺排、丰富发展的。因此往往带有说新闻唱新闻的痕迹，敢于激浊扬清，风格活泼生动，从歌颂男女青年爱情的《庵堂相会》，揭露童养媳遭受恶婆婆虐待欺凌的《阿必大回娘家》，悲叹赌博导致人性扭曲、家庭破灭的《陆雅臣卖娘子》，到抨击忤逆不孝道德沦丧的《借黄糠》，这些剧目通过各个侧面比较完整地描绘了清末松江一带乡村集镇的生活风貌，反映了当时劳动群众的质朴感情和强烈爱憎，表现了他们对生活理想和美好爱情的追求。正因为这样，这些戏能激起观众共鸣，处处受到欢迎。

淀山湖镇村民，特别是镇南镇东一带的村民，素有“上角里”、“上上海”、“上青浦”一说，意为到朱家角去，到上海去，到青浦去。相对而言，

陆雅臣卖娘子剧照

往这几个地方比到昆山近多了，所以淀山湖镇凡是需要添置物件、购买东西，往往会去以上三个地方。而且淀山湖镇的方言，与上海青浦、朱家角地区的方言一脉相承，不论是语音语调，还是俗语搭头，都十分相近。沪剧的曲调又是从民间的山歌演变而来，演的是群众生活中的事，淀山湖镇的群众听得懂，也乐于听。在业余生活非常贫乏的时候，看看戏，听听曲，是当时最流行的娱乐方式。所以流传于上海的沪剧，在淀山湖镇得到广泛的认可和喜爱，是不足为奇的。

沪剧在上海慢慢形成气候的同时，沪剧在淀山湖镇也生根发芽。清末民初，旅沪同乡会的建立，《湖光周报》的创刊和发行，沟通了苏州、昆山、青浦、上海等地的商情信息，随着商贸的频繁往来，使这些地方的戏曲文化艺术也得到了相互交流，其中群众最受益的沪剧在淀山湖镇流行开来。

民国二十三年(1934 年)，活跃于农村的两大班社的新新社和中山社，他们以杭嘉湖、淀山湖地区及松江、青浦、奉贤、金山等地为经常演出的处所。每年农闲时节，或节庆、庙会时，这两大班社就来到农村，给群众送去创作的沪剧作品。淀山湖镇的富豪乡绅遇到嫁娶、祝寿、造屋上梁等喜事时，主人也会重金外请戏班前来表演，以图热闹喜庆。

除了沪剧是淀山湖镇广为流传的戏曲外，还有越剧，也得到广泛传唱。越剧是浙江的地方戏，它能在淀山湖镇得到传唱，得从越剧的起源说起。

越剧起源于浙江嵊县。越剧自1906年在嵊县登台演出以前，已经有一百多年历史了。越剧的前身是“小歌班”，也叫“的笃班”。所谓“的笃班”，是指其演奏的乐器非常简单，只有简单的尺板、笃鼓，形象地表明了它的乐器产生的简单的节奏：“的——的——笃——笃——”它的前身是“唱书”，唱书的源头是农民在劳动之余的田间地头休息时，很多人自编自唱一些能反映老百姓心声的山歌小调，如“扫地佬送元宝”、“田螺姑娘烧饭”之类的奇闻逸事，总能得到农民的好评，并且渐渐地传唱开来。

随着部分擅长自创和表演的农民走出村落，利用闲暇时间，走街串巷，到各地去唱曲，赚取家用补贴，渐渐形成了专门从事这一行的戏曲班子。开始时，班子成员都是男子。艺人们自身并没有多高的文化，所以他们的演出通俗易懂，贴近农村生活和农民心理。艺人们又走出山村，见到外界的世面，因而他们也给农村带来一些信息和见识。另外，他们演唱的是民间熟悉的故事、熟悉的曲调、熟悉的语言，所以“小歌班”所到之处，大受欢迎。

小歌班不甘于只在农村表演，慢慢向城市发展，特别是往上海发展。但开始在上海演出时，反响平平，他们只得又退回农村。经过反复打磨，特别是对戏曲唱词、唱腔、乐器等多方面的改进，在几进几出中，终于得到上海人的认可。

在男班鼎盛之时，也出现了女班。20世纪20年代，在上海经商的嵊县人王金水从京戏的表演中得到启发。京戏表演中，让时髦的小姑娘表演，广受欢迎。于是他回老家，招收小姑娘学戏。当时，农村有一说法“若给女儿进戏班，宁可拎篮去讨饭”，所以他虽然到处张贴广告，但少有人问津。他就开出特别优惠的条件，来吸引小姑娘的加入。在利益的诱惑下，一些贫困的人家便把自己的女儿送去学戏。

不久，女班的表演在农村受到欢迎。于是，戏班开始向上海开拓舞台，其间，女班的表演也进行了许多改良，在服装道具上，力求精细化；在题材选择上，取材广泛，有历史故事、新旧小说、时事新闻等。女班所受的遭遇与男班一样，经历了从不受欢迎到受欢迎的过程。

日本侵华时，战火硝烟弥漫，局势不稳，治安动荡。上海的租界在一定时期内，成为中日交战双方不介入的特殊地区，也被称为“孤岛”。戏班们为了生存，涌向了繁华安定的租界地区，以求发展。这个特殊地区竟然出其不意地成为越剧在上海发展的重要因素。这段时间，越剧在孤岛的受欢迎程度前所未有。每场演出戏票供不应求，剧场内观众挤得水泄不通。上海最主要的报纸《申报》大篇幅介绍越剧“七班会串”的事。孤岛的各种报纸杂志迎合越剧迷的需要，开辟了相关的版面。

越剧在上海流行之前，就已经在杭嘉湖地区流传。苏南、浙中、浙南同属于吴语区，并且苏南和越剧的中心流行区域的方言同属吴语太湖片。在东晋北人南迁时期，吴郡（苏州）、会稽（绍兴）、吴兴（湖州）同为南方土族的聚居地，号称“三吴”。这是苏南吴语和浙北吴语接近的历史原因。越剧是以吴方言为基础的融合了吴越风土人情的一个地方戏剧。吴越之地地势平坦，乡土交接，纵横交错的河道为越剧班子的流动提供了极大的便利。特别是在交通不发达的年代，戏剧的很多道具、服装箱子和台柱等物件的转移成为班子很大的问题，但是又不可能长期在一个地方驻足，因此便利而舒适的水路成了越剧传播的主要手段。有了诸如此类的优势以后，越剧演出的中心便从浙江一带，往苏南、上海等地扩张。越剧班子一路西进北上，在上海、苏州、无锡、常州、镇江等地巡演。

越剧班子到淀山湖镇巡演，传播越剧，这是一个方面，另一方面，越剧同沪剧一样，主要还是以上海为中介，受上海的影响而得以在淀山湖镇流传。抗战时期的上海租界，是江浙区域人士避难、创业的最佳场所。离上海仅一湖之隔的淀山湖镇，因其与上海商贸往来频繁，越剧在上海风行的同时，淀山湖镇百姓对越剧也十分痴迷。随着科学技术的进步，越剧演员灌制唱片、录音，更是达到了“吴歌越曲满街闻，街谈巷议皆的笃”的盛况。

越剧与沪剧几乎同时从上海传播而来。随着淀山湖镇老百姓对沪剧和越剧越来越喜爱，当地一些年轻人到上海相关的戏班学习。碰到喜庆的场合，搭台唱戏时，他们也会露上一手，成为当地的明星。其他地方的乡民争相效仿。淀山湖镇的百姓人人都能唱个一段，如沪剧《阿必大》《燕燕做媒》，越剧《梁祝》《红楼梦》等片断。

越剧红楼梦

相对于对沪剧与越剧的痴迷程度而言略逊少许，但同样被淀山湖镇百姓喜爱的剧种还有锡剧、苏州评弹、黄梅戏。虽然这些剧种在淀山湖镇并没有达到沪剧与越剧那样的盛况，但它们同样深受淀山湖镇百姓的喜欢。特别是锡剧《双推磨》《珍珠塔》等选段，在淀山湖镇百姓当中也流传甚广。苏州评弹的《三笑》《岳传》《七侠五义》《水浒》等，也能在黄昏时分，从当地百姓自娱自乐的说唱中传出。随着淀山湖镇经济的发展，专门开设书场，邀请苏州评弹演员来为百姓演唱弹词开篇。黄梅戏，在淀山湖镇只能算是小戏种而被大家接受，其中的《天仙配》《女驸马》《牛郎织女》等剧目，也是大家耳熟能详的。

说 书

第三节 淀山湖戏曲文化的基础

淀山湖镇成为自古至今的戏曲之乡，不是凭空产生的，而有着深厚的历史文化渊源，是由坚实的宗教基础、经济基础、文化基础和群众基础奠定的。

一、深厚的宗教文化基础

吴地先秦以来就有传承不息的迷信鬼神文化传统。在那炎热潮湿、草莽丛生、沼泽四布、虫蛇出没的恶劣环境中，吴地的生产力还很低下，不能为社会提供更多的物质财富。以致进入阶级社会后贫富分化并不剧烈，从而为原始氏族制度某些残余的保存提供了丰厚的土壤。这些残余包括原始的图腾崇拜和鬼神迷信。吴文化具有较为浓厚的宗教性内涵。从汉至唐，吴地因地理的相对偏远，受儒家影响要比中原晚而弱一些，在文化个性上也就比中原更自由、活跃，佛教、道教在当地的流播非常迅速，进而与古老的好神巫的传统相结合，产生了鲜明的宗教特质。吴越先民自古就是“信巫鬼，好淫祀”。吴地水网密布，人们以舟船为生，为适应水上作业的要求和威慑水中鬼怪的心理愿望，吴越先民在与水患的斗争中逐渐形成敬事鬼神的信仰传统。吴越民间信仰体系极其庞杂，有众多的地方性神祇崇拜。这些神祇涉及吴越居民生活的各个方面，有神话人物神、自然崇拜神、历史人物神等。隋唐时期，这种信巫鬼、好淫祀仍然十分普遍，《隋书·地理志》载：“其俗信鬼神，好淫祀。”唐崔龟在《宣州昭亭山梓华君神祠记》中云：“吴越之俗尚鬼，民有病者不谒医而祷神。”佛教在吴地的传播也可以说明这一点。东晋南朝，随着政治中心的南移，佛教在江南流播甚广。上层社会与民间普遍流行这种新的文化，名刹众多，信佛者日众。至唐代更是禅僧云集，禅宗在此迅速流播。

吴文化具有开放性的特点，它从远古以来就不断地吸收、融合其他文化，显示了较突出的文化包容性，最突出的即是它和楚文化及中原文化的交融。吴立国之初，中原文化即开始融入吴、越当地文化。显然，吴文化是在与楚文化、中原文化的交融中得到发展的。秦、汉统一中国以后，采取大规模彻底的文化统一政策，并大规模移民江南。强势的大一统的中原文化冲击着江南各区域文化。大量中原人士南迁江南，使得东汉以后江南的文化优势逐渐确立。三国时期，孙权的许多重要官员，如鲁肃、吕蒙等将领都来自北方。东晋永嘉八王之乱、唐代安史之乱中，大规模的移民浪潮主要去向均为江南。江南广泛接纳北方士人与北方文化。

东晋南朝时期，佛、道教对江南的民间宗教基本上持包容、改造的态度。这种包容与改造一方面使佛、道教能够利用民间宗教加快发展；另一方面也使民间宗教从佛、道教中吸收了大量鬼神观念，从而丰富了这一时期江南民间宗教的内容，更使其开始带上亦佛亦道的色彩。东吴以后，佛教迅速在江南一带扎下根来。佛教在吴地的迅速发展与该地区肥沃的宗教土壤是分不开的。江南民众“敬鬼神则受巫觋之欺”。“尚鬼好祀”的民风表达了人们对神灵的无限敬畏和祈求福祉的强烈愿望，这种准宗教的心理、氛围，对于佛教在吴地的传播是非常有利的。佛教进入江南后，面对“淫祠杂神”，基本上持包容与改造的态度。佛教对以“淫祠杂神”为主的民间宗教进行改造，首先由于佛教的传播，在江东传统的鬼神行列中，又增加了许多新的鬼神，如饿鬼、罗刹、魔、夜叉、阎罗王、如来佛、菩萨、天王、诸天、罗汉、伽蓝神等。佛教教义中大量的鬼神故事在民间流行，丰富了民间鬼神信仰的内容。佛教的流行使观音信仰在江南民间盛极一时。道教在吴地的流传由来已久，民间对“灵魂不死”、“肉体飞升”的虔诚构成了江南民间极普遍的社会心理和社会意识。孙吴时，笃信李阿道的信徒“转相教授，布满江表”。后瘟疫流行，李宽亦未能幸免，但他死后，他的教徒却以为他是“化形尸解之仙，非为真死也”。道教在吸收民间巫鬼信仰因素的同时，对于民间巫鬼信仰具有的原始巫教色彩进行了猛烈的批判。尽管这些新天师道经典对民间巫鬼信仰进行了批判，但民间巫鬼信仰并没有因此大受影响。道教虽然反对民间宗教进行“血牲祭祀”，但它的兴盛却对民间鬼神观念进一步深入人心有一定的作用。

淀山湖镇是个临湖小镇，这里既有农业，又有渔业。所以淀山湖镇人的祭祀风俗十分庞杂，多神论是他们宗教信仰的特点。在万物有灵和天人合一观念的支配下，出现了有关神灵的崇拜和祭祀，将希望寄托于图腾、祖先和神灵。旧时淀山湖镇渔民风里来浪里去，驾驶小渔船航行在淀山湖里，危险重重，稍有不慎，就可能命丧湖中。面对险恶的自然环境，他们希望神灵能庇护自己的安危，能保佑自己的富贵。后来发展起来的农业，需要自然界的风调雨顺，他们又将心中的祝愿通过祭祀向神灵传达，以求一年的丰收。民间以信奉佛教为主，以至于呈现一村一庙、一庄一寺的景象。

“三尺头上有神明”，是以往淀山湖镇老百姓的普遍信念。由宗教信仰而发展而来的庙会和民俗活动层出不穷，这为戏曲提供了巨大的舞台。《苏州府志》也记载：“吴俗信鬼巫，好为迎神赛会。春时搭台演戏，遍及乡城。”庙会若以内容分类，除观音、城隍、关公等祭神的庙会外，还有与生产密切相关的春牛会、龙蚕会等，一般在空闲时节举行，少则一天，多则三五天，甚至有一旬的。一般在村（镇）中心的空地上举行，还搭台做戏。做戏，一般做三天。秋后，又有丰收戏、蚕花戏、祭神戏等，并有请戏班助兴的传统。

二、坚实的经济基础

戏曲文化，作为一种重要的精神文化，是基于一定的经济基础的。管子曰：“仓廪实而知礼节，衣食足而知荣辱。”这句话形象地说明经济是基础，为精神文化的发展奠定物质条件，精神文化的发展归根到底要受到物质文明发展水平的制约。离开了经济这个基础，物质文明上不去，精神文明建设就因失去基础而成为一句空话。戏曲能在淀山湖镇得到发展，与淀山湖镇厚实的经济基础是分不开的。自远古以来，江南水乡就是“地广人稀，火耕水耨，饭稻羹鱼，不忧饥馁”的地方，这里的人们可以不必为吃饱穿暖发愁。西汉史学家司马迁在《史记·货殖列传》中曰：“楚越之地，地广人稀，饭稻羹鱼，或火耕而水耨，果隋蠃蛤，不待贾而足；地势饶食，无饥馑之患，以故呰窳偷生，无积聚而多贫。是故江淮以南，无冻饿之人，亦无千金之家。”《平准书》又引汉武帝处置山东灾民的诏令曰：“江南火耕水耨，令饥民得流就食江淮间。”其后《盐铁论·通有篇》和《汉书》的《武帝纪》《地理志》均有类似记载。淀山湖镇作为典型的江南水乡，其主要经济来源还是以渔业、农业和养蚕业为主，形成了以农耕文化为主、商贾文化为辅的生产方式。特别是农业，更是淀山湖镇人赖以生存的根本，虽然有部分经商者或官宦人家，但他们也兼耕种。优越的经济地理环境，使淀山湖人的祖祖辈辈用较粗放的农耕渔猎方式就能获得衣食，比中原人较少生存之忧与劳作之苦。

随着宋朝中期社会的政治稳定和经济发展，淀山湖镇的农业经济也得到了发展。在物质生活得到保证的前提下，人们对精神生活也产生了更多的需求。除了富豪乡绅有实力邀请戏班外，普通农家也具有一定的经济实力。由于他们对戏曲的喜爱，大家都愿意拿出钱来。每逢节庆之时，外邀戏曲班子来唱戏，大多由农家集资而成。遇到丰年，竟然有轮流唱戏一两个月，直到春耕开始才作罢。如此大规模、时间跨度长的戏曲表演，在淀山湖镇并不少见。

随着农业的发展，带动了手工业、商业的发展，淀山湖镇有一部分农民脱离土地，成为商业发展的带动者。他们走南闯北，在与外界的接触中，把外面的文化带入本地。特别是在宋元明，戏曲的形式发生了一些变革，从服装、道具、背景等外在的形式得到了提升，戏曲的唱腔、韵味、舞台编排等改变更适于大众的需求。

三、深厚的文化基础

淀山湖镇的戏曲之所以有此繁荣的盛况,宋元明时期的文化平民化也是一大因素。中唐之前的文化是以贵族文化为主体的,平民文化属于附属地位。中唐以后,社会文化的发展发生了重大的变化,文化平民化成为不可逆转的倾向。在宋元明时期,通俗文化与雅文学并驾齐驱。杂剧、词等文化形式,不仅是文人雅士的专利,普通百姓也能吟唱一二。宋元明时期的淀山湖镇,因其风景秀丽,吸引了许多达官贵人或落寞文人,他们有的在此隐居授学,有的在此游山玩水。儒学大师朱熹曾流连于淀山湖的山水,朱柏庐曾在淀山湖畔收徒授业,一代高僧至讷、景燮,白莲教创始人茅子元都曾在淀山湖畔留下诗书戏文。

元朝,是昆曲在昆山形成、发展的时期。淀山湖镇的名僧在其好友的帮助下,创作了《兰亭记》。据说当时至讷在研读唐代书法品评著作《书断》,书里称:"询(欧阳询)八体尽能,笔力劲险。篆体尤精,飞白冠绝,峻于古人,扰龙蛇战斗之象,云雾轻笼之势,几旋雷激,操举若神。真行之书,出于太令,别成一体,森森焉若武库矛戟,风神严于智永,润色寡于虞世南。其草书跌宕通流,视之二王,可为动色;然惊其跳骏,不避危险,伤于清之致。"读罢,至讷唏嘘不已,颇是惆怅。

此时,正好有友来访,他们一起谈起欧阳询的书法造诣,赞叹不已,并谈起欧阳询看石碑字帖,摸索竟达三天三夜之久。几人突发灵感,何不以欧阳询为原型,写一出昆曲,以怡情养趣。在这个提议下,才有戏曲《兰亭记》,并由至讷主演,受到了当地百姓的欢迎。《兰亭记》是以欧阳询的楷书《兰亭记》为名,主要讲了欧阳询的故事。一次,欧阳询外出游览,在道旁见到一块西晋书法家索靖所写的章草石碑,看了几眼,觉得写得一般。但转念一想,索靖既然是一代书匠,那么他的书法定有自己的特色。我何不看个水落石出。于是伫立在碑前,反复观看了几遍,才发现了其中精深绝妙之处。欧阳询坐卧于石碑旁摸索比划竟达三天三夜之久。欧阳询终于领悟到索靖书法用笔的精神所在,因而书法亦更臻完美。

在淀山湖镇停留的文人,不仅自己在淀山湖镇的山水中寻找灵感,而且把自己的技艺教给当地百姓,使戏曲成为百姓喜闻乐见的娱乐形式。

四、广泛的群众基础

戏曲的繁荣和发展,需要有观众,需要有广泛的群众基础。戏曲,得到观众的认可和喜欢,才能传唱,才能继承,才能发展。从戏曲的发展史中,可以看出戏曲的观众群体是广大劳动者,其中最核心的人是遍布全国各地的农民。他们的物质生活贫困,生活单调,但这并不影响他们对精神世界的追求。广大农民因物质条件的限制,无法像官宦和有钱人家那样,送孩子去私塾上学,学习仁义道德和技艺,他们只能在日常生活中进行潜移默化的学习。而这个学习途径,除了口耳相传外,最有效的途径就是戏曲欣赏与传唱。这是由戏曲的认识功能和教育功能所决定的。农民的生活很平淡,生活的圈子也仅仅局限于自己的田地、自己的家庭,很少有走出去的习惯。他们接触外界也是通过戏曲来实现的。农民闲暇时,组织庙会,庆祝丰收,搞各种庆典活动,往往会请一些戏班子来唱几天戏,这是因为戏曲有很强的休闲娱乐功能。

戏曲是综合运用造型、表演、语言艺术等手段的表现方式。戏曲的文学剧本具有情节跌宕起伏、引人入胜的特点;戏曲的人物造型富含特色,布景设计凝练、灯光安排合理、道具运用巧妙、服装制作精美、化妆技术精致,具有很强的审美功能。戏曲的音乐充满美感,不管是插曲,还是配乐,曲调悠扬婉转、一唱三叹,表演中的动作、舞蹈、程式都透出戏曲的韵味。所以戏曲除了能得到达官贵人的喜欢外,在广大农村更是得到了

百姓戏台

老百姓的喜爱。他们从戏曲舞台上的故事中了解了神话传说、传奇人物、英雄故事、历史烟尘和世态人情，从中看到了忠奸的较量，坏人被惩罚，正义得到了伸张。在广大农民的心目中，戏曲不仅是娱乐休闲的方式之一，更主要的是他们借助戏曲，看到了自己理想生活的实现。因而在农村，戏曲的受欢迎程度远远高于城市。

淀山湖镇地处江南，山清水秀，自古就是鱼米之乡。凡事应合农时农事，该春播秋收，该农忙田闲，就按时按事有条不紊地进行。在空闲时节，戏曲就成为淀山湖镇主要的文体活动。他们除外请各种戏曲班子来村演戏，还自己组建戏班演戏，甚至还自编自演。

民国之前的春、冬两季，有喜欢戏曲的组织者，在敬神活动的场合中，在神庙前搭台演戏。为了增加娱乐性和可看性，甚至搭了两个戏台对峙，两台戏班同时表演，进行比赛，这被称为“双戏台”。淀山湖镇人还会邀请远方的亲朋好友前来看戏。这方神庙演罢，到那方神庙表演。

淀山湖镇的戏曲班子也有自己进行比赛的。每个班子一天戏，第二天换另一个班子，看哪个班子招揽的观众多，为胜出。在这种氛围下，淀山湖镇许多富裕的农家青年，其父母会请丝竹世家教孩子学丝竹，以陶冶性情，提高修养，并为戏曲班子提供后备力量。

戏曲是淀山湖人必不可少的生活内容之一，最为常见的就是唱花鼓戏，即后来发展为沪剧。据记载，花鼓戏是在强压下发展起来的，禁而不息。花鼓戏是“男敲锣，妇打两头鼓，和以胡琴、笛、板。所唱皆淫秽之词，宾白亦用土语，村愚悉能通晓”。可见，当时花鼓戏的表演形式基本上处于一男一女“两小内戏”的原始状态，其流动性也较大。“村愚悉能通晓”是指其所演所唱通俗易懂，普通农民都能听懂。其所敷演的内容，据载“皆淫秽之词，演必以夜”，从中可知花鼓戏多以男欢女爱为主要故事情节，被当时主流社会所不齿，并被禁止。嘉庆十一年（1806年），青浦知县武韵清就曾颁布过《禁花鼓告示》，但是花鼓戏越禁越多。光绪七年（1881年）《嘉定县志》卷八载“花鼓戏为祸尤烈，淫态百般引诱，其为害不可明言。官虽示禁，空文而已”，这更说明这种扎根于农村的民间小戏——花鼓戏有着强劲的生命力。花鼓戏向来属于禁演之列，但在淀山湖镇还是蓬勃发展，并未受影响。

淀山湖镇还有名为待佛的活动。淀山湖镇的庙宇划分地界，每座庙分别设有六房、轿班等职务。其中六房主要管理寺庙内的事务，轿班主要管理神像的刊出。每年春秋要举行待佛。那时，淀山湖镇的百姓宰猪杀羊，合资聚饮，另外雇用戏班唱戏说书，作为娱乐。

茶馆，也是淀山湖镇人休闲的好地方。有的茶馆甚至通宵营业，因为茶馆内有说书先生在说书。一般十日为一出书，日夜开唱。茶馆内，茶香四溢，琵琶叮咚。茶客昂首静听，回味无穷。茶馆成了人们交流信息、开展精神文化活动的重要场所和重要载体。

第六章　诗词的优美

历史悠久的淀山湖以其美不胜收的自然风光和文明敦厚的人文环境，吸引着古代无数文人墨客，留下了数不清的诗词作品。在《风水宝地淀山湖》一书中，我们精选了从晋朝陆机到新中国建立后陈毅元帅的诗词共45首，主要集中于对淀山湖自然风光的讴歌。在这本书中，我们主要立足于淀山湖镇当地，精选一些影响比较大的历史人物的诗词以及一些艺文资料予以介绍和品鉴。

“文以载道，歌以咏志。”这些精选的诗词和艺文资料除了有对淀山湖自然环境的赞美外，还有对于人生、友谊、理想、家庭、事业、爱情、道德等问题的深层思考，对于人们树立正确的世界观、人生观和价值观有深刻的启迪。

第一节　歌以咏志的淀山湖先贤

淀山湖的先贤们在这块神奇的土地上仰观苍穹之大、俯察湖水之深和品类之盛，探究人与自然、人与社会以及人与人的关系，创造了十分丰富的精神产品。朱德润、朱希周、朱吉、孙俊、叶盛、王鉴、叶奕苞、薛朝阳、李庸等人的诗词，除了对自然山水的赞美外，还表达了他们对不平等的社会现象、对真挚的人际关系以及对人生奋斗的理想等问题的深层思考。

一、元代朱德润的诗词

朱德润(1294—1365年),中国元代画家,诗人。字泽民,号睢阳山人。睢阳(今河南商丘)人,其先祖跟随宋室南渡,居昆山(今属江苏),遂为吴人。善诗文,工书法,格调遒丽。擅山水,初学许道宁,后法郭熙,多作溪山平远、林木清森之景,重视观察自然,当北游居庸关时,尝作《画笔记行稿》。元英宗至治元年(1321年)出任征东儒学提举,备受皇帝宠信。后又曾任浙江省照磨,参议国事。他是当时有名的学者、画家。所著有《存复斋文集》《古玉图》等传世,传见《新元史》卷二百三十七。

《读书》

忆初垂髫时,读书义微茫。
岂知礼法贵?衣冠自虞唐。
岁月忽云迈,壮年无寸长。
幸逢尧舜君,讴歌乐时康。
穷达固有命,为学当自强。

这是朱德润劝勉世人抓紧时间读书学习的诗。他以自己的经历谈起,回忆垂髫之年(三四岁到八九岁称为垂髫之年)时,还不懂读书的作用,不知道知书识礼对人生的价值。以后,深受儒家思想的影响,才注重文明礼仪传承,勤于读书学习。作者认为,如果不能抓住光阴刻苦读书的话,很快人就到壮年了,结果就碌碌无为,一事无成,空度一生光阴。现在,生活在一个幸运的年代,当代君主如尧舜,一派安乐景况,真是读书的好时机。贫困或通达,固然是由命运决定的,但是,人们可以通过读书学习,努力图强来改变自己的命运。

《对镜写真》

千金画史托铅华,难写春心半缕霞。

两面秋波随彩笔，一奁冰影对钿花。
情怜晓月秦川雁，思逐朝阳汉树鸦。
不信云间望夫石，解传秦川到君家。

这是一首语言文雅绮丽、抒情委婉含蓄、细腻而深沉地抒发闺中妇女相思情感的“闺情诗”。诗中前两行写了女子对镜梳妆打扮，自画倩影、自怜幽独的情景。镜前，女子洗尽铅华，春心半缕，红晕飞上脸颊。执笔描眉画睛，一对银色钿花别于发际。后两行中，“情”、“思”、“望夫石”等词，从空中的飞鸟想到梦中的爱恋之人，展开丰富的联想，将女子深深地思念远在他乡的爱人的思夫之情栩栩如生地表达了出来，充分反映了委婉真挚的女性情思。

《沙湖晚归》

山野低回落雁斜，炊烟茅屋起平沙。
橹声归去浪痕浅，摇动一滩红蓼花。

元朝统治者对汉人多加歧视排斥，即便是汉族官员也不免受此折磨，于是在30多岁的青壮年时，诗文书画精通的汉族知识分子朱德润看破官场，辞官归隐淀山湖。从流传至今的几幅画来看，朱德润极为崇尚清远萧散的隐逸生活，《沙湖晚归》所描述的便是诗人隐居之情境。

山野、落雁、炊烟、茅屋、沙滩，构成了一处恬静悠闲的水边人家风景。山野低回，围绕着一碧无尽的湖水，平缓的沙滩边上是数椽静静的茅屋，野鸭野雁归巢之际，正是野村炊烟袅袅之时，诗人也要划着船回家去了。静静的“橹声”激起浅浅的浪痕，显得安逸恬淡和轻松自如。“摇动”两字在宁静中显示出了生机和活力，而一滩红蓼花，是此诗中最为靓丽和最吸引眼球的亮点，也是此诗未点明的希望之所在。全诗远近、动静、红白相结合，视觉与听觉相结合，让人赏心悦目，显示了作者高超的艺术造诣和高雅的审美情趣。

《送冯海粟待制入京》其一

人生百年间，会面能几何？
昔年送公去，冰雪满长河。
今年送公去，堤柳青婆娑。
春塘漾轻舸，晓日生微波。
柔橹数声动，游子行不歌。
梦随征帆去，思逐春流多。
落花粘空樽，错落金叵罗。
聚散未足道，且使朱颜驼。

冯海粟是元代大学士，与朱德润甚相好。古代画家画有《熙陵幸小周后图》，南唐后主李煜被俘后，赵光义多次强留小周后于宫中。画中，太宗戴幞头，面黔色而体肥，周后肢体纤弱，数宫人抱持之，周后作蹙额不胜之状。冯海粟在图上题诗："江南剩得李花开，也被君王强折来；怪底金风冲地起，御园红紫满龙堆。"

此诗是朱德润送别冯海粟而作。有两首，这里选其一。从诗里，可以感受到朱德润与冯海粟之间的深情厚谊。人生百年，与好友知己能有几次会面呢！昔日送别，正是冬天，雪满天，冰冻河。今年送别，杨柳婆娑，荷塘荡漾，轻舟摇摆，春日暖阳。橹声欸乃，游子远行。梦随着白帆而远，思念逐流而行。残花错落，酒樽空置。人生聚散无常，不足道，让人容颜老。全诗画面生动，意境深远，将好友知己之间的深厚情谊充分反映了出来。

《白菊》

退官陶靖节，送酒白衣来。
黄花厌土色，化为清白栽。
寒香当独酌，晚节共徘徊。
篱边无俗客，瓮下有余醅。

九日百年醉，一生能几回？

《白菊》是朱德润以自然景物为题，写有一组五言诗中的一首。陶渊明辞官归里，过着“躬耕自资”的生活，有“采菊东篱下，悠然见南山”的佳句。王弘遣白衣使，给陶潜送酒。菊花厌色，以清白示人。秋日独绽，寒香独酌。朱德润以白菊自比，孤芳自赏，往来无俗人，瓮内有余酒。一醉方休，人生能有几回。

朱德润几经出仕入仕，在作为与退隐之间矛盾着。这首《白菊》可以看出他向往陶渊明隐居乡村、安贫乐贱的超然洒脱，表达了洁身自好、不随波逐流的人生态度。

《春暮感怀》

辛夷花落芳林静，啼鸩声干云欲暝。
暖风吹雨绿阴生，梅子心酸犹未醒。
书窗睡思将无凭，故山幽梦青峥嵘。
平生自有泉石念，寸禄无干何用名！
薰天富贵哪足恃？厚禄未为身后计。
破垣发屋笑王涯，良弃勋名如脱屣。

这首诗借景抒情，通过写春天暮色，而抒发自己看破功名的思想。前一部分描绘了自然风景，辛夷花落，树林安静，鸟啼渐歇，暮色渐重。暖风吹，雨丝洒，绿阴生，梅子酸涩，还未成熟。后一部分表明自己归隐山林的意向。功名利禄，薰天富贵，都不足为恃。放弃功名，像脱鞋子般。朱德润的一生是坎坷的，他既有风光无限的日子，又有回归山林、接触穷苦百姓的经历，因此，他对于世事看得比较通透。朱德润最终选择辞官隐居金家庄，对于其个人来说，有利于修身养性，会聚雅士；对于金家庄来说，更是有利于村庄教育发展、文化积淀。

《题袁伯长学士画》

渐渐之石维其高，宣泽布气凌紫霄。
雨余气清无秋毫，石泉无风天籁号。
老树俛立吹寒梢，纷纷客子征途遥。
搴裳涉溪行乘橇，莲花玉芝在山椒。
久欲寻真不惮劳，蓬莱海阔翻云涛。
凤笙和鸣王子乔，顾一见之同游遨。

袁桷（1266—1327 年），字伯长，浙江鄞县人，元代著名作家。生下七日，母亲亡故，靠外祖父抚养成人。袁桷小时读书，勤奋苦学，每每通宵达旦。他见宋末文学杂乱，很少建树，便以重振文坛为己任。元大德初年，被荐举担任翰林国史院检阅官、翰林直学士、知制诰、同修国史。后又拜侍讲学士。他奉旨修元朝成宗、武宗、仁宗三朝大典，增添了许多治国安邦的道理。元英宗对袁桷的博学十分赏识，又命他撰述宋、辽、金史，袁桷亦欣然自任。以后由于朝廷发生变故而没有完成。泰定初年，袁桷辞职回归故里，闭门读书，自号“清容居士”。袁桷的书法深受赵孟頫的学古法思想影响，从晋、唐中来，尤得力于柳公权、米芾，遒劲挺健，顿挫分明。

朱德润与袁伯长是好友，这首题袁伯长学士画的诗，以“渐渐之石维其高，宣泽布气凌紫霄”开头，在人们面前呈现出山石高峻、雾气蒸腾直达高空的景色。《诗·小雅·渐渐之石》：“渐渐之石，维其高矣。”毛传：“渐渐，山石高峻。”孔颖达疏：“以渐渐文连之石为山石之状，又以维其高矣，故知为高峻貌。”“雨余气清无秋毫，石泉无风天籁号”则将碧天如洗、纤尘不染、石泉无风，只有自然界那种自然而然的声音描绘了出来。“老树俛立吹寒梢，纷纷客子征途遥”，将自然界寒冷的气候使饱经沧桑的老树长长而挂霜雪的树枝俯立着的景象，与行进在遥远征途上的纷纷客子作对比。“搴裳涉溪行乘橇，莲花玉芝在山椒。久欲寻真不惮劳，蓬莱海阔翻云涛。凤笙和鸣王子乔，顾一见之同游遨。”由于道路艰险，只得提衣涉溪水，乘橇行走，但是心中有追求真理的信念，就不惧艰难困苦。意气相随的挚友琴瑟和鸣，肝胆相照，胸怀大志，携手同游，一定会到达蓬莱胜景。

《三月十日，至永宁先墓扫松》

夜长山空明月圆，风竹暗击青琅玕。
白云飞去无人看，万山森舞山漫漫。
我思母兮情怀酸，黄泉白骨土未干。
哀吟不成泪潺湲，山林为我啼清寒。

此首七言是朱德润于清明前前往先辈安身之地扫墓后写的。全诗写了山空夜长、风竹呜咽，由于特殊的节气而导致美景无人欣赏，山漫漫，思母之情悠悠。黄泉路上，土未干。我泪水涟涟，山林也与我一起哭泣。虽然诗只有四句，但从中可以感受到朱德润对先人的怀念之情。子欲养而亲不在，此般苦痛，那些拥有相似经历的人都能感同身受。在朱德润眼里，竹击青琅玕、山林流泉的声音，都在与他同哀同泣。

《官买田》

官买田，买田忆从延祐年。
官出缗钱输里正，要买膏腴最上阡。
不问凶荒岁水旱，岁纳亩粮须石半。
农家无收里正偿，卖子卖妻俱足算。
每岁征粮差好官，米价官收仍助钱。
不是军储与官俸，长宁寺内供斋筵。
寺僧食饱毳帽红，不知农耕水旱与荒凶。
里正陪粮家破荡，剥肤椎髓愁难穷。
普天之下皆王土，赋税输官作编户。

春秋祭祀宗庙中，长宁僧饭真何补？
官买田，台不谏，省不言。
不知尧汤水旱日，曾课民粮几千石？

这首白话诗通过对官买田这种变相对民粮的横征暴敛，反映了当时社会的腐败和黑暗。官家将膏腴最上阡以买的形式占有后，却不问凶荒岁水旱，一概岁纳亩粮须石半。官家收取这么多的粮食，却并不是为了充当军储与官俸，而是供给那些不劳而获者，为的是“长宁寺内供斋筵”，与路有冻死骨相反，“寺僧食饱毳帽红，不知农耕水旱与荒凶”。作者对于官家这种不敬民众、敬鬼神的做法表达了深深的怀疑，“春秋祭祀宗庙中，长宁僧饭真何补”？显然，作者期盼着公平正义的平等社会的到来。

二、元代薛朝阳的诗词

薛朝阳(1295—1388年)，元末明初道士，字鸣凤，号洞玄冲靖广道大真人。先居住在江西龙虎山上清宫，有斋粮田庄。在昆山淞南县淀山湖滨建有房屋数间，作为云游栖息之地。该处远吞山色，平挹湖光，风景绝佳。薛朝阳在此焚香静坐，悠悠然，与世隔绝。

《萨真人降笔》

玉堂侍御久思凡，谪向人间九十三；
此去更能修大德，青毡依旧列仙班。

《绝命诗》

悠然梦觉本非仙，百岁何妨欠七年？
昨夜昆仑孤顶上，一声霹雳旧青天。

这两首薛朝阳的诗，表达了他对生死超脱的人生态度。薛朝阳作为道家真人，有着仙风道骨之气。第一首写了他的降生，第二首写了他的绝尘而去。薛朝阳本人充满了传奇色彩，他认为自己原本是玉堂的御前侍者，因为思念凡尘，而入人间93年。在人间的这些年里，他与人为善，助人为乐，更能得到修炼。离世后，他依然会列入仙人之列。《绝命诗》中描述了薛朝阳仙逝时的情景。在他百岁还缺7年的时候（即93岁），昆仑顶上，一声霹雳乍响，薛朝阳魂魄脱离肉身，向天际而去。

薛朝阳在淀山湖一带有着很高的声誉，这得益于他平时的修为。他帮助周边的老百姓，送医问药，不时接济穷人。

三、明代朱吉的诗词

朱吉（1342—1422年），朱德润之子，字季宁，明洪武初任户科给事中，后升中书舍人、湖广佥事，为一时著名书法家和学者。

《书灯（四言古）》

凿壁窥光，随月假明。
几案堆雪，囊纱聚萤。
呜呼前哲，斯灯亦荣。

朱吉受父亲影响，非常注重儒家传统，习书练字，勤奋读书。这首四言诗，他从匡衡凿壁偷光、车胤孙康囊萤印雪这两个典故入手，引出前代人能如此苦读，我们有灯照明，是此生荣幸，更应该勤学苦读。凿壁偷光典出《西京杂记》卷二：“匡衡，字稚圭，勤学而无烛，邻舍有烛而不逮。衡乃穿壁引其光，以书映光而读之。”说的是西汉时候，有个农民的孩子，叫匡衡，他勤奋好学，可是家境贫寒，晚上想读书而无烛照明。邻居家倒是每到夜晚，总是烛光明亮，可惜这光照不到匡衡的屋里。怎么办呢？匡衡便把自己家靠邻舍的那堵墙壁凿开，以引邻居家的烛光读书。“囊萤”典出《晋书·卷八十三·车胤传》：“车胤，字武子，南平人也。曾祖浚，吴会稽太守。父育，郡主簿。太守王胡之名知人，见胤于童幼之中……谓胤父曰：‘此儿当大兴卿门……可使专学。’胤恭勤不倦，博学多通。家贫不常得油，夏月则练囊盛数十萤火以照书，以夜继日焉。”

“映雪”则出自《孙氏世录》：“晋孙康家贫，常映雪读书，清介，交游不杂。”说的是晋代车胤从小就好学不倦，因家贫没钱买灯油供他晚上读书，在夏夜他见室外飞舞着萤火虫，就用白纱布袋把捉来的萤火虫吊在书本上方，借着微弱的光线读书。同朝的孙康因为家贫，雪夜里借着窗外映来的雪光读书。此诗以《书灯》为题，从小事物上引出大道理，浅显易懂。

《读岳武穆王传》

吁嗟武穆王，志期在削平。
岂料偷安主，不识重与轻。
父兄肉未寒，忍与仇敌盟。
遂使忠义士，九原憾澄清。
正邪不能辨，何以复两京。
天地岂不仁，忠良多所倾。
精灵贯日月，简编千古名。

岳武穆王，指岳飞。岳飞，字鹏举，南宋人。中国历史上著名的军事家、战略家。从1128年遇宗泽到1141年的十余年间，率领岳家军与金军进行了大小数百次战斗，所向披靡，“位至将相”。1140年，完颜兀术毁盟攻宋，岳飞挥师北伐，先后收复郑州、洛阳等地，又于郾城、颍昌大败金军，进军朱仙镇。宋高宗、秦桧却一意求和，以十二道金牌下令退兵，岳飞在孤立无援之下被迫班师。在宋金议和过程中，岳飞遭受秦桧、张俊等人的诬陷，被捕入狱。1142年1月，岳飞以“莫须有”的“谋反”罪名与长子岳云和部将张宪一起被朝廷杀害。

《读岳武穆王传》是一首感叹岳飞一生境遇、主张明辨是非曲直的诗。开句“吁嗟”就表明了作者的态度，哀叹、叹息，为岳飞惋惜。岳飞壮志凌云，一心想平复北方少数民族的战乱。但其所处年代的君主，却苟且偷生，不知轻重缓急，父亲兄弟尸骨未寒，却已经和仇家结盟，让忠义之士蒙冤。依靠正邪不辨的君王，怎能收复两京呢。天地如此不仁，忠良之人大多断送性命，其精神贯日月，其故事传千古。朱吉写这首诗，既是对岳飞的赞扬，也借古喻今，给当时统治者提出忠告，促其警醒，要亲忠远奸，是非分明，不可做出使亲家痛、仇者快的蠢事。

《孝友堂潘孟律》

夫物人最灵，因其五常具。
五常苟不张，与物亦何异。
孝乃本乎仁，本充道必备。
其性受于天，匪由强而致。
气禀物欲移，安习于暴弃。
教养久不明，斯理日湮蔽。
潘节志卓然，乡间曰行义。
构堂奉新居，以色娱其意。
清清庭前竹，其烨自根柢。
予负罔极息，早已失怙恃。
效君将何及，徒抱斯言赘。

朱氏家庭系书香门第，受传统的儒家思想影响很深，是典型的儒者。仁义礼智信是儒家思想的精髓。朱吉把人与物作比，人之所以为“最灵”，是因为人知五常，否则，与物没有区别了。孝，是五常必备，其本性如此，并不是受外力影响。孝，让人远离动物习气，远离暴躁。教养不够，则礼仪欠缺。潘节有远大的志向，乡里也赞扬他的行为。他把父母奉养，满足他们的要求，让他们快乐。庭院内竹子的神采来自其根部。我如此失意，早已失去了双亲，无法再奉养他们。想效仿潘节这般也不能了，白白地在此感慨。

在这首探讨人生观的诗句中，朱吉阐述了自己的观点，人应该知

"五常",而"孝"是五常的根本,并以潘节为例,尽了孝道之礼。诗的最后,抒发了因自己无法再感恩父母双亲而怅然若失的心情。

《送顾凯生》

执酒饯行客,客子意何如。
人生天壤间,为学当有为。
况子美文质,正逢时所需。
别怀情缱绻,握手意踟蹰。
丈夫贵刚毅,勿为儿女悲。
勉以崇令德,努力事明时。

这是朱吉的一首励志之诗。好男儿,志在四方。朱吉执酒送客,临别前谆谆叮咛:人生天地间,学习了,应该有所作为。况且你的文章很出色,又恰逢当代所需。虽然离别时情意绵绵,握手时有些不舍,徘徊不前,但大丈夫要果断、刚毅,不要被儿女情长所牵绊。尽量让自己具有美德,努力做好每一件事。

《兰室》

幽兰自深谷,婀娜奕叶光。
秋露浥具英,飘香清且长。
虽无桃李花,悠然遗众芳。
高人意潇洒,培之向庭傍。
秀质日以亲,德业日以彰。
愿言托孤根,岁晏同相将。

这是一首托物咏志的诗,朱吉借兰花表明自己志向高远、遗世独立的思想境界。兰花本来自幽谷,其形,其香,其生命,都不是桃李所能比拟的。有高人喜欢兰花的潇洒,把其迁种于庭旁。每天欣赏兰花的品格,自己的德行也日趋高尚,希望能与兰花相伴相随,直至老矣。

梅兰竹菊，是古代文人雅士争相赞美的植物，他们欣赏其外形，感悟其品质，并常常借物自比，表达自己不落俗套、高洁清远的志向。

《勘书图》

志士恒苦心，读书严树林。
山绕四壁静，溪回曲径侵。
空斋绝外景，修竹生清阴。
味道求奥理，散步追幽寻。
梅雪爽书几，松风韵野琴。
青灯陪夜永，碧涧助长吟。
念兹日在兹，源深流亦深。

这是朱吉描绘山野读书图景的诗。在幽静的山谷中，溪水缓缓，青竹拔节。读书之人，抱着奋发图强之志，在书中寻求真理，在林中寻求坦荡。梅花飘香，白雪润书几，风吹松枝沙沙，如天籁之音。夜晚，青灯作伴，碧水相陪。常常提醒自己，知识学问源远流长，要深入研究。朱吉作为儒家教谕，时刻不忘读书学习。古人尚有如此好学的精神，今天的我们又作如何感想呢！

《别兄枫桥》

枫桥今夜宿，明日与谁同。
只恐宵将曙，愁闻寺里钟。
后期应有合，离思却无穷。
泪洒秋风道，含情一望中。

这首诗是朱吉在枫桥与兄弟离别时而写。枫桥，自唐代张继的《枫桥夜泊》之后，文人墨客写枫桥的诗层出不穷。朱吉这首诗并没有写枫桥，而抒发了夜宿枫桥、与兄弟叙离别之情。兄弟情深，今夜同宿，明日与谁同。静静地听着寺庙里的钟声，惜别之情涌上心头，希望晨曦来得迟一些。虽然知道日后还会相聚，但离别总是让人伤心。秋风萧瑟，泪洒古道，在深情一望中与兄道别。短短几句，把朱吉离别时的惆怅以及依依惜别的心情刻画得淋漓尽致。

《病怀》

多病惟谙药性，因贫颇历尘情。
古道不过克念，高才溺向求名。
何以风俗淳厚，应须教养休明。
莫叹年华冉冉，且看山色冥冥。

《病怀》这首诗反映了朱吉在病中而生发的诸多感触、感叹。因经常生病，而深知各种药的性能；因为贫穷，所以历经的世态炎凉颇多。古人讲的道理无非是做人要能克服妄念，而许多高才却往往过分追求功名，对此执迷不悟。风俗怎么才能淳朴厚道呢，必须学习和修养才能明理。不要感叹年华易逝，且看看自然山水的高远与渺茫。朱吉在这首诗中表达了自己超然洒脱的思想境界。尘世间的一切，与悠远、幽深的自然相比，无非是沧海一粟、微尘一粒而已。

《戏题酒馆》

白玉杯斟琥珀浮，紫檀榨酒真珠流。
李白曾沽市馆重，杜陵长醉浣花头。
二公远者应爱酒，寓酒能忘千古愁。

《戏题酒馆》一首，有调侃之风，“戏”字表明是戏说。首句讲酒如琥珀，如珍珠；次句写诗仙李白曾经一次次往集市买酒，杜甫饮酒长醉在河边。两公如此喜欢酒，因为借助于酒能让人忘记千古愁。

四、明代朱希周的诗词

朱希周（1473—1557 年），昆山历史上第四位状元。原名朱璞，字懋忠，号玉峰，直隶昆山（今江苏昆山）人。明弘治九年（1496 年）进士。明孝宗喜其姓名，擢为第一，状元。授修撰，累迁礼部侍郎，官至南京吏部尚书，乞休归，林居 30 年，不复起。

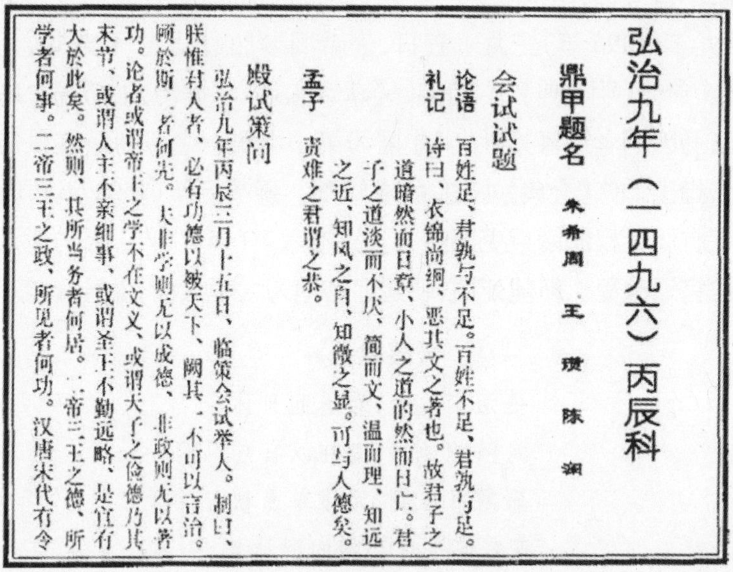
弘治九年（一四九六）丙辰科

鼎甲题名 朱希周 王瓒 陈澜

会试试题

论语 百姓足、君孰与不足。百姓不足、君孰与足。

礼记 诗曰、衣锦尚䌹、恶其文之著也。故君子之道暗然而日章、小人之道的然而日亡。君子之道淡而不厌、简而文、温而理、知远之近、知风之自、知微之显。可与人德矣。

孟子 责难之君谓之恭。

殿试策问

弘治九年丙辰三月十五日、临策会试举人。制曰、朕惟君人者、必有功德以被天下、阙其一不可以言治。顾於斯二者何先。夫非学则无以成德、非政则无以著功。论者或谓帝王之学不在文义、或谓天子之俭德乃其末节、或谓人主不亲细事、或谓圣王不勤远略、是宜有大於此矣。然则、其所当务者何居。二帝三王之德、所学者何事。二帝三王之政、所见者何功。汉唐宋代有令

朱希周——明弘治丙辰状元殿试题

《张良归山图》

袖却朝簪别汉家，赤松相侯在烟霞。

而今悟得全身计，不似从前博浪沙。

博浪沙：地名。今河南原阳。公元前 218 年的春日，韩国丞相后裔张良，那个容貌姣好如妇人的贵族后生，与大力士隐匿于此，专等秦始皇帝车队的到来。不多时，远远望见数十辆车队由西而至，旌旗猎猎，前有鸣锣开道，后有马队清场。见此情景，张良与大力士确认是秦始皇的车队。但所有车辇俱为一色，分不清哪一辆是秦始皇的座驾，只看到车队最中间的那辆车最为豪华，于是张良指挥大力士奋力向该车掷去，百二十斤

的大铁锥一下子将该车砸得稀烂。张良趁乱钻入芦苇丛中，逃离现场。

朱希周此首七言，先讲了张良归山的典故，然后笔锋一转，说自己已经悟出全身而退的计谋，不必像张良那样行事。伴君如伴虎，虽朱希周性恭谨，不喜夸饰，但也难免招小人妒忌。朱希周历经风云，几起几落。明弘治九年(1496年)三月十五日，朱希周参加殿试，一举夺魁，为丙辰科状元。参修《明会典》，主持编修《孝宗实录》。据传，朱希周之所以能中状元，乃因明孝宗喜其姓名，才擢为第一甲第一名。刘瑾在皇帝面前进谗言，指出编修《会典》小疵，后降修撰。嘉靖元年(1522年)，因得罪世宗，任有职无权的南京吏部尚书。嘉靖六年(1527年)，因与他人政见不一，辞官返故里。但他死后，朝廷追赠他为太子太保，谥号恭靖。

《昭君怨》

掩泪向边州，君恩此日休。
身随胡地远，心在汉宫愁。
雁塞书难到，龙堆草易秋。
玉容何足贵？翻向羽林羞。

昭君，汉南郡秭归(今湖北宜昌)人，名嫱，字昭君，晋避司马昭讳，改称为明君，后人又称明妃。元帝宫人。竟宁元年(公元前33年)，匈奴呼韩邪单于入朝，求美人为阏氏，以结和亲，她自请嫁匈奴。入匈奴后，被称为宁胡阏氏。龙堆，白龙堆的简称。古西域沙丘名。羽林，皇帝卫军的名称。这首《昭君怨》描写了王昭君离别故土后，心在汉室，身在匈奴，雁书无法送达，草木几易春秋的无奈与悲苦。

《刘阮天台图》

芙蓉彩幔绣香茵，蕙质兰肌洞一人。
肠断仙郎归去后，碧桃空度绮罗春。

刘、阮，相传东汉永平年间，剡县人刘晨、阮肇同入天台山采药，遇二女子，邀至家，留半年。其地气候草木常如春时；迨还乡，子孙已七世。这首七言，朱希周描绘了一个传说故事，天上一天，地上一年。刘晨仙界半载，世间已七世。此诗文字流畅、迤逦，把仙境的幽兰慧质、芙蓉香软，以及人仙缠绵，写得美轮美奂。

五、明代李庸的诗词

李庸，字无逸，家住碛墺村。明初掌管乡里事务。生卒年不详。他以读书好义而闻名乡里。

明朝洪武十二年(1379 年)，皇帝诏告全国，行乡饮酒礼。县令毕福奉诏，每乡头目以大户率有知识者和民众于申明亭读《律戒论》，饮酒致礼。李庸率先行大礼于乡里老者。

李庸终老于云南。《水东日记》中对他有比较详细的记载。

《无题》

不识云南路，今过第一关。
凄风增客思，落日秋江颜。
旧驿连新驿，前山接后山。
我心无愧怍，天道有时还。

李庸因犯错获罪，举家移居云南。在将到龙江驿站时，他寄给亲友诗一首。走过了一个个驿站，翻越了一座座高山，他在秋日的凄风冷雨中，感慨颇多。不识路，凄风增客思，落日秋江颜，旧驿连新驿，前山接后山等平静而凝重的语言，表达了作者对前程的悲观心情。最后一句，李庸自认为问心无愧，天道公平，迟早会还他个公道。

六、明代朱瑄的诗词

朱瑄，字德敬，徽国公后裔，即朱熹的后裔(朱熹死后追封“徽国公”)。生卒年不详。

自从朱瑄迁移到淞南县金家庄后，在乡里经过考试，成为取得廪生资格的生员，享受廪膳补贴。明朝成化中，朱瑄以乡贡进入京城的最高学府——太学。

按照明代的规定，会试正榜外还有副榜，朱瑄作为副榜例授教职。他以年龄大为由请求回乡，但是，请求朝廷考虑自己的品行操守，给予阶征士郎官的头衔，赐予冠带以荣其身。

他居住在乡里，与沈诚学、鲁孙蕴、章琼、张敬之、穆踵、龚安节诸多文人名流组成了文雅社。他们衣冠皓伟，文采风流，具有学者前辈的风范。朱瑄家住淀山湖边，在湖面上建造了一个轩亭，名为晚翠轩。

他时常与乡里的父老乡亲们在那里谈论诗文。到了夜幕降临，一轮明月东升的时候，湖面上波光粼粼，朱瑄与好友乘着一叶小舟往来于烟波飘渺之中。

朱瑄著有《晚翠集》十卷。

《泛舟湖泖》

驷马高车事已休，五湖三泖老渔舟。
云山到处供吟啸，风月随时豁醉眸。
鸿雁一声彭泽晚，蒹葭万顷洞庭秋。
篷窗自有无穷趣，何用浮名伴白头。

这首诗是朱瑄泛舟湖泖的所见所想。他见五湖三泖的美景，觉得乡间乐趣无穷，不想再为了追求浮名功利而白了头。是呀，在淀山湖畔放下俗事，乘上小船，与老渔翁结伴。远处的白云、山丘，可供吟诵；自然美景，可供入酒。傍晚，鸿雁数声，斜阳夕照，蒹葭苍茫，如洞庭湖的秋天般美丽。如此盛景，怎能不让人流连忘返、忘却红尘和功名呢！

七、明朝孙俊的诗词

孙俊，字叔英，明代人。祖籍华亭，父映雪翁搬来碛墺村。生卒年不详。

孙俊年幼师从范微君，潜心古学，所著文词古律有唐宋遗风，赋性高洁，不愿与流俗为伍。在自家住宅后构建别业，种植花草竹木，在茂竹修林中兴趣盎然地读书和饮酒赋诗，至死都不停止。

昆山有“五高士”之称，孙俊就是其中之一。张大复赞扬道：“夫士修身砥行名不出其家，文采葩流则令名载而行之，二者宜何择焉。”

孙俊著有《溪南集》，叶盛为其写序。

《题古塘陈友梅桥亭》

草亭新构傍溪桥，载酒登临引兴饶。
四面雕甍巢翡翠，一泓流水展鲛绡。
炉烟轻逐微风起，扇影低垂细浪摇。
更喜晚来留客处，东山月上举杯邀。

这首诗是孙俊因桥亭建成而题，诗中把桥亭所建的位置、亭子的样子、周围的景色都进行了细致的描述。草亭新建于溪桥旁，我和朋友带着酒，兴致勃勃地前来庆祝。亭子的四周雕梁画栋，屋脊上镶嵌着绿色的翡翠，亭子的薄纱如一涨清水流动。四野，微风吹起，轻烟袅袅，扇影绰绰。作者十分喜欢傍晚时分于桥亭留客，晚上，在月上东山的时候，大家觥筹交错，对酒邀明月。孙俊素喜山水，当看到建于山水之中的桥亭时，其喜悦之情借诗流露而出。

《题赠陈友桂》

金粟累累万斛香，秋花谁敢擅芬芳。
昔从蟾兔亲攀得，自此相亲不敢忘。

金黄的果实结于枝头，累累串串，香飘万里。秋天里的花，又有哪种花的香味可以与丹桂相争呢！昔日，桂花与蟾蜍、月兔一起在月宫。彼此相互思念不能忘。《题赠陈友桂》一首，因朋友名字中有“桂”字，作者由此联想到月宫的情景，指出桂花、蟾蜍、月兔之间，因有了月宫那段相处的日子，而至今念念不忘。孙俊借咏桂花，来表达自己对朋友念念不忘的情感。

《夏日宴陈友桂水阁》

临池水阁清且幽，我来载酒同遨游。
佳木千章翠合沓，绿荷万柄清香浮。
不用登山着双屐，何须载酒乘扁舟。
脱帽狂歌醉归去，一声惊起沙边鸥。

这首诗讲了某个夏日作者在水阁宴请友人陈友桂的情景。诗人带着酒，与朋友一同遨游山水。山中树木叠嶂，池塘绿荷飘香，无须带酒，无须乘舟，脱鞋、脱帽，去除羁绊，随意而行，惊起沙边一群鸥鹭。这首诗从"脱帽狂歌醉归去"、"不用登山着双屐"这两句中，可以看出作者寄情山水、回归自然、自由任性和放荡不羁的一面。登山，何须穿鞋，赤脚前行。脱帽狂歌，何必理会世俗纷扰，还自己本真，给自己人格自由。孙俊秉性高洁，不与世俗为伍，这首诗是他独立品格的最好阐释。

《诗扇寄陈友桂》

故人友桂经年别，有子来京得叙情。
此日金陵凭望处，昆丘山下暮云横。

孙俊留下的诗中，有很多都与陈友桂有关，两人的感情相当深厚。与朋友分别甚久，朋友的儿子来京拜访，孙俊在扇面上作诗一首，表达对朋友的思念之情。现在南京凭栏远望，可以想见昆山玉峰云雾缭绕的情景。昔日与陈友桂踏歌遨游于山水间、载酒泛舟于湖泖上，如今见友人子，似见友人面，那份手足之情溢于言表。借扇面作诗，聊表寸心。

《题德星堂》

闻道高人事隐沦，青鞋不踏软红尘。

鹿门旧说归庞老，谷口今重见子真。
万顷黄云连杞柳，一溪碧水荐鲈莼。
个中乐趣谁知得，只恐征书下紫宸。

这首诗作者为德星堂题。诗中的“鹿门”是指皮氏家族堂号，皮氏，即皮日休(834—883年)，晚唐著名文学家。字逸少，后改袭美。居鹿门山，自号鹿门子，其湖湘后世子孙为纪念皮日休故取家族堂号：鹿门堂，亦号：鹿门家风。这首诗孙俊用典多处。“谷口今重见子真”这句含有一个典故。据《汉书》卷七十二《王贡两龚鲍列传》记载：其后，谷口有郑子真，蜀有严君子，都能修身自重，不该穿的不穿，不该吃的不吃。汉成帝在位时，大舅大将军王凤以礼招聘子真，子真不应召，以不屈服而终。“一溪碧水荐鲈莼”一句借用张翰“莼鲈之思”的典故。张翰，字季鹰，吴江人。据《晋书·张翰传》记载：“张翰在洛，因见秋风起，乃思吴中菰菜、莼羹、鲈鱼脍，曰：‘人生贵适志，何能羁宦数千里以要名爵乎?’遂命驾而归。”这故事被世人传为佳话，“莼鲈之思”也就成了思念故乡的代名词。因为思乡，怀念家乡的美食，竟然辞官回乡，这是历史上真实的故事。孙俊借故用典，“重见子真”、“鲈莼之思”都在表明孙俊欲远离纷争、纵情于山水的志向。

《淀湖八景》

淀湖风景讶天成，水秀山明万古情。
岚树光中禅刹耸，浪花堆里客帆轻。
数行征雁横秋月，几个闲鸥浴晚汀。
洲渚鱼蓑披雪钓，野田农耒带云耕。
春回杨柳摇金色，风度蒹葭作雨声。
此景此情吟不尽，仙游何必到蓬瀛。

在《淀湖八景》这首诗中，隐逸树中的古刹、白浪堆中的客帆、天空大雁数行、河滩闲鸥几只、洲边披蓑渔翁垂钓、田野农耕数人、春回杨柳摇曳、风雨蒹葭数声，这些美景在作者笔下都写活了，呼之欲出。只有生于江南、长于江南的人，才能如此信手拈来。也只有江南水乡、淀山湖畔，才能有此胜景。此景胜于蓬莱，乃人间仙境也。

《剪松亭　雷音阁》

地敞栽松老，寒涛泻翠轩。
庭阴雨乍歇，山晓日初暄。
习静能消俗，观空自解烦。
远公相对处，终日可忘言。
杰阁涵秋爽，登临老眼稀。
一篱黄菊绽，几坞白云舒。
野旷禾楼亩，林跷叶战梱。
倚窗闲眺望，清赏余兴处。

剪松亭、雷音阁，在碛堧福严禅寺内。此寺相传建自吴国，历史悠久。但历经风雨，几度破坏，几度修缮。其中最严重的一次毁坏是寺内有僧作乱，叶苗对恶僧进行讨伐。孙俊写这首诗时，寺僧泽云已经把福严禅寺整修一新，有剪松亭、雷音阁等名胜。寺内，地广树多、庭院深深、晓日初暄。在这样安静的地方，自然能让人消除杂念，看穿世俗上的恩恩怨怨。在孙俊描绘的自然美景中，可以感受到当年福严禅寺的盛况。只可惜，如今碛堧寺只留古银杏，已无处觅寺影。

八、明代叶盛的诗词

叶盛(1420—1474 年)，字与中，号蛻庵，自号白泉，又号泾东道人、淀东老渔，明代江苏昆山人。正统十年(1445 年)进士，授兵科给事中。正统十四年(1449 年)，瓦剌军在土木堡俘明英宗后，迫近北京城，叶盛协助兵部尚书于谦调集重兵，在城外击退瓦剌军，升都给事中。后擢山西右参政，督宣府镇（今山西大同）钱饷。景泰三年（1452 年），巡边御史李秉推荐他辅佐独石、马营、龙门、卫所四城军务。他任职五年，整顿吏治，兴利除弊，整饬武备，垦荒耕稼，岁丰食足。叶盛独爱图书，任官职数十年，未尝一日不阅书，甚至每到一地，带写书抄书的随从前往，潜心著述。每抄一书，用官印识于卷端。天顺二年（1458 年）四月，擢都察院右佥都御史、两广巡抚。天顺七年（1463 年）被召回京，转左佥都御史、巡抚宣府镇。成化三年（1467 年），迁礼部右侍郎。成化八年（1472 年），迁吏部左侍郎。成化十年（1474 年）病卒，谥“文庄”。编有《菉竹堂书目》6 卷、《两广奏草》16 卷、《菉竹堂稿》8 卷，著有《水东日记》38 卷、《水东诗文稿》4 卷、《文庄奏疏》40 卷、《秋台诗话》《卫族考》1 卷、《经史言天录》《宣镇诸序》1 卷等。

《书橱铭》

读必谨，锁必牢，收必审，阁必高。子孙了，惟学敩，借非其人亦不孝。

《书橱铭》一文已无全文存档，剩片言只语。叶盛在诗中告诫子孙：读书一定要谨慎，平时要锁好书柜，书籍收藏前要仔细检查，放的位置要高。子孙后代要有出息，只有好好读书。“敩”是读书的意思。把书借给不爱书的人，也是不孝。古人读书，在焚香沐浴后，才能手捧诗书，可见诗书在古人心中的地位有多高。何况叶盛自己就是个藏书家，对书的爱惜程度更不同于常人。

《苏武慢·述怀》

五岭南来，依稀六载，统治曾兼两镇。
赤脚疲氓，白头老戍，几度停车慰问。
荐贤为国，除暴安民，绩效竟无分寸。
细思量、只好归休，敢望致君尧舜。
不关他、世路崎岖，人情翻覆，也有人生命运。

逆虏犹存，民蓄未解，况乃德凉才钝。
得嗔如屋，任谤如山，管甚旁人憎怨。
都只缘，圣主恩深，勉尽区区职分。

在这首词中，叶盛将其一生的经历用简单的笔墨陈于纸上。词的上阕，他回忆了自己在朝为官时的所作所为——“荐贤为国”和“除暴安民”，然而，他如此呕心沥血地为人民为国家付出，却换来“绩效竟无分寸”，这伤透了叶盛的心。经过几番深思熟虑，他最终选择归隐田园。虽然叶盛离开了朝堂，但是，他的内心依然是渴望辅佐和尧舜一样贤良的君上。因此，在词的下阕中，叶盛用略带自嘲的口吻向世人述怀：做官时总会有人从语言上、行动上抨击他，其实他本身并不计较这些个人得失，他只是为了报答圣上的知遇之恩。“勉尽”、“区区”两个词更能让我们体会到叶盛的鞠躬尽瘁。在百姓看来是多么硕大的功绩，在叶盛眼中只是做自己应该做的职分。因此，从叶盛的词中，我们不难感受到他的忧国忧民，他渴望为国家奉献一生的高贵品质令人折服。

《浣溪沙》

回首相思二十年，曾因雁去把书传。
至今娇首望南天，西夏久闻归职贡。
希闻何事尚临边，归来黄阁会群仙。

词中自省自警，充满对人生的感慨。叶盛在归隐后，回想自己过去的日子，常年驻守边疆，与亲人妻子分隔两地，只能看着大雁一次次迁徙，希望它们能带着自己的思念飞到家乡，帮自己传达那份浓浓的眷恋。词的下阕又向我们展示了作者在远离朝堂之后，仍然心念国家安危，关心国家的统一。他说：“在回来的时候，要在黄阁镇与诸位仙友会面”，就这样简单的一句话，可以看出叶盛的心胸是何等的宽广，他的高风亮节甚至引来了仙人，能与仙人把酒言欢。同时“黄阁”亦借指宰相，叶盛虽然离开了当局政治，但是他也许依然想要为国出力，希望能够与现在在朝堂上泼墨挥洒的官员们一起畅谈国事，尽自己的微薄之力，以助国家更加强大，解决内忧外患。

《御街行·寄汤公让参将》

虎头燕额猿通臂，
人都道、英雄帅。
东瓯襄武老王孙，直是壮心豪气。
榆林塞下，小小胡儿，敢不知回避。
岂但传家朱武备，
百赋美、千诗丽。
兴来笔力重如山，压倒纷纷俗子。
此行努力，献捷还朝，领取彤弓赐。

这首词主要说了两位有名的英雄：词的上阕说的是明太祖朱元璋参加农民革命的引路人——汤和，下阕说的是帮助金国抵抗蒙古入侵的英雄——朱武。汤和自幼与朱元璋为同乡好友，并推荐朱元璋参加农民起义军。元至正十二年（1352 年），朱元璋参加郭子兴农民起义军，后以功授千户。至正十四年（1354 年），在滁州击败元军，升管军总管。次年，朱元璋取和州，渡长江，克太平，俘元义兵元帅陈野先。他的功绩令叶盛折服。叶盛作为戍守边关的将领，想到胡人看到汤和就回避的场面，心潮澎湃，这是多么令人振奋的一个场面啊。而朱武，用自己的睿智与英勇保护了金国，让百姓免遭战争的灾难。叶盛借对这两位将士的赞美，抒发了自己也渴望驰骋沙场、保卫国家的雄心壮志。在明代那个时局动荡、词体逐渐走向衰败的时代，叶盛却能卓尔不群，言之有物，着眼于生活小事，关注社会现实，关心国家命运，而不无病呻吟，这无疑为明代词坛注入了一股新鲜而别样的清泉。

《长相思·忆弟妹嫁娶》

才杀羊、又杀羊，丈人劝酒我敲糖，木瓜的六郎。
酒也香、菜也香，须劝哥哥醉一场，竹墩的小娘。

这首词描写了自己憨厚的弟弟娶亲，喜欢坐竹墩的小妹妹出嫁的情景。作为山歌童谣来读，非常有趣。“才杀羊、又杀羊”，“酒也香、菜也香”，浅显直白的语言让人觉得十分贴近生活，“丈人劝酒我敲糖”，“须劝哥哥醉一场”，劝酒、喝酒和醉酒的场面如在眼前，宴会和喜庆的场景历历在目，给人以身临其境的感受。而“木瓜的六郎”与“竹墩的小娘”相呼应，使弟妹的身份背景和嫁娶氛围直接呈现在人们面前。

《吴人耕作或舟行之劳，多作讴歌以自遣，名唱山歌》

（一）

月子弯弯照九州，几家欢乐几家愁。
几家夫妇同罗帐，多少漂流在外头。

（二）

南山头上鹁鸪啼，见说亲爹娶晚妻。
爹娶晚妻爹生喜，前娘儿女好孤悽

吴地的山歌用途甚广。有的在劳作时，用以相互鼓劲；有的在行舟时，用以打发时光；有的在闲暇时，用以自娱自乐。此两首是叶盛在《水东日记》中收录的吴地山歌。第一首描写的是圆月之夜，几家欢喜几家愁，几家团圆几家散的情景。吴地人为了生活，有许多劳力漂泊在外，苦营生计，该诗也反映了劳动人民吃苦耐劳的精神。第二首刻画了亲爹续弦，前妻的儿女凄惶的心理状态。南山鹁鸪的啼叫，仿佛也在为幼小的心灵担忧。

九、明代王鉴的诗词

王鉴，明代进士，字豫修，号复斋，祖籍太原，家住度城。生卒年不详。幼年参加县里的童子试，考上了县学生，明代天顺六年(1462年)以诗经领乡荐举人。王鉴生平举止方严、清修高洁，效法圣贤，期望不愧古人。将学问要经世致用作为己任。他写道："要行其所学，见之实践，切勿空谈。"多次参加进士考试而不中。

明朝成化七年(1471年)，他北上再次参加进士考试，对着星空焚香祝天，题写"忠孝"两字，制成大匾额悬挂正厅。他屡试屡黜，肄业成均(成均即国子监，大学的意思)，其学术成就被国子监的大司成所推重，酌酒为劝，并赠送其宗庙祭祀所用的酒器，作为传器。

昆山先贤归有光写有《王氏忠孝堂记》以表赞赏。王鉴生前著有《孝行录》《贤阕录》若干卷。

梦竹感赋

南山空涧旁，顽石多垒矗。
物有君子名，素抱凌云志。
劲节欺雪霜，虚心彻天地。
梢长凤尾摇，子盛龙孙继。
风来玉有声，雨过云凝翠。
日日报平安，时时溢气清。
拈竿击丝纶，钓鳌人作饵。
为营谐云门，乐奏神斯至。
梅具调羹功，松全栋梁器。
交结成三朋，岁寒同一致。
双幅潇湘秋，一堂淇澳意。
俗士本无缘，才人不忘视。
声价重璠玙，蛮酋易骐骥。
嗟哉贞淑姿，宁不为人瑞。

古人把松竹梅称为"岁寒三友"，是感于三者的气节：傲立寒冬，青翠依然;劲节欺雪,虚心彻天;百花凋零,凌寒独绽。这首《梦竹感赋》中,就能看出王鉴崇尚翠竹的品格,并以此自比。竹子,素有君子的美名,心怀壮志凌云,傲雪凌霜,虚心于万物。其梢如凤尾,随风摇曳;其根如龙孙,延绵不绝。诗的最后几句,王鉴借竹自拟,竹子与俗人俗世无缘,只有高尚的人才会对其念念不忘。竹子,如同美玉般,感叹其德行之美,始终洁身自好而不会随意取悦于人。

《忠孝》

古来忠孝事,道大属天伦。
我书忠孝字,所主在君亲。
一以自期待,一以勉后人。
子孙须努力,我先修其身。

这是王鉴对自己的要求,也是对子孙的要求,就是要做到忠与孝。王鉴建的忠孝堂,他亲书"忠孝"两个大字,制成大型匾额,悬挂于大堂正厅。忠于君国,孝于父母,这是从古到今人人都知道的伦理,也是人人都应遵守的美德。王鉴以"忠孝"两字,用以左右自己的言行。王鉴也以此勉励后人,要求后代也要以"忠孝"为自己的准则。

十、清朝叶奕苞的诗词

叶奕苞(1662 年前后在世),字九来,江苏昆山人,叶方蔼之从弟。生卒年均不详。诸生,少负异才,博雅擅歌。康熙十八年(1679 年),举试博学宏词科,为忌者匿卷罢归。为人偪珂善使气,目光若闪电,酒间谈说,声如洪钟,颇有狂名。家有茧园,与名流姜宸英、施闰章、陈维崧及同里归庄等人觞咏其中。并鉴别金石文物,文采辉映一时。叶奕苞著述甚富,有《金石录》27 卷、《续跋》7 卷、《清史列传》及《经锄堂诗集》《续花间集》《金石小笺》《醉乡约法》等,并传于世。

《渡淀湖》

返照漾芦花，光凝一片霞。
斜飞鸥破水，轻点雁排沙。
隔岁逋群盗，前村存几家。
欲窥身世梦，一枕任浮查。

这首诗是叶奕苞在过淀山湖时写下的。前两句写了淀山湖夕阳西下时，芦花荡漾、霞光满天、水鸥破湖而飞、沙雁轻点水面的美景。第三句，他转而写到世事变动，社会动荡不安，昔日繁华的前村现在只存数户人家。最后，诗人感慨人生如梦，若想窥探前世，只有在梦中寻找。

《宿陈承吉村居》

独掩衡门萧寺傍，风檐铃语撼匡床。
村鸡为客偏催曙，庭菊如人故傲霜。
薄醉转因愁易醒，远怀真兴梦俱长。
若图此夕闲吟景，应似王维辋水庄。

这首诗是叶奕苞夜宿陈承吉村而写。萧瑟寺院内，独自借宿。窗外，风吹屋檐，铃声震动。村内，公鸡提前啼叫，一次次催促着黎明的曙光。庭院内，菊花如人一般，迎霜立雪。昨晚，微醉，愁绪满怀易醒，“辋水”即“辋川”，这里他运用唐斐迪《辋口遇雨忆终南山因献王维》中的诗句：“辋水去悠悠，南山复何在。”此情此景，自比王维之境况：世事白云苍狗，终究炎凉转变。经历了国破家亡，身危名辱，兜兜转转总能相随相伴，便知晓了那悠悠白云外的终南山乐土，其实就在自己心中。

第二节　江南名人诗歌艺文

淀山湖以其优美的自然环境和智者云集的优良人文环境，吸引着无数江南名人，他们或泛舟前来游玩，或慕名前来凭吊先贤，或来此探讨宗教文化，留下了众多诗歌艺文。

一、元代杨维桢的诗词

杨维桢(1296—1370年)，字廉夫，号铁崖，因其父杨宏在铁岩山麓筑楼，红楼植梅百株，楼上藏书万卷，并将梯子撤去，令其专心攻读，每天用辘皿传食，苦读五年，故时人又称其为“杨铁崖”。他喜欢铁笛，故号铁笛道人，又号铁心道人、铁冠道人、铁龙道人、梅花道人等，晚年自号老铁、抱遗老人、东维子，会稽(今浙江诸暨)枫桥全堂人。泰定四年(1327年)进士。授天台县尹，杭州四务提举，建德路总管推官。杨维桢为元代诗坛领袖，因“诗名擅一时，号铁崖体”，在元代文坛独领风骚40余年。

《泛泖和韵》

天环泖东水如雪，十里竹西歌吹回。
莲叶筒深香雾卷，桃花扇小彩云开。
九朵芙蓉当面起，一双鹈鹕近人来。
老夫于此兴不浅，玉笛横吹鹦浪堆。

古代长泖、大泖、圆泖所谓“三泖”，是与淀山湖紧密相连的三个湖荡地区。三泖的大体位置在今松江、青浦、昆山淀山湖镇、金山、平湖一线，是湖水相连的一大片湖荡。古代三泖地区绵延百余里，后来逐渐淤涨成田，到清代只剩下阔如支渠的细流。当时的泖东即与目前的淀山湖连在一起的一片湖荡。

这首诗描绘了泖东水天一色、湖水如雪、数十里自然环境与人文环境相得益彰的优美景色，“莲叶筒深香雾卷，桃花扇小彩云开”一句，将莲叶和桃花的颜色、香味、形状栩栩如生地展示出来。“九朵芙蓉”即淀山湖周边的九峰。据清嘉庆《松江府志》载：“府境诸山自杭天目而来，累累然隐起平畴间。长谷以东，通波以西，望之如列宿。排障东南，涵浸沧海，烟涛空翠，亦各极其趣焉，而九峰之名特著。”九峰在昆山县昆冈乡、天马乡、佘山镇境内，呈西南、东北走向，断续起伏，逶迤 13.2 公里。依次名为小昆山、横山、机山、天马山、辰山、佘山、薛山、厍公山、凤凰山。但历史上习惯称呼为“凤、厍、佘、辰、薛、机、横、天马、昆”，始见于元代凌岩《九峰诗》。此外，尚有小横山、钟贾山、卢山、北竿山等，虽与九峰一脉相连，但其名未入九峰之列。或谓“九”为约数，九峰泛指诸峰。面对如此美丽的景色，作者兴致勃勃地吹起了玉笛。

二、明代陆容的诗歌

陆容（1436—1497 年），字文量，号式斋，南直隶苏州府太仓（今属江苏）人。生于明英宗正统元年（1436 年），卒于弘治九年（1496 年），年 59 岁。性至孝，嗜书籍，与张泰、陆釴齐名，时号“娄东三凤”。诗才虽然不及张泰和陆釴，但是他的博学却胜过前两人。著有《世摘录》《式斋集》《菽园杂记》15 卷，《四库总目》王鏊称《菽园杂记》为明朝记事书第一。

《同游薛淀湖》其一

揖让循循礼庆中，见君何共见尔翁。
天涯生死十年事，乡曲交游两世通。
留话仅看销短烛，归心又遣逐孤篷。
春风有约重相访，载酒同访薛淀东。

《同游薛淀湖》其二

箫管鼓晨发画舟，风情不减少年游。
九峰青拥晴云山，一水光涵大地浮。
泉石旧踪寻野寺，烟霞余癖寄方舟。
十年叨兴簪缨列，肉食犹惭乏远谋。

《访碛堧福严寺有感》

移舟未看九峰青，古寺幽沉试一经。
画堵半颓支碧殿，残碑欲断倚朱棂。
阶前老树如僧辣，海上浮的即使星。
极目湖天诗兴远，质云孤鹤过华亭。

这里选取的三首诗中，前两首是与友人同游薛淀湖（淀山湖）的情景，后一首是陆容去寻访碛堧福严寺而写。古代文人喜欢相约而行，浏览山岳河川。陆容与友泛舟湖上，听箫管声声，泉石叮咚，看水色迷离，烟霞渺渺，想十年生死，天涯绝期。陆容在游湖途中，思绪连绵，而发出“英雄自当有远谋”的感叹！

《访碛堧福严寺有感》是陆容乘舟过湖，来此幽寺一访。但见福严寺内一片萧瑟，“半颓”、“残碑”、“欲断”、“老树”等词，可见陆容心境之孤清。湖上远眺，见孤鹤飞远，形神寂寥。

三、清初朱彝尊的诗词

朱彝尊（1629—1709年），字锡鬯，号竹垞，晚称小长钓鱼师，又称金风亭长，浙江嘉兴人。康熙朝著名诗人、学者，曾以博学宏词诏入朝廷，受康熙皇帝重用，入住“南直书房”。后因携带小童抄录秘籍，受人弹劾而罢官。朱彝尊的经历比较复杂，少时与同里共习诗课，名声远扬，见赏于四方师友；青年历明清鼎革之变，结交四方抗清之士，参与浙东“通海”案，欲图复明；壮岁避祸远走，游幕十余载，识多方友朋，谈经论道，切磋学术；于知天命之年应荐出仕，进翰林苑，入直史馆，行走南书房，遍识廷中名臣，历经十四载宦海浮沉；以花甲之身归田，娱情林下，访友纪行，著述以老。朱彝尊享世的八十一载中，既有青年时期的抗清岁月，又有十余载的游幕生活，还历经了出仕清廷十四载的宦海浮沉，复杂的经历使他得以广泛结交四方人士。同时他又是一位卓越的文学家、学者，在学术创作上有大量的访书、论道、研讨等师友间学术上的交游。

《偕陈同知(昂)毕上舍(大生)李孝廉(大中)

从孙丕戭登淀山寺谒秦女祠分得合字成三十韵》

二百里淀湖,夙与团泖合。兹丘峙其隅,么眇等蠃蛤。想当在中流,川气互翕匌。

渔商恒惴恐,波浪恣訇磕。爱此一篑山,表以千花塔。风帆走四面,乌鹊绕三匝。

传闻秦女神,于焉沉锦蹹。大姑鹤背骑,仲姑蟾背踏。季也鞭青虬,履用五丝靸。

力能役鬼工,地户信捭阖。恍惚灵旗翻,飞雨响修飒。积久改桑田,祠宇俨兰阁。

月檐摇彩幡,烟帐熏紫蜡。至今千岁蛟,不犯青苔榻。其西凿井泉,与湖暗嗬歙。

绠瓶都弃置,犹幸阑未塌。循径入寺门,虚廊屏嚣杂。土灰掩法王,无复辨鱼鸧。

一童启荒扉,一老补败衲。既免礼数烦,且喜朋簪盍。岩幽足眺听,舄下乃潜螷。

言是龙子蟠,黑云时出纳。何年涌山根,若颐咯噬嗑。鸭脚树两株,不知几僧腊。

柯条神所护,孰敢肆摧拉。试验纵横阴,谁与量玉铪。南有修竹林,冷翠压帘箬。

疏篱野蔷薇,绿刺见斜搭。坐久山鸟鸣,惜未携酒榼。何处星星钟,隔浦远相答。

在这首朱彝尊与朋友谒秦女祠的诗中,首先生动地描绘了淀山湖的景象,二百多里的淀山湖,早先与团泖融合在一起。在湖边角落处耸立的一些山丘,现在虽然看起来如同蠃蛤般很细小,但是,处于中流地带,水气弥漫，面对惊涛骇浪的湖水，渔民商贩一直处于惊恐万状之中。那里本有个祠庙，祭祀的是秦家的三个姐妹，有她们三个女神仙的塑像。大的骑仙鹤，老二踏蟾背上，老三脚上穿着五丝鞋子，挥舞鞭子打青龙。后来，这个祠庙成了佛寺。有了秦家三姐妹才使得风调雨顺，水怪不敢进犯。接着，作者通过自己和朋友进佛寺的所见所闻，具体描写了秦女祠香火不旺、破旧不堪的情景，如从井下汲水的器具全都弃置不用了，沿着曲径小道进入寺门，空荡荡的长廊遮挡了外界的喧闹嘈杂，厚厚的土灰掩盖了佛像，以致连鱼和鸽子都难以辨认，通过一个童子开启荒芜的屋舍，一个老和尚在缝补破旧僧衣的描写，形象地描写了佛寺的衰败图景。最后，描写了秦女祠周边的自然景色，表达了虽然没有带酒畅怀开饮，但是，老朋友难得在一起无拘无束地聚会是多么高兴啊。

四、陈元模

陈元模，字灿辰，清代昆山千灯人，生卒年不详。服膺朱子《近思录》，绩学有孝行，郡守陈鹏年以赈饥至乡，识拔之，荐于巡抚张伯行，命肄业紫阳书院，条陈本县利弊，蒙采纳。编纂《淞南志》14卷，于康熙五十四年（1715年）修，嘉庆十八年（1813年）活字本。另有《朝野纪闻》4卷。

> 薛淀盆浦遥连石浦，氤氲百里桑麻，度城远接娄城，掩映万家烟火，既湖山之秀灵，更风土之清嘉。
>
> ——《淞南志·序》

这是《淞南志·序》的文字，陈元模主要写了薛淀盆浦优越的地理位置，它与石浦相连，度城又与娄城相接，百里桑麻，万家灯火。此地既有山之秀气，更是一块风水宝地。“清嘉”二字，出自宋柳永《望海潮》词：“重湖叠巘清嘉，有三秋桂子，十里荷花。”仅凭这两字，就已经能反映出这地的美好与富足。

太湖东北复溢诸湖以十数，其东为淀山湖最巨，淀山湖东北折为溪复小汇为度城湖，盖湖水之观大矣，水欲尽而复汇，境无穷而益胜。此我吴之所以为泽国而饶于水。

——《淞南志》第749页

太湖东北之地有丰盈的湖泊数十个，其中以东面的淀山湖最大。淀山湖向东北而行，成为溪流。许多溪水重新汇聚成湖，其湖水水面宽广，水域辽阔。流水看着似乎流尽，却又重新汇聚在一起，如此无穷无尽。吴地之所以称为“泽国”，是因为有丰饶的水域。

吴地，是水中泽国，江南水乡。归有光简短的几行文字，把水中泽国的成因、现状描绘了出来，溪无穷，流无尽，湖无域。

五、归有光

归有光(1506—1571年)，字熙甫(一作熙普)，号震川，自称项脊生，人称震川先生。江苏昆山人，明代著名散文大家。归家远祖系名门望族，唐代归融五个儿子曾“五子登科”。归氏且三代十进士、五状元，是中国科举史上的盛事。但归有光出身在一个累世不第的寒儒家庭，少年好学，9岁能作文，20岁尽通五经三史和唐宋八大家文。35岁乡试第二名中举，以后八次会试都未及第。嘉靖二十一年(1542年)，迁居嘉定安亭江上世美堂，读书讲学，从学者数百人。曾参加昆山抗倭斗争。60岁时才中三甲进士。初任浙江长兴县令时，吴承恩任长兴县丞。后得罪上司，调任顺德通判，管理马政。64岁时升任南京太仆寺丞，参与纂修《世宗实录》，以劳成疾，翌年卒于南京任上。归有光提倡唐宋古文，史称“唐宋派”。归有光文学成就最高，对清代桐城派有很大影响。由于归有光在散文创作方面的极深造诣，在当时被称为“今之欧阳修”，后人称赞其散文为“明文第一”，著有《震川集》《三吴水利录》等。

《书王氏墓碣寄予敬淀山湖上》

少小慕节义，沟壑诚所安。
橥括游燕都，侯王不可干。
甘从渭滨叟，垂老尚投竿。
于世无一能，性颇好词翰。
王子钦姊节，兴言涕丸澜。
两髦尚如见，廿年骨已寒。
丐余书贞石，庶几垂不刊。
吾书复自读，亦能清肺肝。
一扫齐梁习，谅可追孟韩。

此诗是归有光为纪念王鉴而写。诗中回顾了王鉴的一生，是淡泊名利和孜孜不倦做学问的一生，对王鉴的才华作了高度的评价。说王鉴从小就仰慕节义，将诚信看得比自己的生命还重要。他无意于功名利禄，而愿学吕尚钓于渭滨。《韩非子·喻老》："文王举太公于渭滨者，贵之也。"《东周列国志》第九十七回："昔者吕尚钓于渭滨，及遇文王，一言而拜为尚父，卒用其谋，灭商而有天下。"王鉴虽然别无他长，却极擅长翰墨诗书。其文风一扫齐、梁时代的习气，其学术造诣可直追孟、韩。所谓孟、韩，是中唐诗人孟郊和韩愈的并称。孟、韩是"元和体"中以"奇诡"和"矫激"著称的两家。孟郊年长于韩愈 18 岁，而韩愈说要"低头拜东野"（《醉留东野》），作《双鸟诗》比喻二人一鸣而万物皆不敢出声。孟郊也有"诗骨耸东野，诗涛涌退之"（《戏赠无本》）的话。二人联句，达 13 首之多。这是两家诗并称的一个由来。唐人有"孟诗韩笔"之称，则是指一诗一文而言。宋人梅尧臣始以韩、孟诗并称。《读蟠桃诗寄子美永叔》说："韩孟于文词，两雄力相当。偶以怪自戏，作诗惊有唐。"是专就诗而言。大抵两家诗艺术上的共同点是"用思艰险"，不同处是韩诗雄富，境界壮阔，孟诗清苦，风格瘦硬。黄庭坚以为孟胜于韩，苏轼、元好问、施补华则以为孟不及韩。赵翼《瓯北诗话》以为“二人工力悉敌，实未易优劣”。刘熙载《艺概》以为“韩之推孟也至矣，后人尊韩抑孟，恐非韩意”。近代“同光体”诗人也都主张并学韩、孟，不分轩轾。全诗表达了归有光对王鉴的怀念之情，也进一步说明王鉴的诗书修为是可以与古人相媲美的。

六、何方琬

何方琬，清朝人，生卒年不详。著有《西厢题文》《集部词曲类》(佚)。

《立春至淀滨谒夫子庙》

年毕逶迤入方春，数点梅花淡有神。
最爱条风催物候，却逢泗水到湖滨。
鼎新识得崇儒意，位置由他依佛人。
致语南村同学者，即今周道遍荆榛。

年节已经过去好多天，才进入春天。梅花不多，且淡，但是很有神。最爱春天的东北风催促着动植物因季节而变化。泗水作为孔子的故乡，也是儒家思想的发源地，由于有了夫子庙，在湖滨就见到了儒家的一脉。革故鼎新是儒家的理念，孔庙的位置有点不当的原因，是因为这是由佛教徒干的。要对南村的同学说，即今儒家主张的周公之道，已经人迹罕至而荒芜了。

七、沈鲁

沈鲁，明代学者。字诚学，号玄谷子，南直隶苏州府昆山(今属江苏)人，沈方第二子。尝应乡闱，以搜检时被发跣足为耻，旋弃去。博学工古文，文章奇丽宏肆，凡大家贵族碑版之制，多出其手。制行修德，居家孝友，教授学者以终，著有《经制权略》《人伦师表》《老成集》。有三子，沈存、沈在天、沈有。沈鲁与王鉴过从甚密，王鉴去世后，沈鲁作为其生前好友，题写了如下墓志铭：

蕴德中美，瑾瑜含光。
可成伟器，登庸庙廊。
之左之右，无施不可。
苟利于行，为之在我。
大雅愔愔，古貌古心。
不虞者行而遗德。

瑾、瑜：美玉。玉石的光彩，比喻人具有纯洁优美的品德。出处为战国楚屈原《楚辞·九章·怀沙》：“怀瑾握瑜兮，穷不知所示。”《离骚》：“何故怀瑾握瑜，而自令见放为？”墓志铭中，赞美王鉴是个德才兼备的人。王鉴心中藏有美好的德行，就像美玉发出的光芒，堪称为国家的栋梁之才。不管行到什么地方，行为举止总是得体有度，这主要在于他的个人修为。像古人一样有着极为优雅的外表和平静的内心，因此不管做什么事情总是可以留下德泽。

八、龚诩

龚诩（1381—1469 年），明代学者。一名翊，字大章，号纯庵，南直隶苏州府昆山（今属江苏）人。建文帝时为南京金川门卒，燕兵至，恸哭遁归，隐居授徒，后周忱巡抚江南，两荐为学官，坚辞。父因事戍五开卫，诩遂隶军籍。明太祖洪武二十八年（1395 年），调守南京金川门。明惠帝建文年间，燕王朱棣起兵夺位，进攻南京，守城将领曹国公李景隆屈服于燕王的强大武力，打开金川门迎燕王入城。明惠帝剃光头化装成和尚逃走，龚诩与守门士卒大哭一场。后改名王大章逃匿常熟，以卖药授徒为生。20 多年后，明宣宗下诏宽待逃亡士卒，龚诩才回到祖籍昆山。江苏巡抚周忱认为，龚诩是位贤良忠贞之士，荐他任太仓卫教授，龚终不受任，尝语吴讷道："诩仕无害于义，但恐负城门一恸耳！"诩一直隐居虞浦，终老去世。福王朱由崧时（1644 年）才给他彻底平反，追谥"安节"，为黔南第一位"安节"。

龚诩著有《野古集》3 卷，清代已录入《四库全书》。《黔诗纪略》录其诗 14 首。生平事迹见《国朝献征录》卷一一六。

《题叶义士讨贼鹧鸪天词后》

为元叔季纲维绝，天狗下舐生人血。
草莱随处起戈矛，人命轻如冶中雪。
姑苏城东淞水南，有巍佛庐名福严。
中潜秃虺二三辈，怒嘘毒气光炎炎。
时逢毅哉叶君子，不是世间文墨士。
智谋勇烈出万夫，竟取凶狂付殊死。
一从歌罢鹧鸪天，民方帖席得安眠。
至今闻者比昨日，毛发如竹犹森然。

这是龚诩为叶苗写的墓词。叶苗，为保护碛墺福严寺做出了贡献。叶苗，字秀实，家住碛墺村。他疾恶如仇，勇于赴义，路见不平出手相助。他生活在刀光剑影之中，过着刀口身舔血的人生。当时兵荒马乱，随处都有剑矛之争，人的生命轻如雪。在姑苏城东面的淞南之水，有一座巍峨的寺庙，叫福严寺。寺中有两三个客僧为非作歹，祸害百姓，引得周围的乡民愤恨不已。当时，正好有坚毅勇敢的叶君子，他不是文人墨客，而是一个性格刚烈、武艺高强的英雄。他舍生取义，用巧计保住寺庙，并惩治了坏人，才让周边的百姓得以安居。今日再次讲起叶苗的事迹，事情犹如发生在昨天，依然能感到热血沸腾、气氛壮烈。

主要参考文献

(北魏)郦道元撰:《水经注》,百度文库。

(宋)杨潜撰:《云间志》,清嘉庆十九年(1814年),华亭沈氏古倪园刻本。

(明)方鹏撰:《昆山人物志》10卷,浙江巡抚采进本。

(明)玉峰(昆山)张广德撰:《真迹日录》,影印件。

(明)卢熊纂:《苏州府志》,洪武十二年(1379年)原刻本。

(明)叶盛著:《水东日记》,中华书局1980年版。

(清)盛符升、叶奕苞撰:《康熙昆山县志稿》,江苏科学技术出版社1994年版。

(清)诸福坤撰,陈庆林增补:《淀湖小志》(光绪年)。

(清)陈元模撰:《淞南志》,嘉庆十八年(1813年)活字本影印件。

《昆山县志》,上海人民出版社1990年版。

《淀山湖地图志》,西安地图出版社2005年版。

玉峰(昆山)朱传奎逸圃氏校订:《睢阳五老图题咏》,敦厚堂藏版。

《睢阳朱氏宗谱卷五》,影印本。

上海市青浦县志编纂委员会:《青浦县志》,上海人民出版社1990年版。

《中国21世纪议程——中国21世纪人口、环境与发展白皮书》,1994年3月25日经国务院第十六次常务会议审议通过。

（宋）朱长文撰，金菊林校点：《吴郡图经续记》，凤凰出版社 1999 年版。

鲁德俊主编：《历代名人咏昆山》，凤凰出版社 2004 年版。

上海市地方志办公室编：《上海乡镇旧志丛书》第七、第八卷，上海社会科学院出版社 2005 年版。

后 记

按照淀山湖镇“史记”编纂工作的总体设想，在“古韵今风，风生水起”的总体框架下，八年时间内出版《风水宝地淀山湖》《源远流长淀山湖》《智者乐水淀山湖》这“史记”三部曲。2010年8月，《风水宝地淀山湖》一书顺利问世。又经过三年多的厉兵秣马和奋力苦战，《源远流长淀山湖》一书终于即将付梓。

20世纪90年代，在国务院《中国二十一世纪议程》将淀山湖镇确定为中国21世纪示范镇后不久，我第一次踏上淀山湖镇这一片热土。由此，也与这片热土结下了深深的情缘。淀山湖镇成了我教学科研的重要基地。我在与镇党委、政府领导以及基层群众的互动中，提出了“和谐自然、示范未来”、“物质文明、精神文明、政治文明、社会文明、生态文明五位一体的整体文明”、“绿色淀山湖，生态现代化”等具有前瞻性的理念，取得了科学发展、协调发展、和谐发展、绿色发展的优良业绩。在我的影响下，前中宣部理论局局长、中国社会科学院学部委员靳辉明教授多次来淀山湖镇考察，对淀山湖镇的物质文明建设、精神文明建设、政治文明建设、生态文明建设以及社会文明建设予以热情指导和悉心点拨。《风水宝地淀山湖》和《源远流长淀山湖》两本书在写作过程中，始终得到了靳老的精心指点，书稿完成后，他欣然为这两本书作序。在这里，我要向靳老师表示最衷心的感谢！

如果说，《风水宝地淀山湖》一书是从宏观的角度对淀山湖镇的古韵今风作了整体全景式描绘的话，那么，《源远流长淀山湖》一书则是从历史文化变迁的角度，通过古湖、古镇、古村落、古寺庙、古代历史文化名人、古代社会管理方式，充分反映淀山湖镇历史文化之源远流长，全面展示了淀山湖镇的湖文化、水文化、农耕文化、渔猎文化、礼仪文化、宗教文化、戏曲文化、诗词歌曲等方面的文化特征，力求能够使人们通过阅读本书对于淀山湖镇源远流长的人文脉络和历史文化谱系有一个比较清晰的认识。在这两本书的基础上，还要站在时代的高度，立足于现实和放眼未来，推出《智者乐水淀山湖》这第三部曲。

为了协调好《风水宝地淀山湖》和《源远流长淀山湖》两本书之间的联系与区别，我们在写作内容、写作方法和写作风格等方面实施了差异化方略，在《风水宝地淀山湖》中论及的内容尽量不再重复，更多地展示一些新的内容，给人们增加新知。

三年多来，淀山湖镇党委书记徐敏中、镇长李晖、宣传委员顾剑以及组织委员张晓东等相关领导对本书的编写工作十分重视，推动了编写工作的顺利进行。吕善新同志当过军人，但他对文化工作有着特殊的感情，刚柔相济成了他的文化品格，大到宏观上把关定调，小到遣词造句，他都一一认真对待。参加上一本书编写工作的老同志继续为本书发挥各自的聪明才智，尤其是张觉耿同志为本书的编写付出了辛勤劳动。金家庄出生的邵卫花加入了课题组，给课题研究增添了新的力量。苏州大学出版社许周鹣老师对于编辑出版工作一丝不苟，为本书顺利问世做了大量工作，付出了辛勤的劳动。在此，我向他们一并表示最衷心的感谢！

文章千古事，得失寸心知。为了写好《源远流长淀山湖》，我们尽管付出了艰辛的劳动，有时甚至达到了呕心沥血的地步，但是，我们深知，知识是无边无际的大海，我们的学识和能力是有限的。本书还存在诸多不足之处，我们真诚地欢迎读者朋友不吝珠玉，惠赐匡正。

方世南

2014 年元旦于苏州大学